만화로 배우는
주제별 생태놀이

만화로 배우는
주제별 생태놀이

펴낸날 | 2009년 10월 20일 초판 1쇄
2023년 4월 30일 초판 7쇄
지은이 | 황경택
만들어 펴낸이 | 정우진 강진영 김지영
꾸민이 | 한기석
펴낸곳 | 서울시 마포구 토정로 222 한국출판콘텐츠센터 420호
편집부 | (02) 3272-8863
영업부 | (02) 3272-8865
팩 스 | (02) 717-7725
이메일 | bullsbook@hanmail.net / bullsbook@naver.com
등 록 | 제22-243호(2000년 9월 18일)

황소걸음
Slow & Steady

ⓒ 황경택, 2009

이 책의 내용을 저작권자의 허락 없이 복제, 복사, 인용, 전재하는 행위는 법으로 금지되어 있습니다.

ISBN 978-89-89370-67-3 07470

정성을 다해 만든 책입니다. 읽고 주위에 권해주시길…
잘못된 책은 바꿔드립니다. 값은 뒤표지에 있습니다.

만화로 배우는
주제별
생태놀이

황경택 글·그림

황소걸음
Slow & Steady

머리말

숲 생태 체험 교육이 아이들에게 좋다는 것은 널리 알려진 사실이다. 여기에서 다시 그 이야기를 할 필요는 없겠다. 1990년대 이후 우리나라에도 자연 체험 교육, 숲 생태 체험 교육 등의 이름으로 보급되기 시작해 다양하게 진행되고 있기 때문이다.

모든 체험 교육이 그렇듯이 숲 생태 체험 교육을 구현하는 데도 일정한 형태가 있다. 해설, 오감 체험, 창작 활동, 관찰, 실험, 놀이…. 그중에 어린이에게 가장 필요한 것이 '놀이'다. 어린이는 놀이를 통해 사회에 대한 기초적인 학습과 사람과 사물에 대한 탐구를 시작하기 때문이다. 몸으로 부대끼며 하는 놀이는 참여하는 어린이의 개인적인 이로움도 있지만, 공동체 관계 형성에도 아주 큰 도움이 된다.

숲 생태 체험 교육을 할 때 어린이에게 숲의 고마움과 생태계를 정확히 알려주어야 한다는 것은 어른들의 욕심이다. 아무리 친절하게 설명을 해도 어린이가 이해하고 받아들이는 데는 한계가 있기 때문이다. 그보다 숲에서 신나고 재미있게 노는 것이 중요하다. 숲속에서 뛰어놀고, 열매를 따 먹고, 나뭇잎을 줍고, 가지도 꺾어보는 것이 숲을 깊이 있게 체험하는 방법이다.

지금까지 소개된 생태놀이를 보면 특정 지역이나 생물에 관한 놀이라기보다 숲을 이해시키거나 생태 의식을 고취하는 내용이 많다. 그러다 보니 놀이의 활동성이 부족하거나 주제와 연결하기 위해 억지스러운 경우도 있는 것이 사실이다.

이 책에서 소개하는 놀이는 가급적 숲에서 특별한 교구 없이 놀거나 자연에서 구하기 쉬운 재료로 노는 방법을 모색하고, 놀이를 하고 나면 자연스럽게 숲의 생태를 이해할 수 있도록 기획했다. 주제만 맞는다면 얼마든지 변형하여 활용할 수 있을 것이다.

  기본적으로 필요한 교양과 이론 부분을 앞쪽에 정리했고, 놀이 방법을 알기 쉽게 만화로 그렸다. 아울러 놀이 진행 목표와 추가 사항 등도 넣어 활용하기에 좋도록 배려했다. 숲 생태계와 식물의 이야기가 주가 되며, 실용성 있는 놀이를 만들다 보니 쉽게 접할 수 있는 것들을 이용한 놀이가 많다. 기회가 되면 갯벌, 하천, 바다 등의 놀이도 기획할 예정이다.

  아직 부족한 점이 많고 더 많은 놀이 프로그램이 개발되어야겠지만 일단 숨통은 트인 게 아닌가 싶다. 몸을 움직이고 땀 흘리는 놀이를 통해 많은 어린이가 숲에서 즐거운 시간을 보내고, 숲 안내자에게 조금이나마 보탬이 되었으면 좋겠다.

  숲 생태놀이에 눈을 뜨게 해준 숲연구소 남효창 박사님께 감사드린다. 아울러 그동안 놀이를 연재할 수 있게 해준 월간 『자연과생태』와 도서출판 황소걸음에도 감사를 드린다.

2009년 가을
황경택

머리말 4

프롤로그_ 아이들을 위한 생태놀이 14

1부 숲에서 놀기 전에

1-1 모둠 나누기 프로그램
1. 누구의 소리일까? 25
2. 무슨 말일까? 26
3. 이름표 퍼즐 맞추기 27
4. 숲속 가위바위보 28
5. 토끼 잡기 29
6. 짝을 찾아라 30

1-2 모둠의 협동을 유발하는 놀이
1. 외나무다리 건너기 32
2. 나뭇가지 젓가락 33
3. 숲속 음악회 34
4. 도토리를 굴려라 35

1-3 숲 친구를 만나기 전에
1. 숲속 이름 짓기 37
2. 몸으로 하는 인사 38
3. 샅샅이 보기 39
4. 같은 것 찾기 40
5. 나뭇잎 돋보기 41
6. 숲속 액자 42
7. 숲속 빙고 43
8. 애벌레 전시회 44
9. 숲속 초대장 45
10. 숲속 라디오 극장 46
11. 숲과 하나 되어 47
12. 북한산 땡땡땡! 48
13. 혼자 느끼는 숲 49
14. 숲속 수호신 50
15. 네모나라엔 네모가 51

2부 숲이란?

2-1 숲은 산소 탱크
1. 숨 막히는 탑 쌓기 55
2. 산소를 그리자 56
3. 나무를 심는 사람 57

2-2 숲은 천연 에어컨
1. 숲은 왜 시원할까? 59
2. 숲속 그림자밟기 60
3. 양분을 잡아라 61

2-3 숲은 녹색댐
1. 빗방울의 여행 63
2. 어느 게 더 좋을까? 64
3. 댐을 만들까말까? 65

2-4 숲은 청소기
1. 눈 가리고 나뭇잎 찾기 67
2. 먼지를 잡아라 68
3. 숲속 공기놀이 69

2-5 숲은 천연 아파트
1. 나만의 비밀 기지 71
2. 깊은 산속 옹달샘 72
3. 녹색 징검다리 73

2-6 숲은 사람의 고향
1. 숲속 패션쇼 75
2. 넌 누구냐? 76
3. 숲에서 집 짓기 77

3부 숲에서 만나는 친구

3-1 나무
1. 나무야, 고마워 81
2. 나무는 어떻게 자랄까? 82
3. 나무 키 재기 83
4. 가까운 건 싫어 84
5. 넌 왜 구불구불하니? 85
6. 내 친구를 소개합니다 86
7. 소나무와 신갈나무 87
8. 나무야, 나무야 88
9. 나무는 무슨 생각을 할까? 89
10. 나무는 왜 죽을까? 90
11. 소나무는 왜 늘 푸를까? 91
12. 딱따구리가 낸 구멍이다! 92
13. 고사목 수목원 93
14. 누에와 뽕나무 94
15. 아낌없이 주는 나무 95
16. 나무 한 그루에 찾아오는 동물들 96

3-2 풀

1. 풀과 나무는 뭐가 다를까? 100
2. 풀은 왜 키가 작을까? 101
3. 어느 풀일까? 102
4. 땅을 뒤덮어라 103
5. 뽀리뱅이의 겨울나기 104
6. 농부와 바랭이 105
7. 풀밭이 약국 106
8. 풀을 찾아라 107
9. 나무가 되고 싶어 108
10. 누가 이길까? 109

3-3 곤충과 거미

1. 몸으로 하는 실뜨기 113
2. 먹이를 찾아서 ① 114
3. 먹이를 찾아서 ②-신호줄 놀이 115
4. 거미도 날아요 116
5. 곤충 주사위 놀이 117
6. 곤충을 찾아라 118
7. 서어나무와 장수하늘소 119
8. 곤충은 왜 작아졌을까? 120
9. 진딧물과 무당벌레 121
10. 나 따라 하기 122
11. 누가 먹을 수 있을까? 123
12. 곤충은 중매쟁이 124
13. 나비가 되고 싶어 125
14. 쇠똥구리야, 쇠똥구리야 126
15. 모기가 나타났다 127

3-4 야생동물(포유류)

1. 숲속 사냥꾼 132
2. 범인은 누굴까? 133
3. 토끼와 사냥꾼 134
4. 너구리와 도꼬마리 135
5. 다람쥐를 안아본 적 있나요? 136
6. 동물도 말한다 137
7. 오소리의 친구 찾기 138
8. 흔들흔들 외나무다리 139
9. 나무 오르기 140
10. 도토리 훔치기 141
11. 도토리 숨기기 142
12. 숲길 만들기 143
13. 멧돼지야, 굶지 마 144
14. 박쥐야, 날아라 145

3-5 양서·파충류

1. 메뚜기, 개구리, 뱀 149
2. 겨울잠에서 깨어난 개구리 150
3. 뱀이 있는 마을 151
4. 도마뱀 꼬리 끊기 152
5. 같은 울음소리 찾기 153
6. 햇볕을 쬐야 하는 뱀 154
7. 개구리의 먹이 사냥 155
8. 피라미, 개구리, 새 156
9. 와! 봄이다 157
10. 도롱뇽이다 158
11. 허물을 벗어라 159
12. 숨은 개구리 찾기 160
13. 두꺼비의 알 낳기 161

3-6 새

1. 귀를 기울이면 165
2. 나를 믿어 166
3. 짝의 소리를 찾아라 167
4. 딱따구리의 벌레 잡기 168
5. 뻐꾸기 알을 찾아라 169
6. 매를 피하라 170
7. 새가 심은 나무 171
8. 붉은배새매다 172
9. 부엉이와 들쥐 173
10. 암컷에게 잘 보이자 174
11. 크낙새를 살리자 175
12. 까치의 집 짓기 176
13. 얼른 자라라 177
14. 누구의 깃털일까? 178

3-7 토양과 토양 속 생물

1. 흙은 어디에서 왔을까? 182
2. 흙을 만드는 생물들 183
3. 흙아, 고마워 184
4. 비다! 해다! 185
5. 버섯아, 버섯아 186
6. 송이와 소나무 187

4부 식물 부위별 놀이

4-1 잎

1. 나뭇잎아, 힘내! 191
2. 단풍잎 숨바꼭질 192
3. 낙엽 탐정 193
4. 다른 나뭇잎 찾기 194
5. 나뭇잎 짝 찾기 195
6. 나뭇잎 가위바위보 196
7. 나뭇잎 퍼즐 197
8. 나뭇잎 훌라 198
9. 무지개를 완성하라 199
10. 내 나뭇잎을 찾아라 200
11. 단풍 색이 다른 원인 201
12. 단풍 모자이크 202
13. 나뭇잎 글짓기 203
14. 같은 냄새를 찾아라 204

4-2 줄기

1. 무슨 나무일까? 209
2. 나무를 안아봤나요? 210
3. 나무들의 키 재기 211
4. 물을 나르자 212

4-3 뿌리

1. 아까시나무와 폭풍 214
2. 나무 세우기 215
3. 뿌리도 있다 216

4-4 꽃

1. 어느 게 좋을까? 219
2. 꽃과 곤충 220
3. 벌을 부르자 221
4. 벌을 자주 오게 하려면 222
5. 나도 패션디자이너 223
6. 같은 꽃을 찾아라 224
7. 꽃은 곤충을 위한 것 225

4-5 열매와 씨앗

1. 아직 익지 않았어 230
2. 같은 열매 찾기 231
3. 열매는 보디가드 232
4. 숲속 작곡가 233
5. 열매 나누기 하나둘셋! 234
6. 엄마는 누굴까? 235
7. 직박구리와 팥배나무 236
8. 밖으로 나갈 거야 237
9. 새싹이 되기까지 238
10. 엄마한테서 떠나자 239
11. 멀리멀리 240
12. 도토리 한 알 241
13. 도토리 축구 242
14. 단풍나무 양궁 243
15. 씨앗 장기 두기 244
16. 너구리야, 고마워 245

4-6 나무껍질

1. 네 나무와는 달라 248
2. 나무와 함께 춤을 249
3. 어디만큼 왔을까? 250
4. 태풍이다 251
5. 무엇을 닮았나? 252

4-7 나이테

1. 나이테는 왜 생길까? 254
2. 나이 먹기 255
3. 나와 나무 256

4-8 겨울눈

1. 겨울눈에 다 있네 258
2. 겨울눈 멀리뛰기 259
3. 나무야, 겨울이야 260
4. 나무의 미래 261

아이들을 위한 생태놀이

숲 안내자(생태 교육자)는 참가자를 숲으로 안내한다. 또 단순한 지식을 전달하기보다 참가자들에게 자극을 준다. 어느 식물에 대한 생태보다는 그것이 내포하는 의미를 전달함으로써 참가자의 내면에 울림을 주며, 안내자가 모든 것을 말하지 말고 참가자 스스로 움직이고 느끼게 해야 한다. 이러한 사항들을 지키기란 여간 어려운 일이 아니다. 하지만 숲 안내자가 참가자를 위한 안내를 하고자 애쓴다면 분명히 바라는 목표대로 될 것이다. 무엇보다 숲에 찾아온 아이들의 처지에서 바라볼 수 있는 눈이 필요하다.

1. 숲 안내자가 유념해야 할 것들

모든 교육이 그렇듯이 생태 교육도 그 목적과 성과를 위해 숲 안내자가 반드시 유념해야 할 것들이 있다. 바로 철학, 사실, 재미, 감동이다.

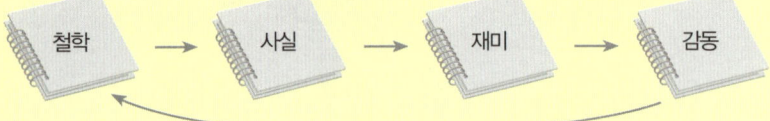

생태 교육을 하기 위해서는 생태 철학의 바탕이 필요하다. 숲에서 놀이를 하다 보면 나뭇잎을 따기도 하고, 돌멩이를 던지며 놀기도 한다. 과연 이 행동이 생태적인가, 그렇지 않은가? 자신의 철학에 따라 어떤 놀이는 생태적이지 않다고 생각해서 진행하기를 꺼릴 수도 있다. 올바른 생태 철학을 갖추기 위해서는 주관적인 생각보다는 꾸준한 공부와 토론을 통해 지식과 논리를 겸비해야 한다.

교육할 때 하는 말은 반드시 사실에 입각한 것이어야 한다. 교육 과정에서 잘못된 생태 지식과 정보를 전달하거나, 분위기를 바꾸려고 한 우스갯소리가 자연에서 일어나기 어려운 이야기라면 곤란하다. 아이들은 교육하는 사람의 말을 곧잘 믿기 때문에 숲 안내자는 올바른 지식과 정보를 알아야 한다. 인간이 자연을 완벽하게 알기는 어렵지만 오랜 연구 결과 어느 정도 가까이 가고 있다. 그런 연구 결과에 관심을 기울이고 최근의 정보를 공부해야 한다. 수십 년 전에 나온 연구서를 토대로 과거의 사실만 들려주다 보면 변화된 이론을 인지하지 못해 실수를 저지르기 쉽다.

모든 교육은 재미있어야 한다. 아무리 철학적이고 사실에 가까운 이야기라 해도 지루하게 진행되어 아이들이 관심을 기울이지 않는다면 의미가 없다. 재미는 우스갯소리나 게임에서 비롯되는 것만이 아니다. 안내자가 진지하게 이야기해도 자신이 알던 것과 다른 부분이 있으면 흥미를 느끼고 재미있어하는 게 아이들이다. 특히 실험놀이를 하면 아주 흥미진진해한다. 내가 생각하는 것을 어떻게 하면 효과적으로 전달할 수 있을지 고민해야 한다. 토론 수업이나 연극 활동, 실험 등 가장 적합한 유형을 찾아 교육하면 더 재미있는 수업이 될 가능성이 크다.

마지막으로 교육을 통해 아이들에게 감동을 줘야 한다. 아이들이 수업을 마치고 나서 "감동적이에요"라고 말하지는 않는다. 아이들이 수업에 대한 질문을 하거나 수업이 끝난 뒤에도 관련된 것을 계속 이야기한다면 재미있고 감동을 받은 것이다. 어른들은 자신의 감정이나 기분을 솔직하게 표현하지만 아이들은 쑥스러워서 "재밌어요"라고 말하는 정도다. 그러므로 아이들의 감정을 잘 파악해야 한다. 현장에서 수업을 하다 보면 아이들에게 감동이 전해졌는지 아닌지 안내자가 가장 잘 알 것이다.

감동이 전해졌다면 그 아이에겐 내가 생각하는 생태 철학이 전달되었을 것이다. 아이가 그 철학을 유지하며 성장해서 다른 아이를 교육하는 것이 반복된다면 언젠가 우리가 바라는 세상이 오지 않을까? 그것이 교육의 의미고 목적이라 생각한다.

2. 숲 안내자에게 꼭 필요한 것들

아이들과 숲 생태놀이를 효과적으로 하기 위해서는 안내자나 학부모들에게 꼭 필요한 것들이 있다.

첫째, 가능한 한 많은 프로그램을 경험하고 습득해야 한다. 계절, 장소, 대상, 날씨에 얽매이지 않고 교육할 수 있을 만큼 많은 프로그램을 알아야 한다. 다양한 서적을 통해 놀이를 익히고, 많은 생태 강의와 놀이 교육에 참석하는 것이 좋다.

둘째, 아이들을 대상으로 진행하는 교육 일정이 많으므로 어린이와 놀 수 있는 교수법을 습득해야 한다. 책이나 강의보다는 실전 경험을 동료들과 교환함으로써 더 좋은 기법이나 프로그램을 만들어가는 것이 바람직하다.

셋째, 강의 기획력을 키워야 한다. 이는 모든 교사와 숲 안내자에게 필요한 부분이다. 종전에 만들어진 프로그램을 상황에 맞게 변형하거나 새롭게 만들어낼 수 있어야 한다. 혼자 힘으로는 어려우니 동료들과 자주 모이고, 회의나 시강을 통해 프로그램을 개발한다.

넷째, 지금까지 진행해온 강의 자료와 교구들을 정리해야 한다. 강의할 때마다 기획안과 평가 기록을 정리해서 더욱 발전적인 강의가 되도록 노력한다. 아울러 사용한 교구와 교재도 보완·개발하고, 동료들과 공유해서 더 좋은 강의 자료가 되도록 한다.

3. 숲 생태놀이를 기획하려면

1) 목표 설정
현장에서 지향해야 하는 목표를 정한다. 현장 교육의 가장 명확한 목표는 참가자들이 숲 안내자를 통해 숲이나 하천 등을 새롭게 아는 것이고, 이후 참가자들의 의식과 생활양식의 변화를 추구하는 것이다.

2) 1차 답사
목표가 정해졌다면 교육할 장소를 1차 답사한다. 어느 생물이 있는지, 지형·지물은 어떤지, 동선은 어떻게 하면 좋을지, 철조망이나 가시덤불 같은 위험 요소는 없는지, 있다면 제거하거나 피할 수 있는지 판단한다. 교통편도 조사해서 참가자들에게 미리 알려준다. 기획은 대부분 1차 답사에서 결정된다. 어느 지점에 무엇이 있었는지 정리한 것을 기반으로 프로그램을 기획하기 때문이다. 동선에 맞게 간단한 지도를 그리면 도움이 된다.

3) 주제 정하기
답사한 내용을 기반으로 목표에 맞게 명확하고 간단한 주제를 하나 정한다. 예를 들어 '숲은 자세히 보면 많은 것을 알게 한다'는 식으로 정하는 게 좋다. 한 번으로 부족하다면 여러 번 답사해 시야를 넓힌다. 숲에 대한 지식적인 면만 전달하려고 하지 않는다.

4) 자료 찾기
주제가 정해졌다면 답사한 내용을 주제에 맞게 정리한다. 찾아낸 생물들이 어떤 생태적 가치가 있는지, 특징은 무엇인지, 그 지역의 역사는 어떤지 다양한 자료들을 찾아보고 필요한 것들은 메모해둔다.

5) 프로그램 기획
주제에 맞게 찾은 자료를 어떻게 재미난 놀이로 엮어서 전달할 수 있을지 다양한 놀이를 놓고 기획한다. 프로그램은 무엇보다 전달하려는 내용의 사실성이 중요하며, 어느 한쪽 유형으로 치우치기보다 다양한 유형으로 분배하는 게 좋다. 시작 프로그램은 어떻게 할지, 마무리는 어떻게 할지 프로그램의 흐름을 유지하며 정리해나간다.

단일 프로그램을 각각 다른 유형으로 구성하는 것이 좋고, 한 프로그램에 두 가지 이상의 유형을 담아내는 것도 괜찮다. 놀이 프로그램은 대개 여

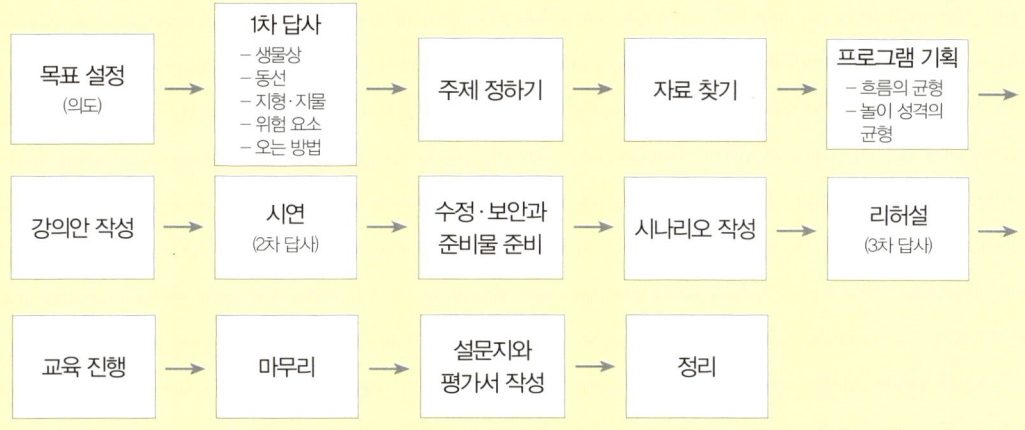

러 가지 유형이 복합적으로 나타난다.

  프로그램을 만드는 것은 쉬운 일이 아니다. 인간의 능력이 무한하다고 하나, 짧은 시간에 많은 아이템을 한꺼번에 만들어내기란 여간 어려운 일이 아니다. 전체 교육의 흐름에 따라 종전 프로그램과 새로 만든 프로그램을 적절히 배치한다. 종전 프로그램을 상황에 맞게 변경하는 것은 기본이고, 새로운 프로그램을 만들 때 전통 놀이나 많은 사람들이 아는 놀이, 레크리에이션 활동 등을 접목해도 좋다.

  실제로 구현되는 행동만 놓고 본다면 특별하지 않을 수도 있으나, 참가자들은 안내자가 어떻게 의미를 부여하는가에 따라 다른 프로그램으로 인식한다. 중요한 것은 프로그램의 참신성보다 전달하려는 내용이 참가자들에게 얼마나 잘 전달되고 효과적인가 하는 점이다.

체험 교육의 유형

- 오감 체험 : 시각, 청각, 미각, 후각, 촉각 등 오감을 활용하는 감각 활동.
- 해설 : 동식물의 분류 기준, 이름의 유래, 가치 등을 말로 설명.
- 관찰 : 자연현상과 생태계의 변화를 관찰 도구를 이용하여 관찰하거나 기록하는 활동.
- 실험 : 실험 도구를 이용하여 자연현상을 이해하는 활동.
- 토론 : 일정한 주제에 대해 참가자들이 자유롭게 의견을 나누는 활동.
- 놀이 : 놀이와 게임을 통해 자연현상을 이해하는 활동.
- 만들기 : 자연물을 이용한 공작 활동으로 자연물에 대한 이해와 창의력을 키우는 예술 활동.
- 되어보기와 연극 활동 : 공동체 의식을 심어주고, 동식물의 입장이 되어봄으로써 그들을 한층 더 이해하며, 자연 안에서 나를 발견하는 활동.

6) 강의안 작성

진행할 내용을 정리해본다. 날짜와 장소, 대상 등 기본적인 사항을 적고, 프로그램 순서를 잡는다. 다른 사람이 진행해도 같은 효과가 날 수 있도록 강의안을 명확하고 체계적으로 정리해야 한다.

7) 시연(2차 답사)

작성한 강의안을 가지고 다시 현장으로 가서 각 프로그램이 동선에 맞게 배치되고 진행되는지 시연해본다. 1차 답사 때 보이던 것들이 사라지고 없거나, 새로운 꽃이 피는 등 달라진 점이 있으면 수정·보완한다.

8) 준비물 준비

프로그램에 맞춰 시연(2차 답사)을 마쳤다면 진행에 필요한 물품, 교구와 설치물을 제작·준비한다. 준비가 미흡해 교육을 망치는 경우가 종종 있다. 철저한 준비가 좋은 교육의 밑거름이 된다는 것을 명심한다.

9) 시나리오 작성하기

강의안에 따라 교육 당일 진행할 내용을 직접 말하듯이 적어본다. 이때 우스갯소리까지 꼼꼼히 기록한다. 정리된 내용이 길게 느껴질지 모르지만 정리하는 과정에서 암기되어 시간을 많이 할애하지 않아도 된다. 시나리오를 바탕으로 교육을 진행하면 실수가 훨씬 줄어든다.

10) 리허설(3차 답사)

교육 당일 한 시간 정도 일찍 현장으로 가서 준비된 시나리오를 바탕으로 동선에 따라 리허설(3차 답사)을 한다. 빠뜨린 게 있는지, 달라진 게 있는지 정리해서 마지막으로 수정한다.

11) 교육 진행

프로그램의 내용이 좋아도 안내자의 역량에 따라 다르게 전달되거나 효과가 적어질 수 있다. 안내자는 교수법도 제대로 익혀야 한다.

교육은 재미있게 진행한다. 모처럼 숲에 나온 참가자들이 숲이란 공간이 흥미로운 곳임을 느끼고 돌아갈 수 있도록 해야 한다. 교육 진행시 유의 사항은 따로 정리했다.

12) 마무리

마무리도 교육 진행에 포함되지만 따로 설명하는 이유는 그만큼 중요하기 때문이다. 잘 진행하던 수업을 갑자기 마치면 참가자들이 당혹해할 것이다. 자연스럽게 마무리하는 것도 숲 안내자가 갖춰야 할 능력이다. 마무리 프로그램도 따로 정리할 필요가 있다. 이후 숲을 어떻게 바라봐야 할지, 집으로 돌아가서 어떻게 행동해야 할지, 숲에 다시 오면 어떻게 해야 할지 등 참가자들의 이후 삶의 방식이 숲 생태 교육과 연관 지어 어떻게 달라져야 할지 당부하거나 스스로 다짐할 수 있는 기회를 제공하면서 마무리하는 게 좋다.

13) 설문지와 평가서 작성하기

숲 안내자들의 자체적인 평가를 기록하고, 생태놀이 프로그램에 대한 참가자들의 반응을 알아보는 설문지를 작성한다. 진행한 교육을 평가해야 변화하고 발전할 수 있다.

14) 정리

진행할 때 사용한 교구와 현장, 강의안과 설문지, 평가서를 잘 정리해야 한다. 정리된 결과물이 차곡차곡 쌓이면 본인에게 보탬이 되는 것은 물론, 후배 숲 안내자들에게도 소중한 자료가 된다. 귀찮아도 꼼꼼히 정리하는 습관을 들인다.

4. 생태놀이를 진행할 때 유의할 점

프로그램의 내용에 따라 수업 분위기나 참가자들이 감동하는 정도가 달라질 수 있고, 안내자에 따라 당일 교육의 질이 좌우될 수 있다. 제시된 프로그램으로 건조하게 진행하기보다 안내자의 노하우를 발휘하면 더 흥미진진한 교육이 된다. 또 교육의 주체는 참가자임을 잊지 말아야 한다.

1) 오감을 자극하라

만져보고, 안아보고, 냄새 맡고, 맛보고, 귀도 대봐야 숲을 훨씬 잘 이해할 수 있다. 나무를 알아가는 것은 '이 나무는 왜 똑바로 자랐을까? 열매는 왜 많이 열리지 않았을까? 여기 상처는 왜 났을까? 어느 동물이 와서 이 잎을 갉아 먹을까?' 등 나무 곁에 가서 살펴보고 만져보고 나무와 대화하는 것이다. 오감을 활용하지 않으면 절대로 나무와 친해질 수 없다.

2) 충분히 체험하라

오감을 활용하여 충분히 체험할 수 있게 하라. 조금 보고 "이제 저쪽으로 가보자"며 억지로 끌고 가는 것이 아니라 아이들이 그곳에서 활동을 마쳤을 때 이동하는 것이 바람직하다. 충분히 놀지 않으면 불만이 쌓이고, 불만을 품은 아이는 다음 놀이 시간에 훼방을 놓거나 소극적이 되기 쉽다. 시간이 조금 지체되어 이후 프로그램을 생략하거나 줄이는 상황이 발생하더라도 한창 재미있게 놀 때는 억지로 끊지 않는다.

3) 호기심을 자극하라

답을 바로 말해주지 마라. 어쩌면 내가 아는 게 답이 아닐 수도 있다. 끊임없는 질문과 고민이 창의적이고 집중력 있는 아이로 만든다. 스스로 궁금해하고 그 궁금증을 풀어가는 아이로 만들어야 한다. 요즘은 아이들에게 스스로 고민할 시간을 주지 않는 경향이 있다. 학교, 학원, 게임, TV 프그램 등 조용히 깊은 고민을 할 시간을 줘야 한다. 지식을 떠 먹여주기보다 스스로 찾을 수 있도록 유도하는 게 좋다.

4) 과제의 시간, 형식 제시는 명료하게!

안내자 한 사람이 많은 참가자를 통제하려면 어려움이 따른다. 이 문제를 최소화하려면 교육 전에 규칙과 시간 등을 제시하는 것이 좋다. "열 셀 때까지 찾아보자" "저 느티나무 앞에서 모이자" 식으로 명확하게 제시하는 것이 참가자와 안내자에게 유익하다. 놀이를 진행하기 전에 명확한 규칙을 제시하지 않아 낭패를 본 안내자들이 의외로 많다. 프로그램의 문제라기보다 규칙에 대한 설명이 부족하기 때문이다. 안내자는 잘 알지만 처음 접하는 아이들은 전혀 알지 못하므로 규칙을 꼼꼼히, 명확하게 알려주고 진행해야 한다.

5) 시작 단계에서 재미있는 놀이를 하라

숲은 따분한 공부를 하는 곳이 아니라 유쾌하고 신나는 공간임을 알게 해줘야 한다. 어릴 때 놀이를 많이 한 여유가 커서 좋은 사냥꾼이 된다. 놀이 활동을 많이 한 아이가 창의적이고 적극적인 어른이 될 수 있다. 이왕이면 온몸을 움직여서 노는 게 좋다. 아이들은 재미있는 놀이를 하며 웃고, 그 순간 몸도 마음도 긴장을 풀어 놀이 수업이 편안하게 진행될 수 있다.

6) 때론 연기자가 되어라

아이들의 참여를 이끌어낼 때 무뚝뚝한 말투로 권하지 말고, 정말 아이들이 하고 싶은 마음이 들게끔 말투와 표정, 행동에 약간의 과장을 섞어서 표현해보자. 여러 아이들을 데리고 학습할 때 더 필요한 점이다.

7) 기록장에 너무 연연하지 마라

간혹 박물관 견학이나 숲 체험 활동을 할 때 아이들이 안내자의 말 한 마디 한 마디를 받아 적는 모습이 눈에 띈다. "선생님, 뭐라고요?" 질문하기 일쑤고, 교육의 의미보다 기록하는 데 의미를 둔 체험 교육이 많다. 이는 대부분 부모님의 영향이다. 현장 학습을 할 때 아이들에게 받아 적기나 기록장 완성하기 등은 지시하지 마라(도감 만들기 등 활동과 관계된 기록은 제외).

8) 너무 어려운 전문 용어를 피하라

아이들에게 설명하다 보면 전문적인 용어가 나올 수 있다. 어른들도 이해하기 힘든 단어를 아이들에게 이야기할 필요는 없다. 부득이한 상황이라면 반드시 부가적인 설명을 한다.

9) 동선을 너무 길게 잡지 마라

이동 거리가 2km가 넘으면 육체적인 피로를 느끼기 때문에 체험 교육의 효과가 떨어진다. 초등학교 고학년 이상 청소년에겐 간혹 왕성한 활동이 필요하기도 하지만, 그때는 별도로 등산 코스를 마련해두는 게 좋다. 숲 체험 교육과 등산은 구별되어야 한다.

10) 모르는 것에 대해 두려워하지 마라

수많은 나무와 풀들을 보면 이름이 궁금할 수 있다. 그러나 웬만한 전공자가 아니면 숲에 있는 모든 생물과 자연현상을 설명할 수 없다. 도식화된 지식을 전달하고자 체험 교육을 하는 것도 아니다. 자연이나 숲을 찾는 가장 큰 이유는 신비함과 아름다움을 느끼기 위해서다. 자연의 느낌을 직접 체험하고 관찰하는 가운데 자연을 이해하고, 자연을 구성하는 생명체에 대한 관계성이나 이름을 익힌다면 훨씬 효과적인 교육이 될 것이다. 숲 안내자라고 해서 모든 것을 알지는 못한다. 오히려 아이들과 함께 모르는 것을 찾아보거나 아이들 스스로 정답을 알아내게 한다면 더 오래 기억되고 교육 효과가 높다.

11) 소품을 활용하라

도토리 한 개라도 아이들에겐 큰 호기심을 불러일으킨다. 새소리를 낼 수 있는 토큰이라든지, 미리 주운 열매 등은 현장 수업에서 아이들의 관심을 집중시키고 호기심을 자극하기에 충분하다. 현장뿐만 아니라 실내에서도 유용한 교수법이다.

12) 안내자가 먼저 하라

"흙을 맨발로 밟으면 어떤 느낌일까? 한번 해봐라." 지시만 하고 자신은 하지 않는 부모님이나 안내자들이 많다. 그러면 아이들은 절대 하지 않는다. 하더라도 적극적이고 자발적으로 하지 않는다. 안내자가 먼저 움직이고 만지고 뒹굴어야 아이도 같이 뒹굴 수 있다.

13) 놀이 중 벌칙은 자발적으로

놀이를 진행하다 보면 벌칙을 줘야 할 때가 있다. 전체적인 집중이나 흥미를 높이기 위해 실수하거나 친구를 괴롭히거나 놀이에서 진 모둠에게 벌칙을 주면 효과가 있다. 너무 경쟁적인 놀이를 하는 것은 좋지 않지만, 자연스럽고 가벼운 경쟁은 놀이에 활력이 된다. 벌칙은 반드시 아이들 안에서 나와야 하며, 만장일치로 합의하는 내용이어야 한다. 안내자가 일방적으로 정하면 벌칙을 수행하지 않는 아이가 나오거나, 놀이 진행이 어려워지기도 한다.

14) 안전에 주의하라

숲 체험 교육에서 중요한 사실 중 하나는 아무리 좋은 교육이라도 안전에 이상이 생기면 안 된다는 것이다. 사전 답사로 위험 요소를 제거하고, 진행 과정에도 다치지 않도록 주의한다.

15) 완급을 조절하라

당일 진행하고자 하는 프로그램이 하나의 이야기가 되도록 한다. 도입→전개→절정→마무리의 순서를 고려해서 기획하고 진행하라. 단일 프로그램과 전체 프로그램의 흐름을 잘 조절하고, 하나의 흐름으로 이끌어가는 것이 좋다. 여러 모둠으로 진행할 때도 도입과 마무리는 같이 한다.

16) 안내자는 안내자일 뿐이다

교육을 하다 보면 안내자 자신이 감동하여 감정을 억제하지 못하는 경우가 있다. 감동과 재미는 참가자의 몫이란 것을 기억해야 한다. 안내자는 참가자들이 좀더 체험하고 느낄 수 있도록 유도하면 된다. 아이들의 경우 더욱 그렇다. 모든 프로그램의 과정과 결과는 아이들의 고민을 통해 나와야 한다. 의도한 방향과 맞아떨어지지 않더라도 그런 과정을 겪어본 것으로 의미 있는 일이다.

1부 숲에서 놀기 전에

숲에서 놀이를 하는 이유는 어린이의 감수성 발달과
공동체 놀이를 통해 사회성을 기르는 데 있다.
놀이의 효과를 얻으려면 숲에 들어서는 마음이 중요하다.
마음을 가다듬을 수 있는 몇 가지 놀이를 소개한다.

1-1

모둠 나누기 프로그램

인원이 많을 때는 놀이를 하기 전 모둠을 나누는 것이 효과적이다. 강사 한 명이 여러 명을 데리고 놀이를 진행하기에 무리가 따를 경우 모둠을 둘로 나눠 선의의 경쟁을 유발하면 적당한 긴장감이 조성되어 놀이의 효과를 극대화할 수 있다. 경쟁을 부정적으로 보는 시각도 있으나 건강한 경쟁은 생태계에도 얼마든지 있으며, 개인의 발전에 도움이 되기도 한다.

이때 자연스럽게 모둠을 나누는 것이 가장 중요한데, 아이들은 성별이나 나이, 친한 사람끼리 뭉치려고 하는 습성이 있어 의외로 쉽지가 않다. 자연스럽게 모둠을 나누기 위해서는 놀이를 하며 자신이 선택한 방향으로 움직여 모둠이 결정되게 하는 것이 좋다. 이 경우 불만이 줄어들고, 본인의 선택이므로 그 모둠 안에서 협동하고자 하는 마음이 생긴다.

1-1-1 누구의 소리일까?

목적: 숲 안내자에게 집중하고, 놀이를 통해 모둠을 나눈다.
대상: 6세 이상
장소: 어느 곳이나

1. 주의를 집중할 필요가 있을 때 하면 좋다.
   - 선생님이 내는 소리를 듣고 어느 동물인지 맞혀봐!

2. 동물의 울음소리를 낸다.
   - 뻐꾹뻐꾹!
   - 뻐꾸기!

3. 동물 이름을 말하지 말고, 그 동물 다리 개수대로 뭉치자고 한다.
   - 뻐꾸기는 다리가 두 개지? 그러면 두 사람이 뭉치는 거야, 알았지?
   - 멍멍!
   - 넷!
   - 나도!

4. 모둠에 들어가지 못한 사람은 벌칙을 받는다.
   - 노래 잘 못하는데…
   - 노래 한 곡 부르셔!

5. 계속해서 다른 동물 소리를 낸다.
   - 맴맴!
   - 여섯!

6. 인원에 맞게 조절해서 모둠을 나눌 수 있다.
   - 전체 인원이 열두 명이면 곤충 소리를 이용해 두 모둠으로 나눌 수 있습니다.

진행을 위한 팁

- 나이가 어릴수록 소리를 내거나 행동을 해서 관심을 끄는 것이 분위기 잡기 좋은 방법이지만, 반드시 소리를 낼 필요는 없다. 동물의 이름을 말하거나 동물 카드를 이용해도 된다.
- 동물의 다리 개수로 해결되지 않는 경우도 있다. 열 명씩 두 모둠을 나눠야 할 때는 다리가 열 개인 동물(오징어)을 흉내 내도 되지만, 곤충과 포유류 흉내를 내면 다리 열 개가 되므로 해결이 가능하다.

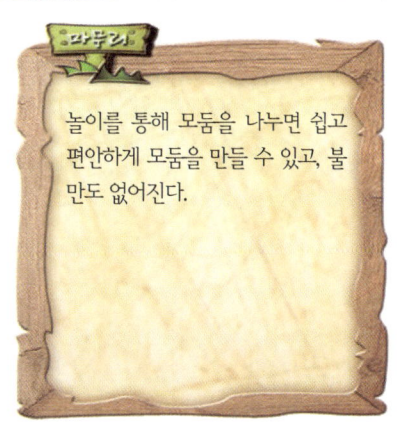

놀이를 통해 모둠을 나누면 쉽고 편안하게 모둠을 만들 수 있고, 불만도 없어진다.

1-1-2 무슨 말일까?

목적 : 글자 퍼즐을 맞추면서 어휘력을 키우고, 모둠도 나눈다.
대상 : 초등학생 이상(유아는 글을 읽을 수 있는 나이)
장소 : 어느 곳이나

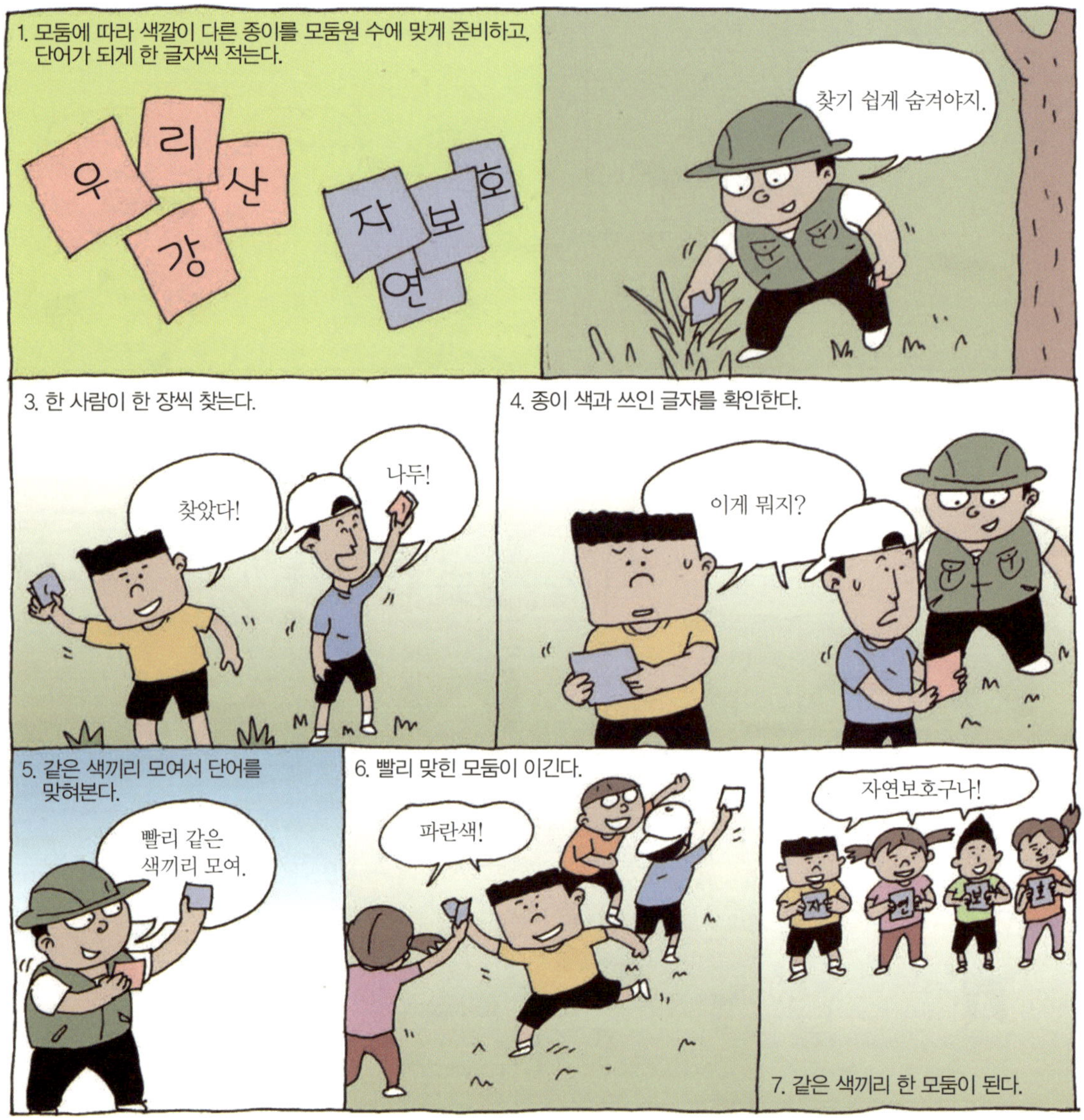

1. 모둠에 따라 색깔이 다른 종이를 모둠원 수에 맞게 준비하고, 단어가 되게 한 글자씩 적는다.

2. 찾기 쉽게 숨겨야지.

3. 한 사람이 한 장씩 찾는다.
 - 찾았다!
 - 나두!

4. 종이 색과 쓰인 글자를 확인한다.
 - 이게 뭐지?

5. 같은 색끼리 모여서 단어를 맞혀본다.
 - 빨리 같은 색끼리 모여.

6. 빨리 맞힌 모둠이 이긴다.
 - 파란색!

7. 같은 색끼리 한 모둠이 된다.
 - 자연보호구나!

진행을 위한 팁
- 문구는 인원에 맞춰 자율적으로 만들 수 있다. 이왕이면 생태 교육의 취지에 맞는 문구를 정하는 게 좋다(예 : 도롱뇽을 살리자).
- 종이는 너무 깊숙이 숨기지 않는다.
- 한 사람이 여러 장을 찾으면 다른 친구에게 주도록 한다.

놀이를 하다 보면 자연스럽게 모둠이 나눠진다.

1-3 이름표 퍼즐 맞추기

목적 : 그림 퍼즐 놀이를 통해 자연스럽게 모둠을 나눈다.
대상 : 6세 이상
장소 : 어느 곳이나

1. 참가자 수와 이름을 미리 알아야 한다.
   - 열여덟 명이면…

2. 인원에 맞게 모둠을 나누고, 종이에 그림을 그린다.

3. 그림을 자르고, 뒷면에 참가자 이름을 적는다.
   - 이민우

4. 놀이하기 전에 이름표를 만들어 나눠준다.

5. 퍼즐에 대해 설명하고, 퍼즐을 먼저 맞춘 모둠이 이긴다고 알려준다.
   - 뒤집어 보면 그림이 있어.

6. 그림 퍼즐을 맞추도록 한다.
   - 무당벌레네!

7. 퍼즐을 완성하면 자연스럽게 모둠이 나눠진다.
   - 이겼다!
   - 어디지?
   - 같은 그림끼리 모둠이 되는 거야.

진행을 위한 팁
- 그림은 빈칸이 생기지 않고, 모든 칸에 골고루 들어가게 그려야 한다.
- 나누고자 하는 모둠 수대로 그림을 준비한다.

자기가 맞춘 퍼즐이 자기 모둠이 된다.

1-1-4 숲속 가위바위보

목적: 자연물의 특성을 이해하고, 모둠도 나눌 수 있다.
대상: 6세 이상
장소: 숲속(자연물이 많은 곳)

1. 모둠을 둘로 나눌 때 진행한다.
   - '숲속 가위바위보'라고 알아?
   - 그게 뭐예요?

2. 가위바위보에 해당하는 자연물을 설명한다.
   - 그냥 가위바위보보다 재밌겠지?

3. 가위바위보에 해당하는 자연물.
   - 나뭇가지 — 가위
   - 돌 — 바위
   - 나뭇잎 — 보

4. 각자 자연물을 찾아온다.
   - 가위로 하자.
   - 난 나뭇잎으로 해야지.

5. 자연물을 숨긴 채 가위바위보 하려는 사람을 정한다.
   - 가위바위보!

6. 결과에 따라 모둠을 나눈다.
   - 비긴 사람은 다시 찾아와야 해!

진행을 위한 팁
- 가져온 자연물은 원래 자리에 돌려놓도록 한다.
- 자연물을 활용하는 놀이로 이어가도 좋다.

숲속 가위바위보로 모둠 나누기를 할 수 있다.

1-1-5 토끼 잡기

목적: 생태계의 먹이사슬을 이해하고, 모둠 나누기도 할 수 있다.
대상: 6세 이상
장소: 어느 곳이나

1. 반지름 3m가 넘는 원을 그린다.
2. 참가자는 자연물을 하나씩 찾아와 원 안에 둔다.
   - "난 가벼운 걸로."
3. 자연물은 토끼, 참가자는 늑대, 안내자는 인간이 된다.
   - "늑대들은 들어오면 안 돼!"
4. 인간이 원 안에 있을 때 늑대는 들어오지 못한다.
5. 인간이 토끼를 가지고 원 밖으로 나왔을 때 늑대가 들어가 토끼를 잡는다.
   - "토끼 잡자!"
6. 인간이 가지고 나온 만큼 토끼의 숫자가 모자라기 때문에 토끼를 잡지 못한 늑대가 있다.
   - "굶는 건가?"
7. 토끼 숫자를 바꿔가면서 놀이를 진행한다.
   - "토끼를 반만 남겨놓으면 두 모둠으로 나눠지죠."

진행을 위한 팁

- 모둠 나누기 요령
  - 두 모둠으로 나누고 싶을 때 : 전체 인원의 절반에 해당하는 토끼(자연물)를 놓고 놀이를 진행하면 술래 팀과 이긴 팀이 결정되어 두 모둠으로 나눌 수 있다.
  - 세 모둠으로 나누고 싶을 때 : 전체 인원의 3분의 1에 해당하는 토끼를 놓고 놀이를 진행하면 먼저 한 팀이 결정되고, 탈락한 팀끼리 다시 놀이를 진행해서 둘로 나누면 전체 세 모둠이 된다.
- 찾아온 자연물(토끼)과 바닥에 있는 자연물이 헷갈릴 수 있으므로 바닥을 깨끗이 하는 게 좋다.
- 인간(안내자)이 원 안에 있을 때 움직이지 않는 늑대(참가자)는 아웃이다.
- 인간이 원 밖으로 나올까말까 하면 더 재미있다.

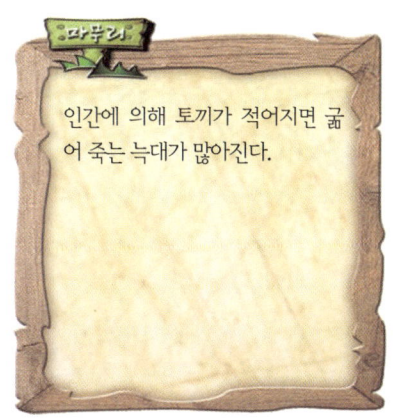

인간에 의해 토끼가 적어지면 굶어 죽는 늑대가 많아진다.

1-1-6 짝을 찾아라

목적: 카드 그림 짝 찾기를 통해 생태계의 동식물은 서로 관계가 있다는 것을 안다.
대상: 6세 이상
장소: 어느 곳이나

1. 숲에서 볼 수 있는 여러 대상을 그린 그림 카드를 준비한다.

2. 서로 무슨 그림 카드를 들고 있는지 알아본다.
- 난 해야. 넌 뭐야?
- 난 풀.

3. 그림 간에 어떤 관련이 있는지 이야기해본다.
- 햇빛을 받아야 풀이 살 수 있어.
- 맞아 맞아!

4. 관련이 있는 둘은 짝이 된다.

5. 짝을 찾지 못한 사람은 술래가 되어 벌칙을 받는다.
- 아… 짝을 못 찾겠네.
- 그럼 술래야!

6. 인원을 늘려가면서 진행해본다.
- 인원을 늘려 모둠 나누기도 할 수 있고, 전체가 하나로 관계를 맺을 수도 있답니다.

진행을 위한 팁
- 놀이 참가자를 미리 파악하여 카드 숫자를 참가자 숫자와 동일하게 만든다.
- 카드는 마분지에 그림을 그려서 만드는 게 좋지만, 사정이 여의치 않으면 쪽지에 동식물 이름을 적어도 된다.
- 세 명씩 짝을 지어야 할 때 한 사람에게 둘 다 연관이 있다면 양손을 잡고 있어도 된다.
- 카드 구성의 예 : 해, 풀, 애벌레, 메뚜기, 개구리, 뱀, 너구리, 올빼미, 삵
- 아이들이 어려운 카드끼리 관계를 찾아내려고 애쓰다 보면 이야기를 짜거나 둘의 관계를 깊이 있게 고민한다.

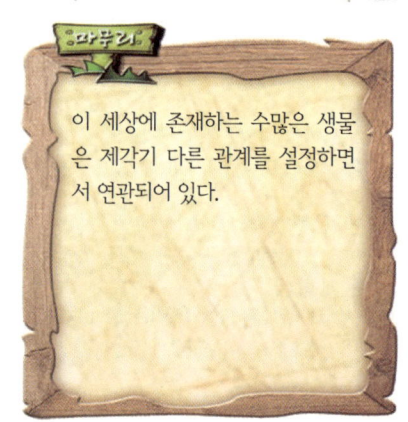

이 세상에 존재하는 수많은 생물은 제각기 다른 관계를 설정하면서 연관되어 있다.

모둠의 협동을 유발하는 놀이

모둠이 만들어졌다면 모둠 내부의 협동심을 일으킬 필요가 있다. 서로 배려하고 돕는 태도가 모둠에 좋고, 자신에게도 유익한 결과를 가져온다는 것을 알게 하는 것이 중요하다. 숲에서 진행하는 생태 교육이 궁극적으로 지향하는 것 중 하나가 협동이며, 협동심을 일으켜 자연스럽게 공동체 의식을 키울 수 있다.
이 장에서 다루는 놀이 외에 주제별 프로그램에서도 모둠의 협동을 유발하는 놀이가 포함된다.

1-2-1 외나무다리 건너기

목적: 숲속에서 자주 볼 수 있는 죽은 나무를 이용해 균형 감각을 익히고, 서로 배려하는 것도 배운다.
대상: 6세 이상
장소: 통나무가 있는 곳

1. 외나무다리로 쓸 만한 나무가 있는 곳에서 한다.
   - 아싸! 나무다.
2. 모둠을 둘로 나눠 진행한다.
   - 진짜 재밌게 놀아볼래?
3. 각 모둠에서 순서를 정해 한 명씩 양쪽 끝에서 출발해 반대쪽으로 건너가야 한다.
4. 한 사람만 건너가면 그 사람에게 10점을 주고, 건너지 못한 사람은 0점을 준다.
   - 으악!
5. 두 사람 다 건너가면 둘 다 20점씩 준다.
   - 조심!
   - 너 먼저.
6. 참가자들이 스스로 건너가는 방법을 찾는다.
   - 내가 앉을까?
   - 그럴래?
   - 많은 점수를 얻으려면 서로 도와야겠죠?

진행을 위한 팁

- 놀이 전에 협동하거나 양보하라는 말을 하지 않는다. 결정은 어디까지나 아이들이 해야 한다.
- 안내자는 점수를 잘 체크해서 아이들이 더 높은 점수를 얻기 위해 고민하도록 유도한다.

다른 모둠이지만 둘이 협동하고 배려하면 더 좋은 결과를 얻을 수 있다.

1-2-2 나뭇가지 젓가락

목적: 숲속에서 흔히 보는 나뭇가지를 이용해 협동심을 키운다.
대상: 6세 이상
장소: 나뭇가지가 있는 곳

1. 죽은 나뭇가지가 많은 곳에서 진행한다.
   "내 칼을 받아라!"

2. 각자 죽은 나뭇가지를 주워 온다.
   "칼싸움하던 나무로 재밌는 놀이를 해볼래?"

3. 두 모둠으로 나눠 나뭇가지로 돌을 옮기는 놀이를 진행한다.
   "저 돌을 이리로 옮기는 거야."

4. 두 사람이 나뭇가지만 써서 옮겨야 한다.
   "손으로 옮겨도 되죠?"
   "나뭇가지로만 옮겨야 해."

5. 나뭇가지로 옮기려면 협동해야 한다.
   "사알~살!"

6. 먼저 옮기는 모둠이 이긴다.

7. 마무리한다.
   "혼자서는 불가능한 일도 힘을 합치면 할 수 있단다."

진행을 위한 팁
- 돌멩이는 크기가 제각각인 게 좋다. 단 모둠 간은 크기가 공평해야 한다.
- 양 모둠 네모에 돌멩이를 같은 개수로 넣어두고 상대 모둠 네모에 옮기는 방식으로 진행할 수도 있다. 일정 시간이 지난 뒤 자기 모둠 네모 안에 돌멩이가 적은 모둠이 이긴다.

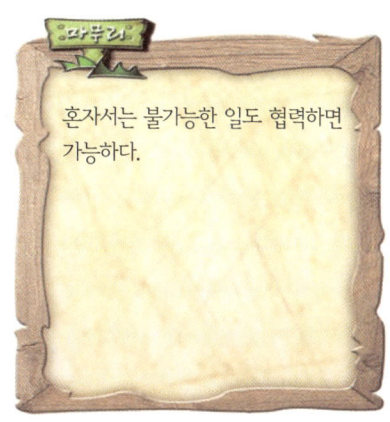

혼자서는 불가능한 일도 협력하면 가능하다.

1-2-3 숲속 음악회

목적: 숲속 자연물로 악기를 만들어 연주하면서 협동심을 키우고, 예술에 대해 새롭게 느낀다.
대상: 6세 이상
장소: 나무, 돌 등 자연물이 많은 곳

1. 악기 카드를 만든다. 그림 대신 글자로 써도 무방하다.
2. 숲속 음악회를 하자고 한다. — "숲속 음악회를 열어보자!"
3. 카드를 나눠주면서 무슨 악기인지 확인한다. — "무슨 악기지?" "큰북이오."
4. 각자 연주할 악기를 숲에서 찾아온다. — "저 나무로 할까?" "이건 탬버린."
5. 찾아온 악기로 연주를 한다. — "준비됐나요?"
6. 노래를 부르며 연주한다. — "악기는 자연에서 왔지요. 모든 예술이 그래요."

진행을 위한 팁
- 음악은 자연물을 두드리는 데서 시작해 차츰 발달했다는 것을 알려준다.
- 자연물로 소리 내기 어려운 것은 입으로 소리 내도 된다고 말해준다.
- 더 악기다운 것을 만들 수 있도록 끈이나 테이프, 페트병 등을 준비해도 좋다.

마무리

한 사람보다 여럿이 모여서 조화를 이룰 때 더 좋은 음악이 탄생한다. 자연도 그렇고 사람도 그렇다.

1-2-4 도토리를 굴려라!

목적: 모둠원끼리 과제를 수행하면서 배려와 균형을 생각하고, 도토리의 번식 전략까지 이해한다.
대상: 6세 이상
장소: 어느 곳이나

1. 숫자를 쓴 보자기와 도토리를 준비한다.
2. 바닥에 보자기를 펴고 가운데 도토리를 놓고 시작한다.
   - "자, 보자기를 들고 시작할 거야."
   - "숫자도 써 있네."
3. 모둠원끼리 보자기를 잡고 도토리를 굴려 순서대로 숫자가 써진 원에 넣는다.
4. 도토리가 밖으로 떨어지면 실패다.
   - "으악! 떨어졌다."
5. 숫자 대신 그림을 그려서 놀아도 좋다.
   - 숫자가 커질수록 그림이 작다.
   - 그림을 피해 도착하는 놀이다.

"모둠원끼리 서로 배려해서 도토리를 잘 굴려야 성공할 수 있어요."

진행을 위한 팁

- 도토리 대신 다른 열매를 이용해도 된다. 단 밤이나 호두, 칠엽수 열매 등 스스로 굴러서 번식하는 열매가 좋다.
- 만화에 제시한 것처럼 숫자 대신 그림을 그려서 진행해도 된다.
- 모둠 간 승부를 가리고자 한다면 둘 다 열매가 떨어지지 않았을 경우 빨리 이동한 모둠이 이긴다.
- 보자기를 바닥에 놓고 도토리를 튕기며 놀아도 좋다.

과제를 수행할 때 서로 배려하고 협동하면 잘할 수 있다.

1-3

숲 친구를 만나기 전에

어떤 마음으로 숲에 들어서는가가 그날의 수업을 좌우할 수 있다. 숲에 대해 아무런 설명 없이 들어서기보다 숲에 깃들어 사는 무수한 생명 이야기나 숲이 우리에게 얼마나 고마운 존재인지 설명한 뒤에 들어선다면 보다 나은 숲 교육이 될 것이다. 숲에 들어서기 전 마음을 바로잡게 해주는 놀이들을 소개한다.

1-3-1 숲속 이름 짓기

목적: 숲에 들어서기 전 간단한 준비로 숲속 이름을 하나 지어보고, 이름이 주는 의미를 되새긴다.
대상: 초등학생 이상
장소: 어느 곳이나

진행을 위한 팁
- 상대방을 보고 우습거나 놀리기 좋은 동물을 적지 않도록 한다.
- 이름을 조합할 땐 꼭 쪽지에 적힌 대로 하지 않아도 된다. 예를 들어 '달리기 – 사슴'이라면 '달리는 사슴'이라고 지어도 되지만, '잘 달리는 사슴'이나 '달리기를 좋아하는 사슴'이라고 지어도 된다.

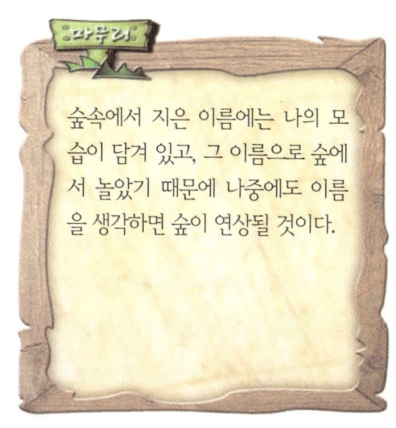

숲속에서 지은 이름에는 나의 모습이 담겨 있고, 그 이름으로 숲에서 놀았기 때문에 나중에도 이름을 생각하면 숲이 연상될 것이다.

1-3-2 몸으로 하는 인사

목적 : 본격적인 놀이 전에 서로 인사하며 몸과 마음의 긴장을 푼다.
대상 : 6세 이상
장소 : 어느 곳이나

1. 두 사람씩 짝을 짓는다.
   "손을 마주 잡으세요!"

2. 마주 잡은 손을 양쪽으로 흔들면서 노래하듯 한다.

3. 내용은 서로 주고받는다.
   경택아! / 왜 불러?
   뭐 하니? / 논다!
   어디서? / 숲에서!
   어떻게? / 이렇게!

4. '이렇게'라고 할 때 손을 잡은 상태에서 함께 몸을 돌린다.

5. 다음에는 팔목을 잡고 한다.

6. 마지막엔 어깨를 잡고 한다.

"짝꿍을 바꿔서 또 해봐요."

진행을 위한 팁
- 밝고 신나게 진행한다.
- 짝을 바꿔가면서 포크댄스 추듯이 할 수도 있다.

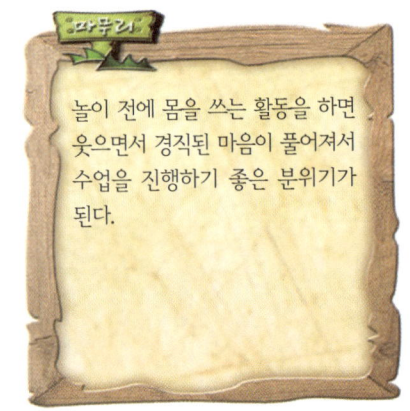

놀이 전에 몸을 쓰는 활동을 하면 웃으면서 경직된 마음이 풀어져서 수업을 진행하기 좋은 분위기가 된다.

1-3-3 샅샅이 보기

목적: 다양한 시각으로 사물을 바라본다.
대상: 초등학생 이상
장소: 어느 곳이나

1. 숲에 들어가기 전에 하는 게 좋다.
   - 숲에 들어가기 전에 하기 좋은 놀이입니다.

2. 자연물과 종이, 볼펜을 지퍼백에 넣어 맨 앞사람에게 준다.
   - 지퍼백, 나뭇잎, 메모지, 볼펜

3. 관찰한 내용을 한 줄씩 적는다.
   - 나뭇잎을 보고 알아낸 사실을 한 줄만 적어봐!

4. 뒷사람은 앞사람과 겹치지 않는 내용을 적어야 한다.
   - 똑같이 쓰면 안 돼!

5. 마지막 사람까지 모두 쓰게 한다.
   - 넌 쓸 말이 없겠다.

6. 다 마치고 나면 첫번째 참가자에게 자연물에 대한 느낌을 묻는다.
   - 나뭇잎 보고 관찰한 거 한 번 얘기해 볼래?
   - 구멍이…

7. 끝나면 내용을 읽어준다.
   - 구멍이 있다. 초록색이다. 잎 끝이 파도 같다….
   - 참 많네요.
   - 여럿이 보니까 관찰한 내용이 아주 많지? 혼자서도 이렇게 찾아 낼 수 있어

진행을 위한 팁
- 인원이 많으면 시간이 오래 걸릴 수 있다. 같은 자연물을 또 하나 준비해서 동시에 두 개를 양쪽 끝에서 진행해도 된다.
- 시간이 오래 걸리면 자연스럽게 다음 놀이로 이어지게 짤 수도 있다.

여럿이 생각하면 혼자 생각하는 것보다 많은 것을 느낄 수 있다.

1-3-4 같은 것 찾기

목적: 숲을 더 자세히 살펴보고, 숲에는 다양성이 존재한다는 것을 안다.
대상: 6세 이상
장소: 자연물이 많은 숲

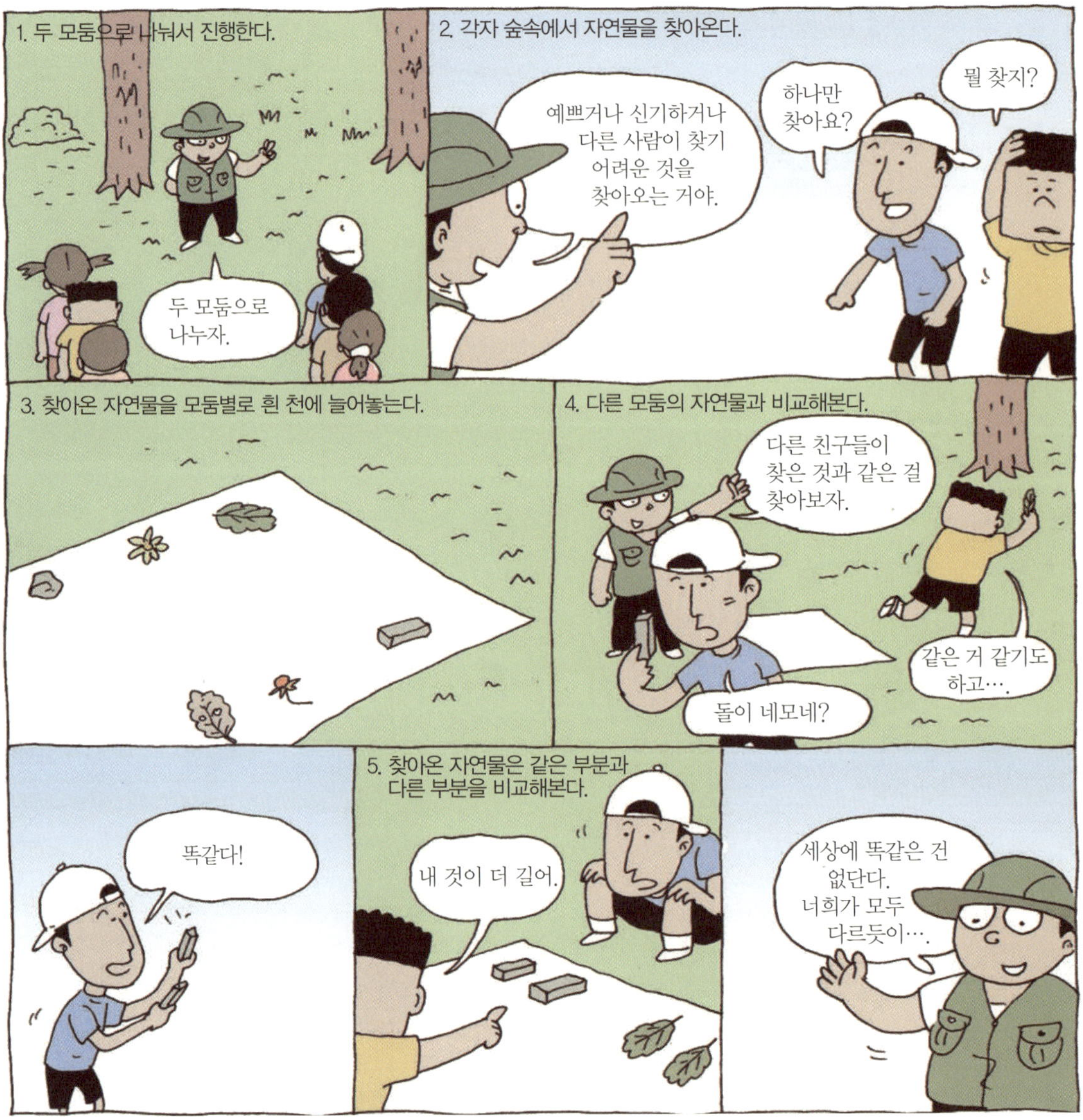

1. 두 모둠으로 나눠서 진행한다.
2. 각자 숲속에서 자연물을 찾아온다.
3. 찾아온 자연물을 모둠별로 흰 천에 늘어놓는다.
4. 다른 모둠의 자연물과 비교해본다.
5. 찾아온 자연물은 같은 부분과 다른 부분을 비교해본다.

진행을 위한 팁

- "여기부터 저기 보이는 나무까지 찾아오는 거야. 시간은 5분 정도 줄게." 이런 식으로 장소와 시간을 명확히 이야기해줘야 한다. 그렇지 않으면 진행이 잘 안 될 수도 있다.

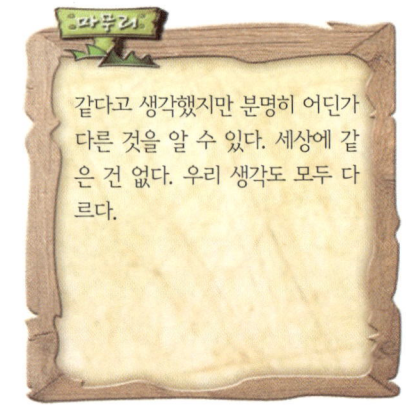

마무리

같다고 생각했지만 분명히 어딘가 다른 것을 알 수 있다. 세상에 같은 건 없다. 우리 생각도 모두 다르다.

1-3-5 나뭇잎 돋보기

목적: 구멍 난 잎을 통해 세상을 다른 시각으로 본다.
대상: 6세 이상
장소: 나뭇잎이 있는 곳

1. 숲에 들어서면서 하는 게 좋다.
   - 잘 살펴보면 애벌레가 구멍을 낸 나뭇잎이 있을 거야.

2. 구멍 난 나뭇잎을 찾아본다.
   - 이런 거요?
   - 그래, 이렇게 하면 나뭇잎 돋보기가 되지.

3. 구멍을 통해 숲을 관찰한다.
   - 와! 신기하다.

4. 구멍을 통해 본 자연물을 그린다.
   - 다 그리는 게 아니라 구멍으로 보이는 만큼만 그려봐!

5. 그림을 서로 보여주며 무엇을 그렸는지 맞혀본다.
   - 이건 뭐지?

7. 정답은 반드시 실물을 보여준다.
   - 아까시나무 열매지롱!
   - 헐~!
   - 구멍 난 잎으로 보니까 더 자세히 볼 수 있지?

진행을 위한 팁
- 구멍을 통해 본 것을 그릴 때 풍경이나 상상의 장면이 아니라 실제 자연물을 보고 그리게 해야 한다.
- 자연물의 일부분이나 잘 모르던 부분을 찾아서 그리게 한다. 그린 것을 맞히기 놀이를 할 때 그렇게 하는 것이 상대방이 맞히기 어렵다는 것을 얘기해주면 된다. 상대방을 어렵게 하기 위해 자기도 평소에 보지 않던 부분을 보기 때문이다.

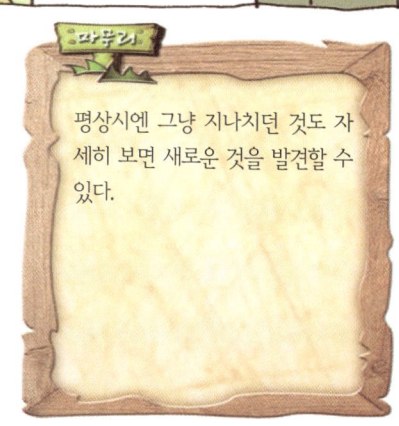

마무리

평상시엔 그냥 지나치던 것도 자세히 보면 새로운 것을 발견할 수 있다.

1-3-6 숲속 액자

목적: 숲속 자연물을 자세히 들여다보고, 자신의 행동에 다른 사람이 감동받을 수 있다는 것을 느낀다.
대상: 6세 이상
장소: 자연물이 있는 곳

1. 검은색 하드보드지로 액자를 만든다. (20cm × 15cm)
2. 참가자들에게 하나씩 나눠준다.
3. 각자 숲속에 설치한다. — "여기가 좋겠다!" / "난 여기!"
4. 설치를 마치고 나면 다른 친구들이 설치한 것을 본다. — "다 했으면 친구들 작품을 감상해보자."
   - "와! 예쁘다."
   - "예술 작품이 따로 없네."
5. 마무리한다. — "액자를 통해 보니까 다르지? 아름답고 신기하고…."

진행을 위한 팁
- 자세히 관찰하는 놀이지만, 자기가 선택한 것이 다른 사람을 감동시키는 것을 경험하게 하는 것이 중요하다.
- 안내자가 미리 골라주지 말고 참가자 스스로 액자를 놓게 한다.
- 액자 놓기가 어려운 부분은 끈으로 묶거나 테이프로 붙여준다.

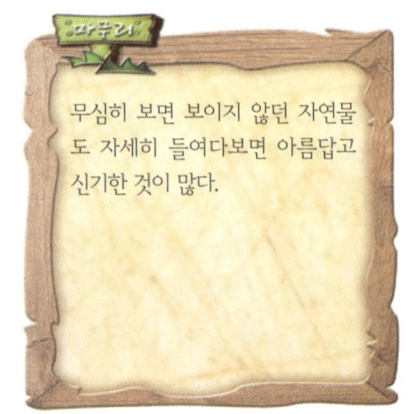

마무리
무심히 보면 보이지 않던 자연물도 자세히 들여다보면 아름답고 신기한 것이 많다.

1-3-7 숲속 빙고

목적 : 빙고를 통해 숲을 입체적으로 관찰한다.
대상 : 초등학생 이상
장소 : 자연물이 있는 곳

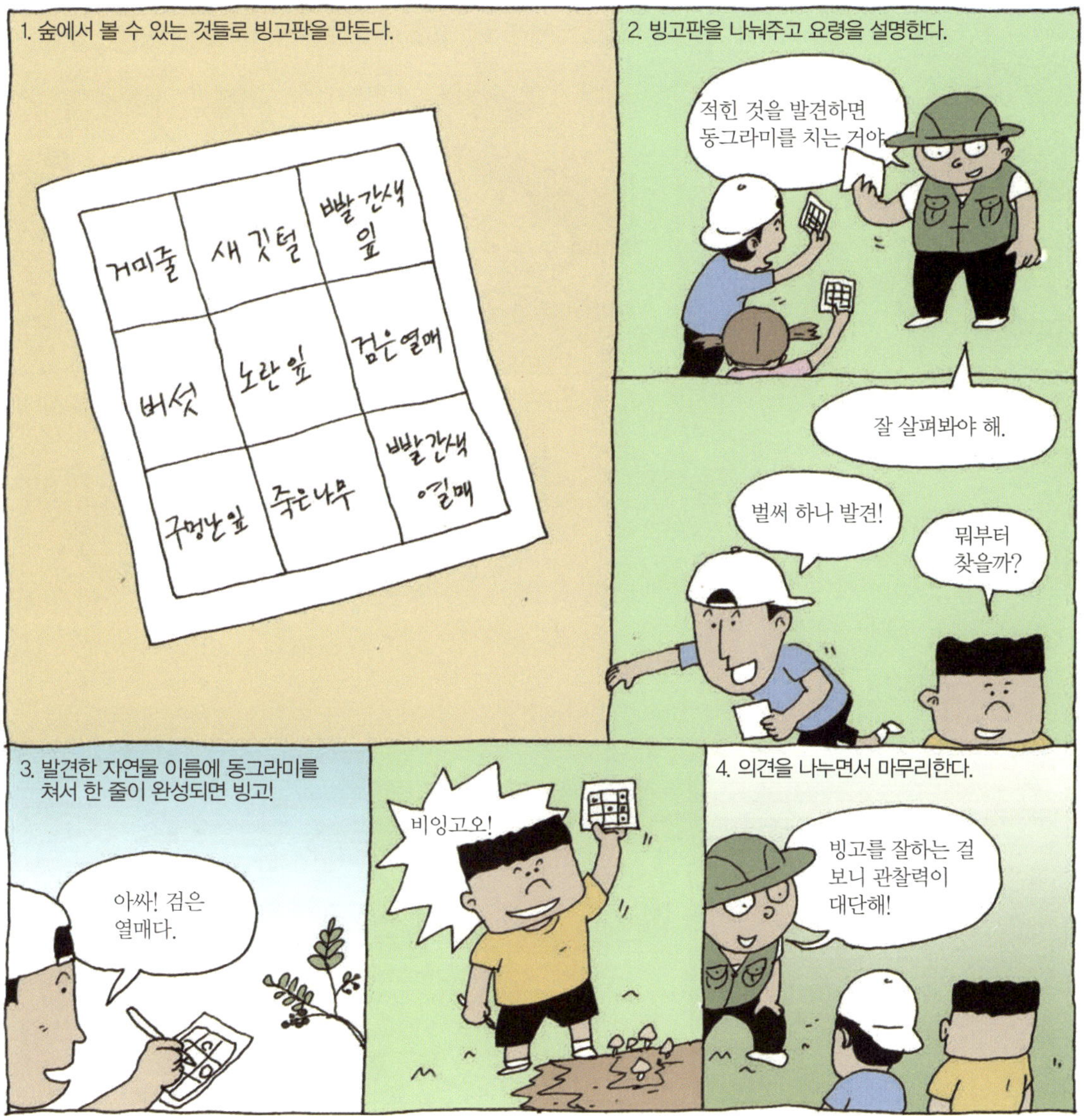

1. 숲에서 볼 수 있는 것들로 빙고판을 만든다.

2. 빙고판을 나눠주고 요령을 설명한다.
   - 적힌 것을 발견하면 동그라미를 치는 거야.
   - 잘 살펴봐야 해.
   - 벌써 하나 발견!
   - 뭐부터 찾을까?

3. 발견한 자연물 이름에 동그라미를 쳐서 한 줄이 완성되면 빙고!
   - 아싸! 검은 열매다.
   - 비잉고오!

4. 의견을 나누면서 마무리한다.
   - 빙고를 잘하는 걸 보니 관찰력이 대단해!

진행을 위한 팁

- 경우에 따라 두 줄이나 세 줄을 완성하면 빙고라고 정한다. 일정한 시간 동안 누가 가장 많은 줄을 완성했는지 알아봐도 재미있다.
- 자연물을 선택할 때 특정 식물 이름보다는 거미줄, 빨간 열매, 새 깃털, 구멍 난 잎, 빨간 단풍잎, 버섯 등 생태적인 것을 느낄 수 있는 것들로 하는 것이 좋다. 특히 숲 바닥에 엎드리거나 뒤적여야 발견할 수 있는 것으로 정하는 게 효과적이다.
- 자연물을 직접 찾아서 붙이면 금상첨화다.

빙고를 잘하기 위해선 숲을 자세히 살펴봐야 한다.

1-3-8 애벌레 전시회

목적: 애벌레가 만든 잎을 찾아보면서 숲을 자세히 관찰한다.
대상: 6세 이상
장소: 숲속

1. 숲에 들어서면서 하는 게 좋다.
   - "나뭇잎을 보면 말이지…."
2. 애벌레의 먹이 흔적을 찾는다.
   - "애벌레들이 그림을 그려놓았거든."
3. 각자 하나씩 찾아본다.
   - "누가 젤 멋진 그림을 찾나 보자."
4. 찾아온 나뭇잎에 제목을 붙인다.
5. 종이에 붙여 액자처럼 만든다.
6. 작품을 전시하고 다 같이 감상한다.
   - "제 작품 멋있죠?"
   - "애벌레 작품 아니고?"

진행을 위한 팁
- 도감 등을 활용해서 실제 그림을 그린 애벌레가 누구인지 알아보면 더 좋다.
- 애벌레와 먹이식물의 관계를 연결해서 진행해도 효과적이다.

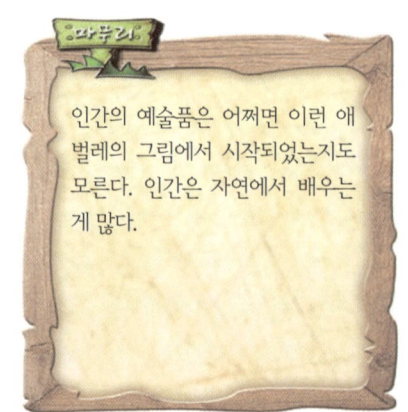

마무리
인간의 예술품은 어쩌면 이런 애벌레의 그림에서 시작되었는지도 모른다. 인간은 자연에서 배우는 게 많다.

1-3-9 숲속 초대장

목적 : 초대장을 만들어보며 공작 활동을 하고 초대해준 숲에 감사하는 마음도 갖는다.
대상 : 6세 이상
장소 : 숲이 시작되는 지점

1. 숲에 들어서기 전에 한다.
   - 숲에 들어가려면 초대장이 있어야 해.

2. 준비한 종이를 나눠준다.
   - 초대장 없는데요?
   - 그럼, 종이를 줄 테니 만들어봐.

3. 초대장을 만들기 위해 간단한 과제를 내준다.
   - 어떻게 만들어요?
   - 나무 열매로 예쁘게 초대장을 꾸며봐.

4. 숲속 자연물로 초대장을 꾸민다.
   - 여기 있다!

5. 다 된 작품은 숲속에 전시한다.
   - 누가 누굴 초대하는 거지?
   - 숲이 너를.
   - 숲에 들어서기 전 마음의 준비를 해주는 놀이죠.

진행을 위한 팁
- 과제는 숲속 열매를 세 종류 이상 붙여서 꾸미기 등 다양하게 내줄 수 있다. 단 어린아이일수록 과제는 쉽고 간단하게 내준다.
- 숲속 입구에 나무 두 그루가 문처럼 생겼거나, 다리가 있거나, 계단 등 조형물이 있어서 입구 같은 느낌을 주는 곳에서 하면 좋다.

이렇게 예쁜 초대장도 숲이 만들어준 거나 다름없다.

1-3-10 숲속 라디오 극장

목적: 숲속에서 나는 여러 가지 소리를 내며 연극을 해서 숲속의 생생함을 느껴본다.
대상: 초등학생 이상
장소: 어느 곳이나

---

1. 미리 대본을 준비한다.
- 선생님과 함께 라디오 드라마를 해보자.
- 어떻게요?

2. 라디오 드라마처럼 상황에 맞게 소리를 낸다.
- 선생님은 성우고, 너희는 음향효과 담당이야.

3. 소리는 자연물을 이용해서 내면 더욱 좋다.
- 목소리로 하는 거죠?
- 자연물로 하면 더 좋지.

4. 대본을 한 줄씩 읽고 상황에 맞게 소리를 낸다.
- 봄이 오니 잠자던 개구리가 깨어났습니다.
- 네 차례야.
- 개굴개굴.
- 산에서 내려와 물속으로 풍당 들어갔어요.
- 멀리서 새가 한 마리 날아와요.

5. 마무리한다.
- 숲은 조용한 것 같지만, 잘 들어보면 동물들이 내는 여러 가지 소리가 난단다.

진행을 위한 팁

- 미리 쓴 대본이 있으면 편하다. 현장에서 참가자들이 짧은 시간에 쓴 대본도 좋다. 단 상대 모둠이 쓴 대본으로 연기하는 게 효과적이다.

= 대본의 예

숲속에 바람이 살랑살랑 불어요. 나뭇잎이 바람에 '바스락바스락'거립니다. 그때 도토리 한 알이 '똑' 떨어졌어요. 떨어진 도토리는 '데굴데굴' 굴러갔어요. 그러다가 다람쥐 발 앞에 딱 멈췄지요. 다람쥐는 '찍찍' 하면서 좋아하더니 볼 안에 넣고 '도도도' 달려가서는 땅을 파고 도토리를 묻었어요.
그런데 아까부터 지켜보던 어치가 살금살금 와서는 그 자리를 다시 파더니 도토리를 물고 가는 거예요. 다람쥐가 달려가서 어치를 잡으려는데, 저쪽에서 뱀 한 마리가 '스윽' 다가왔죠.
"앗! 뱀이다. 일단 도망가야겠다."
다람쥐는 낙엽이 쌓인 숲길을 재빠르게 달려서 굴속으로 달아났어요.
"이상하다. 여기에서 다람쥐 냄새가 났는데…."
뱀은 두리번거렸어요.

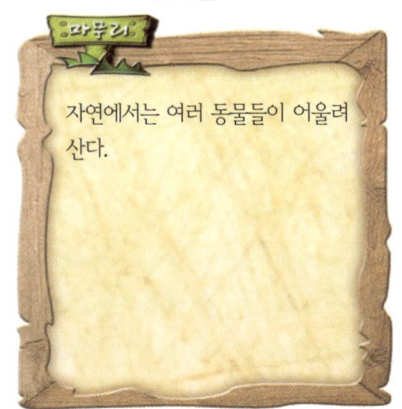

마무리

자연에서는 여러 동물들이 어울려 산다.

1-3-11 숲과 하나 되어

목적: 몸과 자연물로 글자를 만들어 자연과 하나 된다.
대상: 초등학생 이상
장소: 숲속

1. 두 모둠으로 나눈다.
   - 우린 소나무!
   - 우린 참나무!

2. 상대 모둠에게 과제로 낼 글자를 하나씩 생각한다.
   - 만들기 어려운 글자를 생각해봐!

3. 숲속 자연물을 이용하면 좋다.
   - '꽝'자 어때?
   - 나무나 돌을 이용해도 돼.

4. 상대 모둠에게 과제 글자를 알려준다.
   - 뭐? '꽝'이라고?
   - 불가능해!

6. 자연물을 이용해 글자를 만든다.
   - 진짜 꽝이네
   - 잘한다.

7. 다른 모둠도 해본다.
   - 자연과 하나 되어보는 놀이랍니다.

진행을 위한 팁
- 인원에 따라 글자를 조정한다. 모둠원이 열 명이 넘으면 두 글자 이상도 가능하다.
- 위험 요소가 있는지 미리 파악해서 다치지 않게 한다.
- 연령대에 따라 영어 단어나 도형도 가능하다.

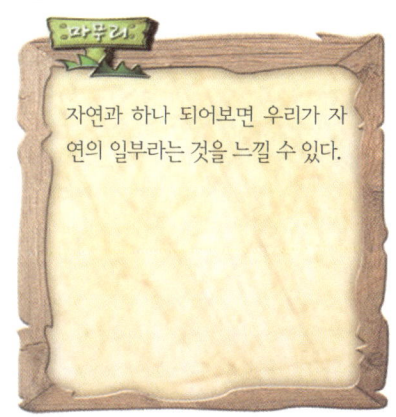

마무리

자연과 하나 되어보면 우리가 자연의 일부라는 것을 느낄 수 있다.

1-3-12 북한산 땡땡땡!

목적 : 간단한 자연물 놀이로 숲을 생각하고, 순발력도 키운다.
대상 : 초등학생 이상
장소 : 어느 곳이나

1. 안내자는 자연물을 주워서 놀이를 준비한다.
   - 이 도토리로 재밌는 놀이를 해볼래?

2. 놀이의 규칙을 설명한다.
   - 도토리를 받는 사람이 선생님이 시작하면서 말하는 장소에서 볼 수 있는 걸 바로 말하는 거야.

3. 안내자가 먼저 시작한다.
   - 이름을 못 대거나 박자를 놓치면 벌칙을 받는 거다, 알았지?
   - 넵!
   - 북한산 땡땡땡!

4. 도토리를 받은 사람은 박자에 맞춰 진행한다.
   - 소나무 땡땡땡!

5. 박자를 놓치면 벌칙을 받는다.
   - 저….

6. 벌칙을 받은 사람부터 다시 시작한다.
   - 느티나무 땡땡땡!

7. 한 바퀴 이상 돌고 마친다.
   - 숲을 생각하고 순발력도 키워주는 놀이죠.
   - 계속 해요.
   - 찬성!

진행을 위한 팁
- 그날 방문한 산 이름으로 시작하는 게 좋다.
- 앞사람이 한 번 말한 동식물과 겹치지 않는 것을 말해야 한다.
- '시장에 가면'처럼 '북한산에 가면'이란 놀이로 변형할 수도 있다. 이 방식으로 진행할 때는 앞에 나온 동식물 이름을 그대로 말하고 자기 것을 추가해야 한다.

숲속 생물을 많이 알면 더 잘할 수 있다.

1-3-13 혼자 느끼는 숲

목적: 좁은 길이나 오감을 체험하기 좋은 곳에서 혼자 조용하고 편안하게 숲을 만끽한다.
대상: 6세 이상
장소: 숲속

1. 오감 카드를 만들어둔다.
2. 숲속에 미리 카드를 설치하고, 놀이를 설명한다.

   "숲속에 가보면 카드가 있을 거야. 카드에 있는 대로 자연물을 체험해보자."

3. 숲을 천천히 오감으로 느낀다.

   "이건 무슨 냄새지?"
   "와, 부드럽다!"

4. 오감을 통해 적극적으로 체험하도록 유도한다.
5. 느낌을 나눈다.

   "뭐가 젤 기억 나?"
   "산초나무 잎 냄새요."
   "여럿이 함께보다는 혼자 느끼게 하는 것이 좋습니다."

진행을 위한 팁

- '나를 안아주세요'처럼 글로 적은 카드를 설치해도 좋다.
- 한 사람씩 걸어가면서 체험할 수 있게 출발점에서 안내자가 거리를 조정해준다. 앞사람과 거리는 10m 정도가 좋다.
- 느낀 것을 이야기하거나 기록장에 기록할 수 있도록 한다.

마무리: 숲을 눈으로만 보지 말고 다른 감각도 이용하면 더 많은 것을 느낄 수 있다.

1-3-14 숲속 수호신

목적: 숲속 자연물로 친구 만들기를 통해 숲에 더 친숙해진다.
대상: 6세 이상
장소: 숲이 시작되는 지점에 큰 나무가 있는 곳

1. 숲에서 놀이를 하기 전에 진행하면 좋다.

   "우리는 숲의 손님이야. 숲의 주인들을 하나씩 찾아오자."

2. 숲과 자신을 잘 지켜줄 것 같은 자연물을 고른다.

   "나를 닮은 굵은 나뭇가지로 할까?"
   "산소를 만드는 나뭇잎으로 해야지."
   "난 단단한 돌이 좋아."

3. 찾아온 자연물은 숲에서 가장 큰 나무 밑에 모은다.

   "여기에 모으자!"

4. 숲에서 무사히 놀 수 있게 해달라고 기원한다.

   "나의 수호신이 돼줘!"

5. 놀이를 마치고 내려오면서도 숲을 잘 지켜달라고 기원한다.

진행을 위한 팁
- 각자 자신에게 맞는 자연물을 고르다 보면 숲을 자세히 들여다볼 수 있다.
- 다른 놀이와 연결하거나 놀이 시작과 마무리에 적합하다.

마무리

우리는 숲에 들어선 손님이다. 숲은 나무와 풀, 동물들의 것이다. 놀다 가는 동안 나쁜 짓 하지 않을 테니 숲의 수호신도 우리를 잘 지켜주면 좋겠다.

1-3-15 네모나라엔 네모가

목적 : 숲을 자세히 관찰한다.
대상 : 6세 이상
장소 : 자연물이 많은 곳

1. 양쪽을 묶은 끈을 준비한다.

2. 안내자가 먼저 끈을 이용해 만들기를 한다.
   - 자, 끈으로 어떤 도형을 만들 거야.
   - 어떤 도형요?
   - 세모?

3. 안내자가 만든 도형을 잘 보고 똑같은 자연물을 찾아온다.
   - 자, 이거다.
   - 네모난 게 뭐였더라.

4. 찾아온 것이 닮았는지는 문제 낸 사람이 판단한다.
   - 오~ 나무껍질. 잘 찾았다.

5. 잘 찾아온 사람은 끈 안에 들어오고 못 찾으면 다시 찾아온다.
   - 아싸!
   - 난 다시.

6. 1등으로 찾아온 사람이 다음 문제를 낼 수 있다.
   - 난 무슨 모양을 할까?

6. 마무리한다.
   - 어떤 도형이든 숲을 잘 살펴보면 비슷한 걸 찾아낼 수 있지.

진행을 위한 팁
- 끈 대신 보자기를 이용할 수도 있다. 보자기를 접어서 다양한 도형을 만든다.
- 1등은 가장 먼저 찾은 사람이 될 수도 있고, 가장 닮은 것을 찾은 사람이 될 수도 있다. 문제 낸 사람이 판단해서 진행하면 된다.
- 범위와 시간을 제시해서 너무 늘어지지 않게 한다.

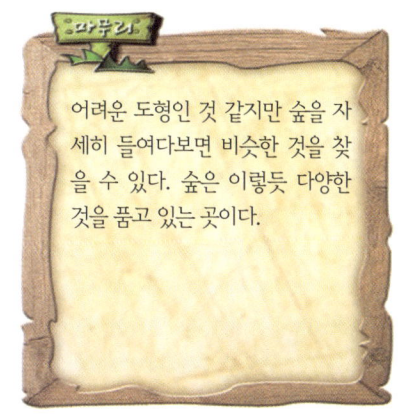

어려운 도형인 것 같지만 숲을 자세히 들여다보면 비슷한 것을 찾을 수 있다. 숲은 이렇듯 다양한 것을 품고 있는 곳이다.

2부 숲이란?

나무들이 모여 있다고 다 숲은 아니다.
숲은 무수한 식물과 동물이 더불어 살아가는 생태계다.
숲이 없으면 자연 생태계의 일부인 사람도
살아갈 수 없다. 숲의 기능과 역할을 통해
숲의 고마움을 느껴보자.

2-1

숲은 산소 탱크

중요하고 없어선 안 되는 것일수록 가까이 있거나 눈에 보이지 않는 경우가 많다. 엄마, 아빠, 친구, 물, 공기… 그중에서도 눈에 보이지 않는 공기는 우리뿐만 아니라 살아 숨 쉬는 모든 동물에게 잠시라도 없어서는 안 될 중요한 존재다.

공기가 그렇게 중요한 것은 공기 중에 20.95%를 차지하는 산소 때문이다. 숨을 쉬는 동물들은 들이마신 공기 중 산소로 생명을 유지한다. 사람이 숨을 쉬지 못하고 4~6분이 지나면 뇌 세포가 파괴되기 시작하고, 몇 분 더 지나면 목숨을 잃는다.

산소는 누가 만들까? 녹색식물이다. 녹색식물이 빛을 받아 광합성을 하는 과정에서 산소가 만들어진다. 특히 잎이 무성한 나무는 광합성을 하는 양이 많아 산소도 많이 만든다.

다 자란 상수리나무는 잎이 약 70만 장, 느릅나무는 잎이 약 500만 장이나 된다. 그 잎의 면적을 모두 합하면 축구장 반만 한 크기로, $1000m^2$가 넘는다. 이렇게 큰 나무 한 그루가 만드는 산소는 평균적으로 두 사람이 하루 동안 숨 쉬는 데 필요한 양이라고 한다(사람은 보통 하루에 산소 200~500ℓ가 필요하다).

나무들이 모여 산소를 뿜어내는 숲은 산소 탱크다. 숲에 가면 기분이 상쾌해지는 것도 이 때문이다.

2-1-1 숨 막히는 탑 쌓기

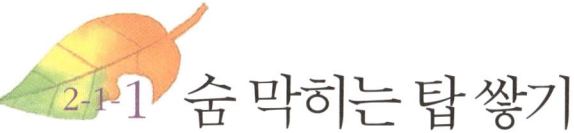

목적: 숨 쉬기가 얼마나 중요한지 느껴보고, 나무가 만드는 산소 덕분에 우리가 살 수 있다는 것을 깨닫는다.
대상: 6세 이상
장소: 돌멩이가 많은 곳

1. 두 모둠으로 나눠 돌탑을 쌓는다.
   - "두 모둠으로 나눠서 어느 모둠이 돌탑을 높이 쌓는지 겨뤄보자."

2. 탑을 쌓는 동안 한 손으로 코를 쥐고, 입은 꼭 다물어 숨을 쉬지 않는다.
   - "아이고, 숨 막혀 죽겠당!"

3. 숨을 참기 어려우면 다음 사람과 교대한다. 도중에 숨을 쉬면 감점한다.
   - "숨 쉬지 말고 얼른 다음 사람과 교대해."

4. 모둠원이 모두 돌탑 쌓기를 마치면 어느 모둠이 높이 쌓았는지 비교한다.

5. 높이 쌓은 모둠보다 감점을 적게 받은 모둠이 이긴다.
   - "와! 우리가 이겼다."
   - "쳇, 우리가 더 높이 쌓았는데…."
   - "감점이 적은 모둠 승!"

6. 마무리를 통해 나무의 고마움을 느낀다.
   - "숨을 안 쉬니까 어땠어요? 그래요, 우리는 숨을 쉬어야 살 수 있어요. 산소를 주는 나무에게 고맙다고 인사해요."

진행을 위한 팁
- 안내자는 참가자가 숨을 쉬는지 쉬지 않는지 잘 살핀다.
- 돌탑 쌓는 지점이 너무 멀면 쌓지도 못하고 돌아오는 경우가 발생하므로 출발선에서 멀지 않은 곳으로 정한다.
- 멀리 있는 나무까지 갔다 오기나 보물찾기 등 다른 놀이로 진행해도 된다.

마무리

사람에게는 산소가 꼭 필요하다. 그 산소를 만들어주는 나무는 고마운 존재다.

2-1-2 산소를 그리자

목적 : 눈에 보이지 않는 산소를 그려봄으로써 인식한다.
대상 : 초등학생 이상
장소 : 나무가 있는 곳

1. 두 모둠으로 나눠 모둠별로 한 나무를 정한다.
   "행복해 보이는 나무를 골라봐요."

2. 나무를 골랐다면 모눈이 그려진 흰 종이를 모둠에 한 장씩 나눠준다.
   "저희 모둠은 이 나무로 정했어요."
   "자 그럼, 모눈종이 한 장씩!"

3. 나무 밑에 앉아서 종이에 비치는 나무의 그림자를 그린다.

4. 그림자 부분의 모눈이 몇 칸인지 각각 센다.
   "우리 모둠은 35칸!"

5. 칸 숫자가 많은 모둠이 이긴다.
   "우리 그림이 더 멋지지?"

6. 그늘진 부분은 무엇인지 질문한다.
   "그늘진 곳의 빛은 어디로 갔을까?"
   "나뭇잎은 빛을 받아 광합성을 하는데, 그 과정에서 산소가 생긴단다."

진행을 위한 팁
- 나무를 고를 때는 한 가지 주제를 준다.
  (예 : 건강해 보이는 나무 고르기, 행복해 보이는 나무 고르기)
- 모눈은 1cm 이상 크기로 만드는 게 편리하다.
- 나뭇잎의 곡선 면처럼 칸을 세기가 어려운 경우 사각형의 반인지, 3분의 1인지 대략적인 면적을 구해서 나중에 더한다.
- 나뭇잎 한 장의 면적도 계산해보면 좋다.

마무리

잎이 건강하고 풍성한 나무일수록 산소를 많이 만드는 건강한 나무임을 알 수 있다.

2-1-3 나무를 심는 사람

목적: 사람 때문에 숲이 파괴된다는 것과 숲을 잘 관리해야 한다는 것을 안다.
대상: 6세 이상
장소: 공터가 있는 곳

1. '벤 나무 모둠'과 '심은 나무 모둠'으로 나눈다.
   - 이쪽은 심은 나무 모둠이다.

2. 벤 나무 모둠은 자리에 앉고, 심은 나무 모둠은 일어선다.
   - 벤 나무 모둠 / 심은 나무 모둠

3. 각 모둠에서 나무 베는 사람과 나무 심는 사람을 한 명씩 뽑는다.
   - 아싸!

4. 나무 베는 사람은 서 있는 사람을 앉히고, 나무 심는 사람은 앉아 있는 사람을 일으켜 세운다.
   - 앉아!
   - 일어서!

5. 안내자가 "그만!" 하고 외치면 멈춘다.
   - 그만!

6. 앉아 있는 사람이 많은지, 서 있는 사람이 많은지 세어본다.
   - 서 있는 사람이 많네. 심은 나무 모둠 승리!
   - 사람이 살면서 나무를 베지 않을 수는 없어. 하지만 그만큼 다시 심어야 해.

진행을 위한 팁

- 인원이 많을 때는 나무 베는 사람과 나무 심는 사람을 여러 명 뽑아도 재미있다.
- 일으키거나 앉힐 때 나무 역할을 하는 사람은 억지로 버티거나, 손도 대지 않았는데 일부러 먼저 움직이지 못하도록 한다.
- 나무를 너무 가깝거나 일렬로 배치하지 않아야 더 활동적이다.
- 앉기보다 일어서기 동작이 약간씩 시간이 더 걸리므로 베기보다 심기가 어려울 수 있다. 그래서 같은 속도라면 나무 베는 사람이 이기는 경우가 많다.
- 어느 모둠이 이기든 왜 그런 결과가 나왔는지 꼭 질문한다.

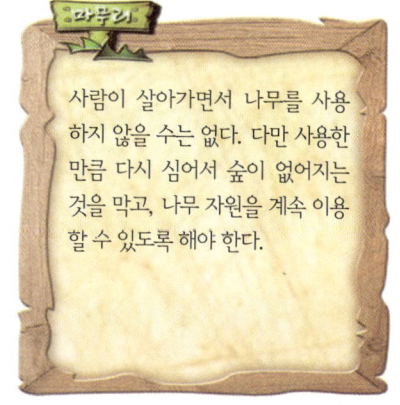

마무리

사람이 살아가면서 나무를 사용하지 않을 수는 없다. 다만 사용한 만큼 다시 심어서 숲이 없어지는 것을 막고, 나무 자원을 계속 이용할 수 있도록 해야 한다.

2-2

숲은 천연 에어컨

무더운 한여름에도 숲속은 시원하다. 숲속에는 에어컨도 없는데 왜 시원할까? 그 까닭은 여러 가지가 있다.

첫째, 나뭇잎에 가려 햇빛이 덜 들어오고, 복사열이 적게 발생하기 때문이다. 햇빛이 나뭇잎에 가려 숲속 바닥에 닿지 못한다. 소나무 숲에 들어오는 빛의 양은 전체의 20%밖에 안 된다고 한다. 따라서 복사열이 적게 발생한다. 한여름 아스팔트 도로를 걷다 보면 내리쬐는 태양열보다 바닥에서 올라오는 복사열에 힘겨울 때가 많다. 숲속에서는 그런 복사열이 거의 발생하지 않기 때문에 시원하게 느껴진다.

둘째, 나무의 증산작용 때문이다. 증산작용이란 식물이 광합성을 할 때 공기 중에 있는 이산화탄소를 흡수하기 위해 기공을 여는데, 이때 수분을 대기 중에 수증기 형태로 내보내는 것을 말한다. 물이 수증기로 변할 때는 주변의 열을 빼앗는데, 나무의 증산작용은 물의 기화 현상과 원리가 같기 때문에 주변의 기온이 내려간다. 다 자란 참나무 한 그루가 여름에 하루 동안 물을 400ℓ나 증산시킨다고 하니 숲속이 시원해지는 것이다.

셋째, 숲속에서 공기가 순환하기 때문이다. 공기는 차가운 곳에서 따뜻한 곳으로 흐른다. 숲속은 바닥의 찬 공기와 위쪽의 따뜻한 공기가 끊임없이 순환하기 때문에 시원하게 느껴지는 것이다.

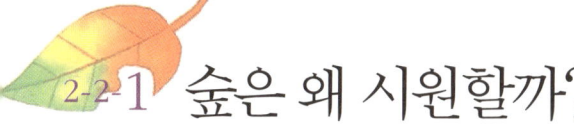

2-2-1 숲은 왜 시원할까?

목적: 숲에서 시원한 곳을 찾고, 그 원인을 알아본다.
대상: 초등학생 이상
장소: 숲이 시작되는 곳

1. 숲에 들어서기 전 숲 밖의 온도를 확인한다. — "32℃네."
2. 숲에 들어서면 두 모둠으로 나눠서 가장 시원한 곳을 찾는다. — "더 시원한 곳을 찾는 모둠이 이기는 거야."
3. 찾은 위치에 온도계를 달아준다. — "저희는 여기예요."
4. 온도계를 설치하고 '뚱뚱한 숲 놀이'를 진행한다.
5. 각 모둠에 보자기를 하나씩 나눠주고 자연물을 담아 오게 한다. — "어느 모둠이 많이 담아 오는지 보자."
6. 보자기에는 나뭇가지, 열매, 나뭇잎 등 나무에서 나온 자연물만 가득 담는다.
7. 막대 저울을 만들고, 양쪽에 보자기를 묶어 담아 온 것의 무게를 잰다.
8. 놀이를 마무리한다. — "숲은 뚱뚱할수록 건강하고, 건강할수록 시원하다."
9. 놀이를 마치면 두 모둠의 온도계를 확인한다. — "어느 쪽 온도가 더 낮을까?"

진행을 위한 팁
- 무게를 잴 때 저울이 내려간 쪽 온도도 내려간다고 설정한다.
- 온도 재기와 자연물 무게 재기를 따로 떼어 진행해도 무방하다.
- 무게를 잴 때는 긴장감을 위해 손으로 잡고 있다가 동시에 떼는 게 좋다.

★ 온도가 낮아지는 곳
햇빛이 비치지 않는 곳, 참나무처럼 증산작용을 많이 하는 나무가 있는 곳, 물이 흐르는 곳이나 계곡 근처, 바람이 잘 부는 곳.

★ 나무 저울 만드는 법
긴 막대를 주워 끈으로 무게중심을 잡아서 묶는다. 양쪽 끝 지점에 끈을 묶어 보자기를 달기 쉽게 한다.

숲이 건강할수록 햇빛이 땅에 도달하는 양은 적고 증산량은 많아 여름의 숲은 외부보다 시원하다.

2-2-2 숲속 그림자밟기

목적: 울창한 숲이 땅에 닿는 햇빛을 막아 숲이 시원해진다는 것을 안다.
대상: 초등학생 이상
장소: 나무가 있는 곳

1. 두 모둠으로 나눈다.
   - "그림자밟기 놀이를 하자."
   - "좋아요!"

2. 두 모둠 사이 햇빛이 잘 비치는 곳에 보물을 놓아둔다. 보물을 먼저 차지하는 모둠이 이기는 놀이다.
   - 보물

3. 그림자를 밟히지 않고 보물을 빨리 찾아와야 한다. 상대 모둠원에게 그림자가 밟히면 탈락한다.
   - "아싸, 밟았다!"
   - "어…"

4. 보물을 먼저 찾아오거나, 그림자를 밟히지 않고 살아남은 모둠원이 많으면 이긴다.
   - "이제 그만!"

5. 그림자를 밟히지 않는 게 요령이다.
   - "그림자 없지롱~!"

6. 놀이를 마무리한다.
   - "재밌었나요?"

7. 질문한다.
   - "숲이 왜 시원할까요?"

진행을 위한 팁
- 보물은 숲에서 주운 나무토막 등 자연물로 하는 게 좋다.
- 보물은 두 모둠 중간 햇빛이 잘 비치는 곳에 놓아야 한다.
- 그림자를 밟히지 않는 요령을 미리 말해주지 말고 스스로 찾아내도록 한다.
- 그림자를 밟지 않고 밟았다고 하거나, 밟혔는데 밟히지 않았다고 우길 수도 있으므로 안내자가 옆에서 꼼꼼히 보며 조정해줘야 한다.

울창한 숲은 많은 나무들이 햇빛을 막아주기 때문에 여름에도 시원하다.

2-2-3 양분을 잡아라

목적: 증산작용의 원리를 이해하고, 나무의 생명 유지 현상이 인간의 삶과도 연결되어 있음을 안다.
대상: 초등학생 이상
장소: 어느 곳이나

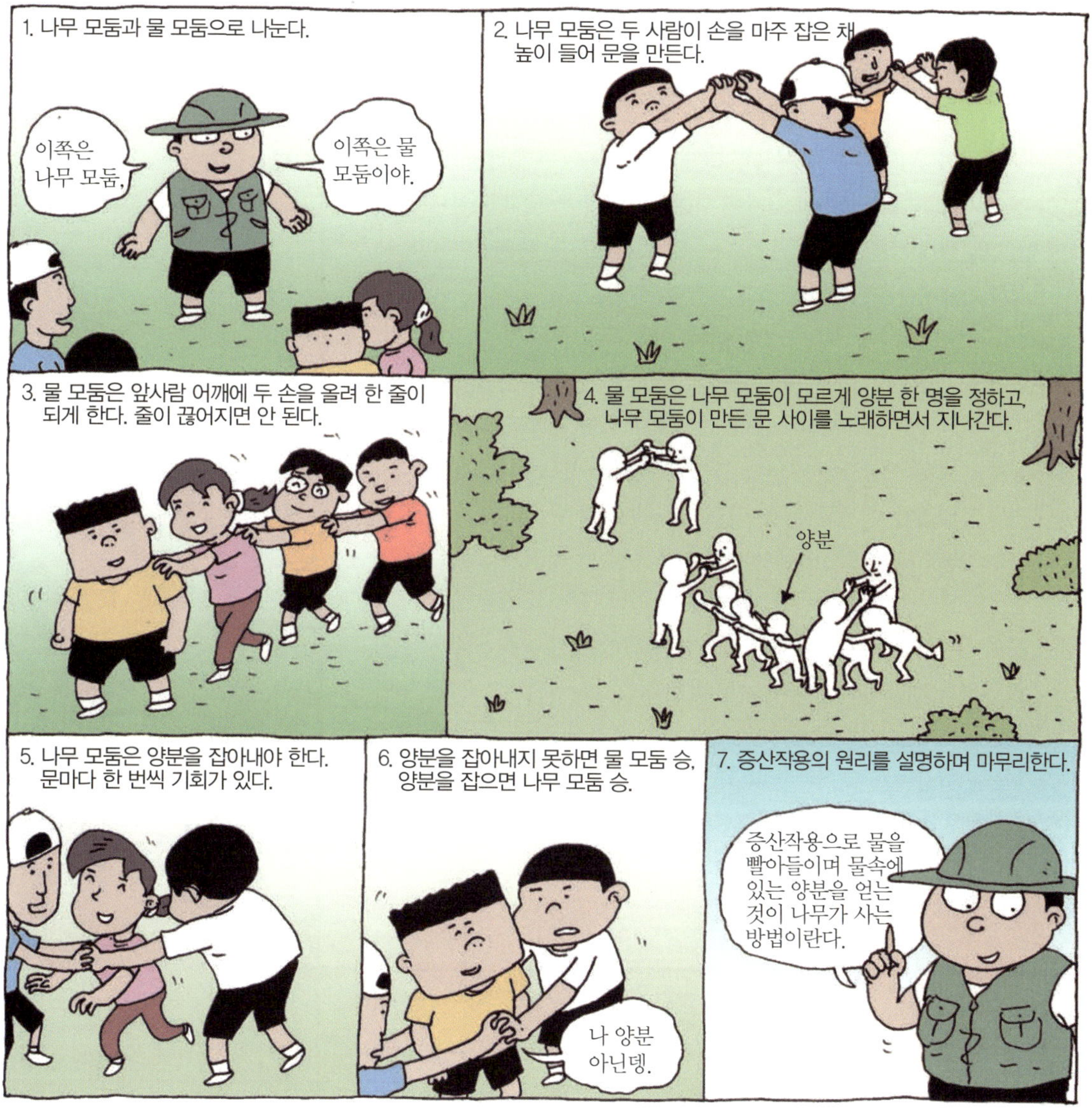

1. 나무 모둠과 물 모둠으로 나눈다.
2. 나무 모둠은 두 사람이 손을 마주 잡은 채 높이 들어 문을 만든다.
3. 물 모둠은 앞사람 어깨에 두 손을 올려 한 줄이 되게 한다. 줄이 끊어지면 안 된다.
4. 물 모둠은 나무 모둠이 모르게 양분 한 명을 정하고, 나무 모둠이 만든 문 사이를 노래하면서 지나간다.
5. 나무 모둠은 양분을 잡아내야 한다. 문마다 한 번씩 기회가 있다.
6. 양분을 잡아내지 못하면 물 모둠 승, 양분을 잡으면 나무 모둠 승.
7. 증산작용의 원리를 설명하며 마무리한다.

진행을 위한 팁

- 양분을 여러 명 만들어도 된다.
- 문을 통과하면서 노래를 부른다. 나무나 숲에 관련된 동요를 부르면 더욱 좋다. 노래가 끝날 때까지 양분을 잡지 못하면 나무 모둠이 지는 것으로 한다.
- 노래가 끝나기 전에 마지막 문을 통과하면 물 모둠은 처음으로 돌아가 문을 통과하게 한다.

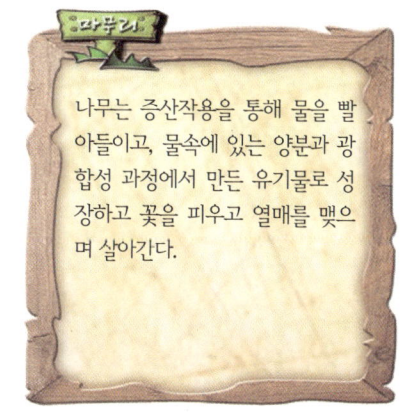

마무리

나무는 증산작용을 통해 물을 빨아들이고, 물속에 있는 양분과 광합성 과정에서 만든 유기물로 성장하고 꽃을 피우고 열매를 맺으며 살아간다.

생태 상식 1 ☞ 78쪽

숲은 녹색 댐

숲은 뭇 생명이 더불어 사는 곳이다. 봄이 오면 돋아나는 새싹들, 늘 그대로인 것 같지만 해마다 굵기와 크기를 더해가는 나무들, 숲에 깃들어 사는 곤충들, 옹달샘에 목을 적시는 동물들…. 건강한 숲은 한껏 물을 머금었다가 서서히 내보내며 수많은 생명들이 더불어 살아가게 한다.

우리나라의 연간 강수량은 평균 1300mm, 약 1270억 톤이다. 우리나라 숲이 머금는 물의 양은 강수량의 14%인 180억 톤으로 다른 나라에 비해 적은 편이지만, 인공 댐의 저수량을 모두 합한 것보다 많다. 숲은 $1m^2$당 물 200ℓ를 저장할 수 있다고 한다.

숲이 이렇게 엄청난 댐 역할을 하는 것은 나무와 풀뿌리 때문에 물이 땅속 깊이까지 스며들고, 낙엽을 분해하는 숲속의 작은 동물들이 흙을 파고들며 만든 공극이 많은 빗물을 머금기 때문이다. 흙이 딱딱하고 얕으면 물을 머금지 못해 빗물이 빨리 빠져나가지만, 공극이 발달한 숲속의 흙은 한동안 비가 오지 않아도 계곡 물이 마르지 않을 만큼 많은 빗물을 땅속 깊이까지 머금었다가 서서히 내보낸다. 건강한 숲은 비가 오거나 가물거나 계곡으로 내보내는 물의 양에는 큰 변화가 없다.

수자원을 확보한다는 명분으로 막대한 비용을 들여 수많은 이주민을 유발하고 생태계를 교란하는 인공 댐을 짓기보다 숲을 잘 가꾸는 게 깨끗한 물을 훨씬 많이 확보하는 길이다. 숲은 사람보다 물을 잡는 힘이 세다.

2-3-1 빗방울의 여행

목적 : 비가 내려서 숲에 떨어지고, 강으로 흘러가는 과정을 놀이로 해봄으로써 숲이 물을 머금는 기능을 이해한다.
대상 : 7세 이상
장소 : 어느 곳이나

1. '안아주기'와 '서 있기' 카드를 만들어 주머니에 넣어둔다.
2. 두 모둠으로 나누고 각 모둠에서 한 명씩 뽑는다. — 뽑힌 사람은 '빗방울'이야.
3. 나머지 모둠원은 주머니에서 카드를 한 장씩 꺼낸다. — 난 안아주기네.
4. 카드를 확인하면 다시 주머니에 넣는다. — 다음 사람. / 네.
5. 카드 보기를 마치면 모둠원은 두 줄로 서서 마주 본다. 빗방울은 줄 사이를 지나서 강까지 가야 한다. 안아주기를 뽑은 사람은 빗방울이 다가오면 끌어안았다가 놓는다.
6. 서 있기를 뽑은 사람은 빗방울이 다가와도 가만히 있는다. — 안아야지! / 난 서 있기.
7. 늦게 도착하는 모둠이 이기는 놀이다. — 야호! 만세! / 어? 빠른 게 이긴 거 아닌가? / 늦은 모둠 승!
8. 놀이의 원리를 이야기하며 마무리한다. — 빗방울을 안았다가 놓듯이 숲은 물을 머금기 때문에 녹색 댐이라고 할 수 있단다.

진행을 위한 팁
- 늦게 도착하는 모둠이 이긴다는 얘기를 미리 하지 않는다.
- 카드는 빗방울에게 보이지 않도록 몰래 본다.
- 그림 카드 대신 '도꼬마리 – 안아주기' '도토리 – 서 있기' 등 자연물로 대신할 수도 있다.
- 카드 내용(열매 종류)에 대해서도 미리 얘기하지 않는 것이 좋다. 미리 얘기하면 의도해서 뽑을 수 있기 때문이다.
- 안아주기를 할 때 오랫동안 잡고 있는 것이 아니라 한 번씩 안아주고 보낸다.

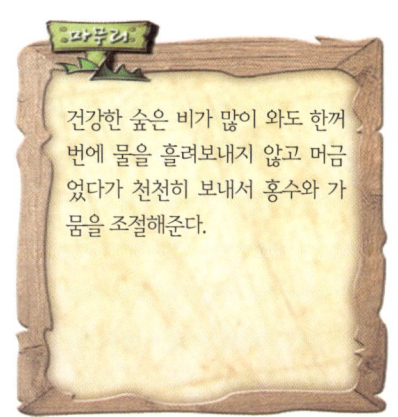

건강한 숲은 비가 많이 와도 한꺼번에 물을 흘려보내지 않고 머금었다가 천천히 보내서 홍수와 가뭄을 조절해준다.

2-3-2 어느 게 더 좋을까?

- **목적**: 비 오는 날 밖에서 놀며 녹색 댐의 원리를 이해한다.
- **대상**: 초등학생 이상
- **장소**: 어느 곳이나

1. 비 오는 날 할 수 있는 놀이다.
   - 비가 와서 놀 수가 없겠어요.
   - 할 수 있는 놀이가 있지.

2. 두 모둠으로 나누고 한 모둠에 비닐을, 다른 모둠에 천을 준다.
   - 천
   - 비닐

3. 과제를 내준다.
   - 솔방울 하나씩 주워 오기.

4. 모둠원이 릴레이로 천과 비닐을 쓰고 솔방울을 주워 온다.
   - 비닐이 더 좋은 거 아냐?

5. 비에 젖지 않고 빨리 과제를 수행하는 모둠이 이기는 놀이다.
   - 빨리빨리!
   - 저쪽에 솔방울 많아!

6. 어느 모둠이 덜 젖었는지 비교해보고, 통에 천과 비닐을 짜본다.
   - 천이라서 우리가 불리해요.
   - 자, 이렇게 짜보자.

7. 마무리한다.
   - 비닐은 물을 머금지 못하지? 아스팔트 도로가 비닐 같은 거야.

진행을 위한 팁
- 비가 오지 않는 날에 물뿌리개를 준비해서 놀이를 할 수도 있다.
- 놀이 도중에 비닐과 천을 털거나 짜지 않게 한다.
- 숲이 녹색 댐 역할을 하는 원리와 연결해서 설명할 수 있다.

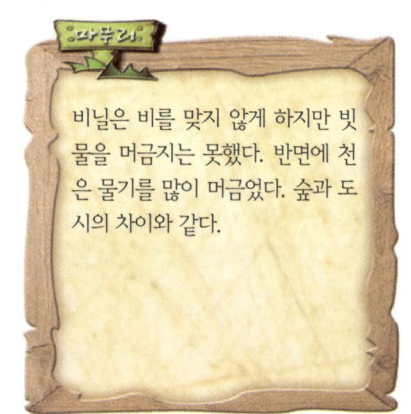

마무리

비닐은 비를 맞지 않게 하지만 빗물을 머금지는 못했다. 반면에 천은 물기를 많이 머금었다. 숲과 도시의 차이와 같다.

2-3-3 댐을 만들까말까?

목적 : 댐에 대해 토론해봄으로써 더 좋은 방법을 생각할 수 있다는 것을 안다.
대상 : 10세 이상
장소 : 어느 곳이나

1. 토론에 필요한 상황을 미리 알려준다.
   - 강가에 사는 김씨는 비만 오면 홍수가 날까 봐 걱정이다. 그래서 하루빨리 댐이 만들어지기를 바란다. 반면에 김씨의 아들은 홍수를 막는 건 댐이 아니라며 댐 건설을 반대한다.
2. 인원에 맞게 쪽지를 나눠준다.
3. 댐 건설을 찬성하는지 반대하는지 정하고, 그 이유를 간단히 적는다.
   - 난 찬성! / 난 반대야!
   - 그 이유를 적어보자.
4. 찬성하는 사람은 찬성 상자에, 반대하는 사람은 반대 상자에 쪽지를 넣는다.
   - 저기 상자 보이지? 저기에 넣는 거야.
5. 의견에 따라 찬성 모둠과 반대 모둠으로 나눠 앉는다.
   - 왜 따로 앉는 거지?
   - 그러게.
   - 찬성 모둠 / 반대 모둠
   - 자, 받아라!
6. 찬성 모둠에 반대 상자를, 반대 모둠에 찬성 상자를 준다.
   - 바뀐 거 아니에요?
   - 어디 보자.
7. 서로 역할을 바꿔 토론한다.
   - 다른 모둠 생각은 어떤지 바꿔본 거야.
8. 토론을 마친 소감은 어떤지 얘기한다.
   - 왜 반대하는지 알았어.
   - 저도요.
   - 아…

진행을 위한 팁

- 쪽지에 적기 전에 학습 자료를 숙지하게 하는 것도 좋다.
- 안내자는 토론이 원활하게 진행되도록 조정한다.
- 토론할 때는 상자 안에 있는 쪽지를 참고하도록 한다.
- 놀이 시작 전의 찬성과 반대 비율을 기록하고, 놀이 후의 비율을 기록하여 비교해 보는 것도 좋은 방법이다.
- 댐 건설 외에 대립된 의견을 조율할 때 이용하면 효과적이다.

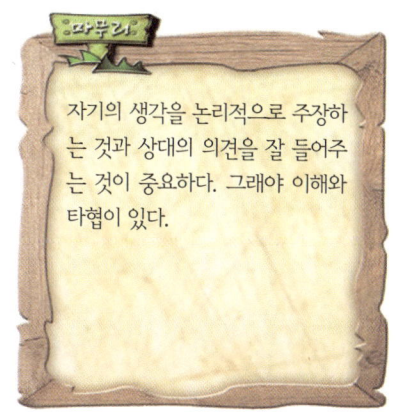

자기의 생각을 논리적으로 주장하는 것과 상대의 의견을 잘 들어주는 것이 중요하다. 그래야 이해와 타협이 있다.

숲은 청소기

숲은 이산화탄소를 흡수하고 산소를 내뿜기도 하지만, 먼지를 흡수하여 공기를 맑게 해주기도 한다.

도시의 공기 1ℓ에는 먼지가 10만~40만 개 있지만, 숲속에선 수천 개에 불과하다고 한다. 100분의 1로 줄어드는 양이다. 그 많은 먼지들이 어디로 갔을까?

나뭇잎은 인체에 해로운 대기 중의 먼지, 아황산가스, 질소 화합물 등을 기공을 통해 흡수하거나 표면에 흡착시켜 공기를 정화한다. 침엽수림 1ha는 1년 동안 먼지 30~40톤을, 활엽수림 1ha는 68톤이 넘는 먼지를 걸러낸다고 한다. 나무 한 그루를 기준으로 할 때 해마다 먼지 약 250kg을 걸러낸다니 실로 엄청난 양이라고 할 수 있다.

도시의 길가에는 거의 가로수를 심어놓았다. 가로수는 도시의 미관에도 좋지만 소음을 막고, 한여름 복사열을 줄이며, 먼지를 잡아낸다. 도심의 가로수가 침엽수보다는 은행나무나 양버즘나무와 같은 활엽수가 많은 것도 이 때문이다.

나뭇잎은 종류에 따라 생김새가 다르지만 만져보면 촉감도 다르다. 두툼한 것, 얇은 것, 왁스 층이 발달한 것, 거칠거칠한 것 등 다양하다. 특히 잎 뒷면에 난 털은 나무를 구분하는 중요한 요소로 사용될 정도로 다양하다. 털의 목적이야 수분 조절과 곤충을 막기 위한 전략이지만, 먼지를 잡아 공기도 맑게 하는 것이다.

2-4-1 눈 가리고 나뭇잎 찾기

목적: 촉감만으로 나뭇잎을 찾아내는 놀이를 통해 나뭇잎의 특징과 나뭇잎에 있는 털의 역할을 알아본다.
대상: 7세 이상
장소: 나뭇잎을 구할 수 있는 곳

---

1. 특징이 잘 나타나는 여러 가지 나뭇잎을 채집한다.
2. 무슨 나뭇잎인지 알려준다.
   - 이건 떡갈나무 잎이야. 크지?
3. 술래를 정해 눈을 가린다.
   - 아, 하나도 안보여
4. 바닥에 천을 깔고 나뭇잎을 늘어놓는다.
5. 안내자가 말하는 나뭇잎을 술래가 만져서 찾는다.
   - 떡갈나무 잎 찾아볼래?
   - 아.. 큰 거?
   - 찾았다!
6. 어떻게 찾았는지 물어본다.
   - 어떻게 안보고도 찾았니?
   - 감촉이 부들부들 해요
7. 나뭇잎의 감촉이 왜 다른지 설명한다.
   - 잎에 난 털로 감촉이 다른 걸 알 수 있는데 그 털때문에 먼지를 더 많이 잡아낼 수 있단다.

진행을 위한 팁

- 참가자가 어른이거나 어느 정도 교육을 받은 사람이라면 비슷한 나뭇잎들을 준비하는 것도 좋다.
- 너무 오랫동안 만지작거려서 잎을 찢거나 짓무르게 하지 않는다.
- 모둠을 나누고, 어느 모둠이 많이 맞히는지 경쟁을 해보는 것도 재미있다. 이때 상대 모둠에서 문제를 내줘도 괜찮다.
- 지켜보는 나머지 사람들의 반응에 따라 고르지 않도록 한다.
- 같은 나뭇잎을 두 장씩 준비하여 짝짓기를 해도 재미있다.
- 놀이를 마치면 나뭇잎의 느낌을 묻고, 왜 그런지 토론해본다.

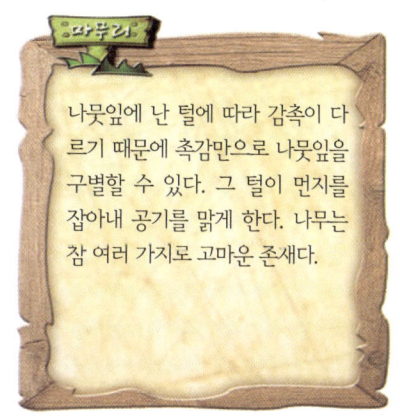

마무리

나뭇잎에 난 털에 따라 감촉이 다르기 때문에 촉감만으로 나뭇잎을 구별할 수 있다. 그 털이 먼지를 잡아내 공기를 맑게 한다. 나무는 참 여러 가지로 고마운 존재다.

2-4-2 먼지를 잡아라

목적: 숲이 울창할수록 먼지를 더 많이 걸러낸다는 것을 안다.
대상: 7세 이상
장소: 공터와 숲

1. 두 나무 사이에 두 줄을 긋고 안내자가 그 안에 들어간다.

2. 참가자들은 먼지가 되고, 안내자는 나무가 된다. 나무는 두 줄 안에서만 움직일 수 있다.

   여러분은 먼지예요. 나무에게 잡히지 않고 통과해야 해요.

3. 한 사람을 정해 '코'라 하고, 안내자 뒤편에 세운다.

   나무를 지나서 코까지 가면 이기는 거예요.

4. 먼지는 정해진 시간 안에 나무를 통과해야 한다.

   자, 열 셀 때까지 나무를 피해 코까지 가야 해요.

5. 잡힌 먼지는 칸 안에 들어가 나무가 된다.

   잡았다!
   에구!

6. 먼지가 모두 나무가 될 때까지 놀이를 계속한다.

   나무가 많아질수록 먼지가 코까지 가기 어려워졌지요?

진행을 위한 팁
- 봄철 황사가 시작될 무렵 진행하면 더 효과적이다.
- 칸을 여러 개 만들 수도 있다.
- 칸을 통과하는 시간을 미리 정해두는 게 좋다.
  (예: 열 셀 때까지 통과하지 못하면 잡힌 것으로 한다.)
- 잡지 않고 나무의 손에 닿는 것으로 해도 된다.

마무리

숲이 울창할수록 먼지를 많이 걸러내 공기를 맑게 한다.

2-4-3 숲속 공기놀이

목적 : 숲에서 동식물의 사체가 분해되어 숲으로 돌아가는 원리를 이해한다.
대상 : 7세 이상
장소 : 자연물이 많은 숲

1. 털두꺼비하늘소, 지렁이, 버섯 등으로 나눈다.
   - 털두꺼비하늘소 할 사람?
2. 각 생물이 무엇을 먹고 사는지 물어보고, 죽은 나무와 연관이 있다는 것을 얘기해준다.
   - 지렁이는 뭘 먹지?
   - 낙엽을 먹지 않나요?
3. 각자 먹을 것(나뭇가지, 낙엽)을 구해 온다.
   - 먹을 거 걱정은 없겠다.
   - 나뭇가지가 맛있나?
4. 구해 온 자연물을 한 군데 모아둔다.
5. 자연물로 공기놀이를 한다.
   - 던지고 잡으면 따는 거야.
6. 많이 딴 사람이 이기는 놀이다.
   - 생각보다 어렵네?
7. 자연물이 모두 없어질 때까지 한다.
   - 내가 젤 많이 땄다!
   - 숲에서는 죽은 나뭇가지, 낙엽, 동물들의 똥과 사체 등이 다 어디로 갈까?

진행을 위한 팁

- 인원이 많으면 모둠을 나눠서 진행하고, 제일 많이 딴 사람끼리 다시 놀이를 한다.
- 공기놀이를 할 거라고 미리 얘기하지 않는 게 좋다. 구해 오는 먹이의 종류와 크기가 다양하면 놀이가 더 재미있다. 단 너무 큰 것은 가져오지 않도록 한다.
- 털두꺼비하늘소, 지렁이, 버섯 외에 송장벌레, 노래기, 개미, 톡토기 등 동식물의 사체를 분해하는 다른 생물들도 추가하거나 따로 정할 수 있다.
- 각 생물이 먹는 것들이 무엇인지 구체적으로 확인해주고, 숲의 생태계로 연결 지어 설명한다.

마무리

숲에는 쓰레기가 없다. 동식물이 죽으면 자연스럽게 분해되어 숲으로 돌아가는 것을 알 수 있다.

2-5

숲은 천연 아파트

나무 한 그루, 풀 한 포기에 깃드는 동물이 수십 종이라 한다. 마릿수로 따지면 헤아리기도 어려울 것이다. 그 많은 생명을 품는 숲은 그 품이 얼마나 넉넉한가! 숲은 큰 나무들로만 구성되지 않는다. 큰 나무, 작은 나무, 활엽수, 침엽수, 죽은 나무, 풀 등 다양한 식물들이 어우러질 때 숲은 뭇 생명들이 더불어 숨 쉬는 공간이 된다. 나뭇잎을 먹고 사는 나방 애벌레, 애벌레를 먹고 사는 새, 그 새를 잡아먹는 새매, 나무를 갉아 먹는 하늘소와 사슴벌레, 그 곤충들을 먹고 사는 딱따구리, 딱따구리를 포함한 동물들이 죽으면 그 사체를 먹고 사는 송장벌레, 수많은 낙엽과 죽은 나뭇가지를 먹고 사는 톡토기와 버섯, 이끼….

다람쥐는 도토리를 여기저기 모아두고 겨우내 먹으려다 깜빡해 그곳에서 다시 나무가 자라고, 숲은 더 무성해진다. 숲에 깃든 수많은 생명들은 태어나고, 서로 기대 살다가 사라지기를 반복하며 완벽한 생태계를 이룬다.

2-5-1 나만의 비밀 기지

목적: 숲속에서 동물들이 살아가는 환경에 대해 알아본다.
대상: 7세 이상
장소: 우거진 숲

진행을 위한 팁
- 숨길 때 땅을 파서 묻는 것은 금지한다.
- 동물 모형이나 미리 동물 이름을 적어둔 쪽지로 진행해도 좋다.
- 참가자가 어릴 때는 동물이 되어 보금자리를 찾아보는 것만으로도 충분하다.
- 처음 숨길 때 나중에 찾을 것을 대비해서 장소를 정확히 기억해두라고 이른다.

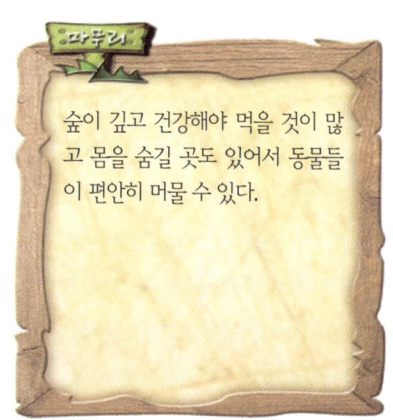

마무리

숲이 깊고 건강해야 먹을 것이 많고 몸을 숨길 곳도 있어서 동물들이 편안히 머물 수 있다.

2-5-2 깊은 산속 옹달샘

목적: 인간에게 필요한 등산로나 약수터가 동물들에겐 어떤 영향을 주는지 알아본다.
대상: 초등학생 이상
장소: 어느 곳이나

1. 사람 모둠과 동물 모둠으로 나눈다.
   - 이쪽은 사람,
   - 이쪽은 동물.
2. 옹달샘을 만들고 돌멩이나 낙엽을 넣어둔다.
   - 저기가 옹달샘이라고 하자.
3. 모둠에서 한 명씩 나와 가위바위보를 한다.
   - 아싸~!
4. 동물이 이기면 동물과 사람이 같이 가서 물을 먹고, 사람이 이기면 사람만 물을 먹을 수 있다.
5. 어느 모둠이 많이 먹었는지 알아본다.
   - 동물이 불리해요.
6. 마무리한다.
   - 사람이 옹달샘에 많이 갈수록 동물은 사라지겠지?

진행을 위한 팁
- 실제 옹달샘이나 계곡이 있는 곳이라면 어느 모둠이 많이 떠 오르는지 알아보는 것도 좋다.
- 어떻게 하든 사람 모둠이 이길 수밖에 없다. 그 이유에 대해서 이야기해본다.

사람이 숲으로 많이 갈수록 동물들이 살기는 점점 어려워진다.

생태 상식 2 → 78쪽

2-5-3 녹색 징검다리

목적: 도심 속의 공원 등 녹지가 생태 고리의 역할을 하는 것에 대해 알아본다.
대상: 7세 이상
장소: 어느 곳이나

진행을 위한 팁
- 징검다리는 쉽게 구할 수 있는 신문지를 사용하는 것이 좋지만, 때에 따라 현장의 자연물을 이용해도 상관없다.
- 징검다리의 개수는 인원이나 상황에 맞게 조절할 수 있다.
- 징검다리 개수를 바꿔서 진행해본다.
- 처음에 징검다리를 촘촘하게 놓았다가 하나씩 빼면서 놀아도 재미있다.

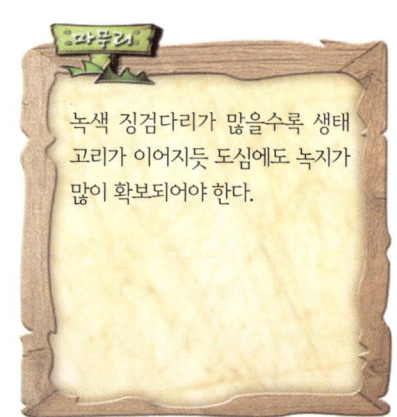

마무리

녹색 징검다리가 많을수록 생태 고리가 이어지듯 도심에도 녹지가 많이 확보되어야 한다.

2-6

숲은 사람의 고향

주말에 도시 근처 산에 가보면 숲속이 붐빌 정도로 사람들이 많다. 주중을 바쁘게 보냈을 텐데 왜 이렇게 많은 이들이 집에서 편히 쉬지 않고 산에 갈까? 건강이나 휴식, 위로 등 다양한 이유를 대겠지만, 현대 도시 문명에 지친 사람들이 고향을 그리워하듯 숲이 그리워 찾는 게 아닐까 하는 생각이 든다.

현대인들은 대개 아스팔트로 뒤덮인 도시의 시멘트로 만든 집에서 살지만, 산업화되기 전만 해도 우리 조상들은 주변이 온통 숲으로 둘러싸인 곳에서 살았다. 더 오래전에는 의식주 모두 숲에 기대지 않으면 살 수 없을 정도로 사람과 숲은 밀접했을 것이다. 숲에 사는 짐승을 사냥해서 배를 채우고 그 짐승의 가죽으로 옷을 해 입거나, 숲에서 나는 나물과 열매로 배를 채우고 풀을 엮어 옷을 해 입었으며, 나무를 베어 집을 짓고, 나뭇가지와 낙엽으로 불을 피워 추위와 맹수를 이겨내며 후손을 낳아 지금 우리가 있으니 말이다. 그 조상들의 유전자가 아직 피 속에 남아 숲과 동떨어진 삶을 살아가는 현대인들을 숲으로 부르는 것은 아닐까?

2-6-1 숲속 패션쇼

목적 : 자연물로 만든 옷을 입어봄으로써 옛 사람들이 숲에서 어떻게 살았는지 이해한다.
대상 : 초등학생 이상
장소 : 자연물을 많이 구할 수 있는 곳

1. 자연물로 옷 만들어 입기.
2. 미리 준비한 종이봉투를 잘라서 옷 모양을 만든다.
3. 자연물을 주워 온다.
4. 목공 풀을 이용해 자연물을 종이봉투에 붙인다.
5. 각자 만든 것을 입는다.
6. 각자 만든 옷을 입고 패션쇼를 해본다.
7. 마무리한다.

진행을 위한 팁
- 종이봉투는 몸에 맞게 큰 것을 준비한다.
- 목공 풀이 마르지 않으면 자연물이 바로 떨어지니 잠시 기다린다.
- 입기 불편하면 전시해도 된다.
- 왜 그렇게 디자인했는지 질문해보는 것도 좋다.
- 솜씨가 있는 사람은 종이봉투 없이 자연물만으로 엮어서 만들어도 괜찮다.

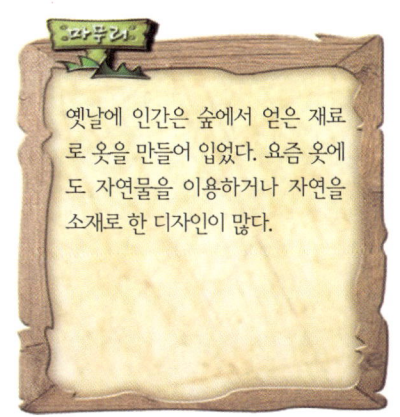

마무리

옛날에 인간은 숲에서 얻은 재료로 옷을 만들어 입었다. 요즘 옷에도 자연물을 이용하거나 자연을 소재로 한 디자인이 많다.

2-6-2 넌 누구냐?

목적: 숲에 있는 동물의 먹을거리와 사람의 먹을거리를 비교하여 이해한다.
대상: 초등학생 이상
장소: 어느 곳이나

1. 토끼와 호랑이, 사람 카드를 준비한다.
2. 모두 원을 그리고, 카드는 한가운데 엎어놓는다.
3. 술래를 한 명 정한다. — "카드는 술래만 보는 거야."
4. 술래는 카드 한 장을 들고 아무나 잡으러 간다. — "토끼다!"
5. 술래는 아무나 잡고 묻는다. — "넌 누구냐?"
6. 잡힌 사람은 숲에 있는 동식물의 이름을 댄다. — "난 다람쥐야." / "못 먹네."
7. 잡아 먹힌 사람은 술래가 된다. — "넌 누구냐?" / "민들레." / "와! 먹을 수 있다."
8. 마무리한다. — "사람 카드가 젤 좋은 거 같아요." / "그래, 사람은 숲에서 나는 건 다 먹을 수 있거든."

진행을 위한 팁

- 카드 개수는 바꿀 수 있지만 '초식동물, 육식동물, 사람' 세 가지 유형으로 하는 게 좋다.
- 앞사람이 얘기한 동물은 다음 사람이 말할 수 없다.
- 잡힌 사람이 못 먹는 거라고 우기면 술래는 먹는 방법을 이야기한다.
- 술래가 잡은 먹이 중 못 먹는 것이 세 번 연속으로 나오면 술래는 벌칙을 받는다.
- 사람은 뭐든지 먹을 수 있기 때문에 아이들은 사람 카드를 뽑고 싶어한다. 그때 주제로 연결해서 설명할 수 있다.

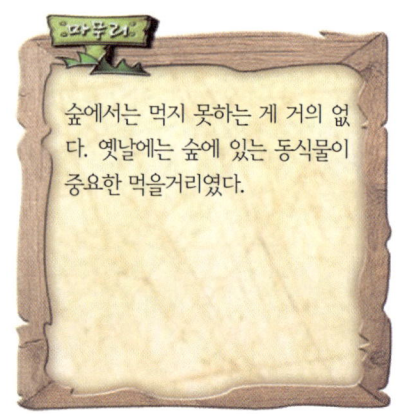

숲에서는 먹지 못하는 게 거의 없다. 옛날에는 숲에 있는 동식물이 중요한 먹을거리였다.

2-6-3 숲에서 집 짓기

목적 : 집을 짓는 데 필요한 재료를 숲에서 구해봄으로써 옛사람들이 어떻게 집을 짓고 살았는지 이해한다.
대상 : 초등학생 이상
장소 : 자연물이 많은 곳

1. 숲속에서 집을 지어보자고 한다.
   - 우리 집 짓기 할까?
   - 지금 집을 지으라고요?

2. 집 짓기에 사용할 재료를 하나씩 구해 오라고 한다.
   - 한 사람이 하나씩 구해 와야 해!
   - 헉!

3. 집 짓는 데 필요한 재료를 구해 온다.
   - 어디에 사용할지 정하는 게 좋아.

4. 서로 겹치지 않게 상의해서 재료를 구한다.
   - 이 나무로 기둥을 만들 거야.
   - 돌로 담을 쌓을 거야.
   - 나뭇잎으로 지붕을 덮을 거야.

5. 각자 가져온 자연물을 내놓으면서 그것으로 무얼 짓겠다고 얘기한다.
   - 와! 진짜 집을 지을 수 있겠다.
   - 옛날 사람들은 우리가 구해 온 것처럼 숲에서 나는 재료로 집을 지었단다.

진행을 위한 팁

- 연령과 시간, 장소 등이 허락한다면 실제로 작은 집을 지어보는 것이 좋다.
- 회의를 통해 집 한 채를 지을 수 있는 재료를 빠뜨리지 않고 구해 오도록 한다.
- 북극이나 사막에 있는 사람이라면 어떤 집을 지을지 질문한다.
- 우리가 사는 집과 무엇이 다른지 질문한다.

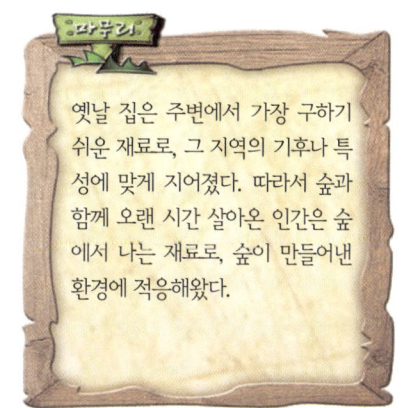

마무리

옛날 집은 주변에서 가장 구하기 쉬운 재료로, 그 지역의 기후나 특성에 맞게 지어졌다. 따라서 숲과 함께 오랜 시간 살아온 인간은 숲에서 나는 재료로, 숲이 만들어낸 환경에 적응해왔다.

생태상식 1 증산작용

증산작용(transpiration)이란 식물이 광합성을 할 때 공기 중에 있는 이산화탄소를 흡수하기 위해 기공을 여는데, 이때 수분을 대기 중에 수증기 형태로 내보내는 것을 말한다.

증산작용은 식물이 자라는 데 가장 필요한 물과 양분을 식물체 내로 흡수하고 이동시키는 역할을 한다. 즉 대기 중으로 빠져나간 물을 보충하기 위해 뿌리털은 땅속에서 물을 빨아들여 광합성에 필요한 물을 지속적으로 공급하고, 이때 물속에 있는 여러 가지 양분도 함께 흡수되는 것이다.

또 증산작용은 식물체의 온도는 물론 주변의 온도까지 조절해준다. 물을 수증기로 내보내는 과정에서 뜨거운 햇빛으로 인한 열을 함께 내보내며 주변의 열까지 식히는 것이다. 더운 여름에도 나무는 뜨겁지 않고, 숲이 시원한 것도 이 때문이다.

증산작용은 햇빛이 강할수록, 온도가 높을수록, 습도가 낮을수록, 바람이 강할수록 활발해진다. 따뜻하고 건조하고 맑은 날에 잎은 한 시간 동안 물을 100% 교체한다. 여름철 증산작용이 가장 활발한 까닭이다.

생태상식 2 고릴라는 휴대폰을 미워해

박경화 님이 지은 책 제목이다. 고릴라는 왜 휴대폰을 미워할까? 휴대폰을 만들 때 탄탈럼(tantalum)이란 금속이 사용되는데, 이것은 콜탄(coltan)을 정제해서 만든다. 콜탄의 최대 생산지가 아프리카 콩고의 세계문화유산인 카후지비에가(Kahuzi-Biega) 국립공원이다. 문제는 바로 여기가 고릴라의 마지막 서식지라는 점이다. 콜탄을 캐기 위해 사람들이 몰려들고 숲이 파괴되어 세계적으로 희귀한 고릴라가 멸종 위기에 처한 것이다.

우리나라에서는 매달 휴대폰 수천 대가 분실물센터에 쌓이고 있다. 새로운 기능과 디자인을 좇느라 휴대폰을 자주 바꾸고, 잃어버려도 잘 찾지 않는다. 우리가 휴대폰을 조금만 소중하게 쓰면 생태계의 질서를 보호하고 우리 삶도 안전하게 유지할 수 있을 텐데….

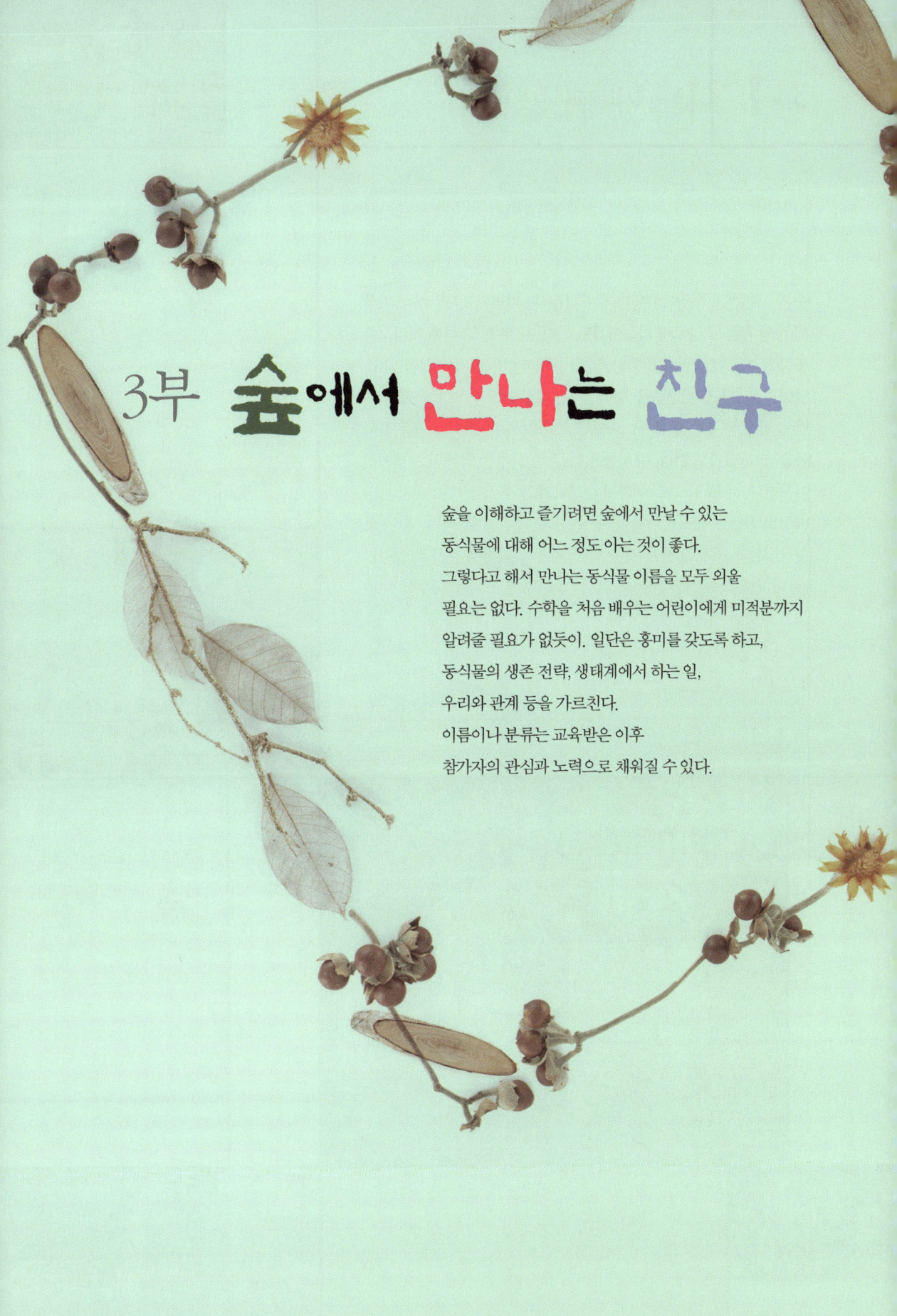

3부 숲에서 만나는 친구

숲을 이해하고 즐기려면 숲에서 만날 수 있는
동식물에 대해 어느 정도 아는 것이 좋다.
그렇다고 해서 만나는 동식물 이름을 모두 외울
필요는 없다. 수학을 처음 배우는 어린이에게 미적분까지
알려줄 필요가 없듯이. 일단은 흥미를 갖도록 하고,
동식물의 생존 전략, 생태계에서 하는 일,
우리와 관계 등을 가르친다.
이름이나 분류는 교육받은 이후
참가자의 관심과 노력으로 채워질 수 있다.

3-1

나무

숲을 구성하는 가장 큰 생명체는 나무다. 따라서 숲의 기능 가운데 상당 부분이 나무의 기능이기도 하다. 나무 한 그루에 찾아오는 동물이 50종이 넘는다고 한다. 잎을 갉아 먹고, 거기에 알을 낳고, 열매를 따 먹고, 나무즙을 빨아 먹고, 나무껍질 틈에 몸을 숨기거나 숨어 있는 곤충을 잡아먹으려고 오기도 하며, 뿌리가 만든 틈에 굴을 파고 살기도 한다. 동물들은 나무 한 그루를 하나의 세계처럼 이용한다. 나무 한 그루가 하나의 생태계인 것이다.

나무는 사람에게도 없어선 안 될 존재다. 집, 침대, 식탁, 종이 등 일상생활과 매우 밀접한 것을 넘어 인간의 지적 수준을 향상시키는 데 결정적 역할을 하기도 했다. 소중하고 고마운 나무에 대해 그간 몰랐던 것들을 알아보자.

3-1-1 나무야, 고마워

목적 : 태양 에너지를 받아 광합성을 하는 식물들이 생태계에서 하는 역할을 안다.
대상 : 초등학생 이상
장소 : 나무가 있는 곳

진행을 위한 팁

- 동물 카드를 만들어서 나눠줘도 좋다.
  (예 : 애벌레, 메뚜기, 개구리, 유혈목이, 장지뱀, 부엉이, 딱따구리, 황조롱이)
- 신체적으로 접촉하는 프로그램이므로 참가자들이 고학년이면 두 모둠(남과 여)으로 나눠서 진행한다. 모둠을 나누면 어느 모둠이 연결 고리를 빨리, 자연스럽게 만들었는지 겨룬다.
- 도움을 받는 동물을 생각해낸 사람이 안내자의 허리를 껴안을 수 있다. 허리를 껴안으면서 어떤 도움을 받는지 자유롭게 이야기한다.
- 너무 작은 나무에서 하면 나무가 흔들리거나 상처 입을 수 있으니, 지름 20cm가 넘는 나무에서 하는 게 좋다.
- 한꺼번에 두 사람 이상이 허리를 껴안을 경우 그대로 진행해도 된다. 복잡하다면 원칙을 정해서(빨리 껴안은 사람 혹은 도움 내용을 정확히 말한 사람이 승자) 한 사람만 껴안을 수 있게 한다.

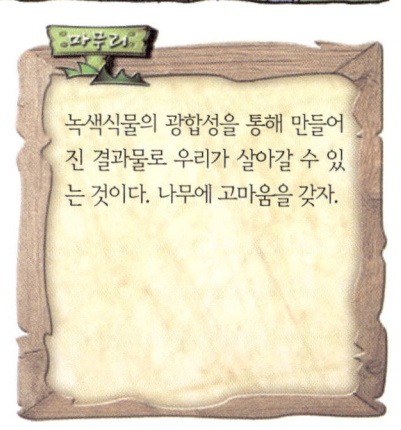

녹색식물의 광합성을 통해 만들어진 결과물로 우리가 살아갈 수 있는 것이다. 나무에 고마움을 갖자.

3-1-2 나무는 어떻게 자랄까?

목적: 나무는 새로운 가지가 나와야 키가 자라고, 기본적인 생장은 부피 생장을 한다. 나이테가 생기는 원리와 나무의 생장 방식을 이해한다.
대상: 초등학생 이상
장소: 어느 곳이나

1. 숲속에서 큰 나무 하나를 고른다.
   - 여기하고 여기 나이가 다른 거 알아?
   - 우리가 나무가 되어 알아볼까?

2. 몸으로 나무를 표현해본다.
   - 한 살일 땐 한 사람이 엎드리는 거야.

   - 한 살 더 먹으면 나이테가 하나 더 생기고, 위로도 새 가지가 생겨.

3. 두 모둠으로 나눠 어느 모둠이 멋지고 나이 많은 나무를 만드는지 겨룬다.

4. 일정한 시기에 곤충이 낸 상처를 표시해둔다.
   - 세 살 때 사슴벌레가 줄기에 상처를 냈단다.
   - 나무집게
   - 어?

5. 시간에 따라 상처 부위의 위치를 확인한다.
   - 와~!
   - 1년 전 상처 난 곳이 그대로 있지?

6. 나무와 탑을 비교하며 마무리한다.
   - 나무는 새로운 가지가 나와서 키가 크고, 줄기 부분은 부피 생장을 한단다.

진행을 위한 팁
- 나이 어린 아이들이 하기엔 다소 어려울 수 있다. 참가자들이 초등학교 고학년 이상일 때 진행하는 것이 좋다.
- 나무 탑을 쌓는 방식은 모둠에서 정하되, 가급적 고학년이 아래로 가게 한다.
- 나무 탑이 잘 되지 않으면 이유가 뭘까 물어보고, 좋은 방법을 생각하게 한다.
- 위험할 수 있으므로 바닥이 낙엽이나 풀로 덮인 공간에서 진행한다.
- 뿌리부터 위로 올라가며 자라는 것이 아니라 새로운 가지가 나와서 키가 커진다는 것을 주변 나무의 줄기나 가지를 보여주며 설명한다.

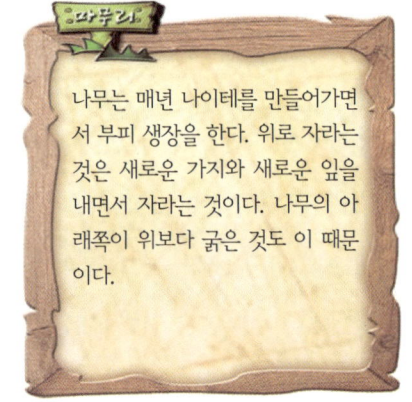

나무는 매년 나이테를 만들어가면서 부피 생장을 한다. 위로 자라는 것은 새로운 가지와 새로운 잎을 내면서 자라는 것이다. 나무의 아래쪽이 위보다 굵은 것도 이 때문이다.

3-1-3 나무 키 재기

목적 : 살아 있는 나무의 키를 재봄으로써 나무에 관심을 갖고, 학교에서 배운 간단한 수학적 이론이 일상에서 유용하다는 것을 안다.
대상 : 초등학생 이상
장소 : 나무가 있는 곳

1. 자를 이용해 참가자의 신체 부위 중 한 곳을 정해 길이를 재준다.
   (예 : 손가락-5cm, 뼘-15cm 등)

2. 몸자를 이용해 살아 있는 나무의 키를 재보자고 한다.
   - 서 있는 나무의 키를 어떻게 잴 수 있을까?

3. 숲에서 가장 큰 나무를 찾아본다.
   - 저 나무가 젤 크다.

4. 한 사람을 뽑아 나무 옆에 서게 한다.
   - 여기에 서면 되지?

5. 나무 길이에 친구가 몇 번 들어가는지 세어본다.
   - 하나, 둘, 셋… 여섯 번 들어가네.

6. 몸자로 친구의 키를 잰다.
   - 하나, 둘…
   - 내 뼘이 12cm고, 열 번 들어가니까…

7. 나무의 키를 계산한다.
   - 저 나무 키가 몇이야?
   - 7m 20cm예요.

진행을 위한 팁
- 멀리 떨어져 나무의 전체 모습을 볼 수 있는 장소에서 진행한다. 너무 빽빽한 숲에선 제대로 재기가 어렵다.
- 몸 대신 소지품을 자로 이용해도 좋다.
- 수학적 개념을 비롯한 학교 교육의 기본은 일상에서 비롯되었음을 얘기해준다.

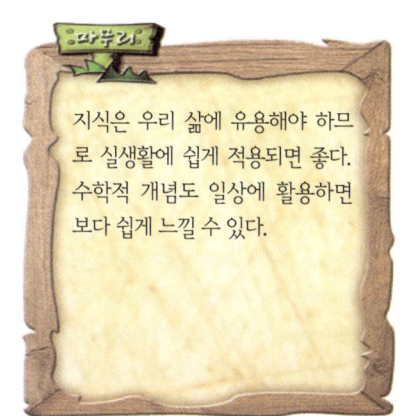

지식은 우리 삶에 유용해야 하므로 실생활에 쉽게 적용되면 좋다. 수학적 개념도 일상에 활용하면 보다 쉽게 느낄 수 있다.

생태 상식 4 97쪽

3-1-4 가까운 건 싫어

목적 : 나무는 어느 정도 거리가 떨어져야 잘 살 수 있다. 등 뛰어넘기 놀이를 통해 나무의 생태를 이해한다.
대상 : 초등학생 이상
장소 : 어느 곳이나

1. 조림 지역이나 나무들이 빽빽한 곳에서 진행한다. — "나무들이 엄청 빽빽하다."
2. 나무들은 가까이 있는 것을 좋아할까 싫어할까 질문한다. — "좋아하는지 싫어하는지 놀이로 알아볼까?"
3. 한 사람을 뽑아 발목을 잡고 엎드리게 한다. — "등 뛰어 넘기를 해보자."
4. 차례로 등에 손을 짚고 나무 이름을 대며 뛰어넘는다. — "참나무!"
5. 넘고 나서 나무 모양으로 팔을 벌리고 선다.
6. 다음 사람이 넘을 때는 앞사람과 닿지 않아야 한다. — "밤나무!"
7. 앞사람과 닿으면 둘 다 탈락이다.
8. 몇 그루가 살아남았는지 세어본다. — "나무가 자라는 데는 적당한 거리가 필요하단다."

진행을 위한 팁
- 참가자가 유아일 때는 등 뛰어넘기가 어려울 수 있다. 통나무 등 자연물을 놓고 뛰어넘기를 하거나, 동그란 원을 그린 다음 그 원을 밟고 뛰기를 해도 좋다.
- 등 뛰어넘기를 할 때 엎드린 사람이 움직이면 넘는 사람이 다칠 수 있으니 미리 주의를 준다.
- 나무 이름을 제대로 얘기하지 않고 넘어도 탈락이다.

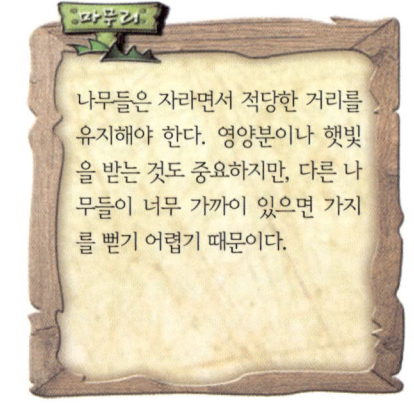

더무리

나무들은 자라면서 적당한 거리를 유지해야 한다. 영양분이나 햇빛을 받는 것도 중요하지만, 다른 나무들이 너무 가까이 있으면 가지를 뻗기 어렵기 때문이다.

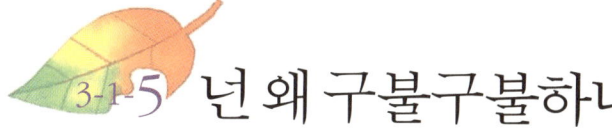

3-1-5 넌 왜 구불구불하니?

목적 : 나무도 주변 생물을 인지한다는 것을 알아본다.
대상 : 7세 이상
장소 : 나무가 많은 곳

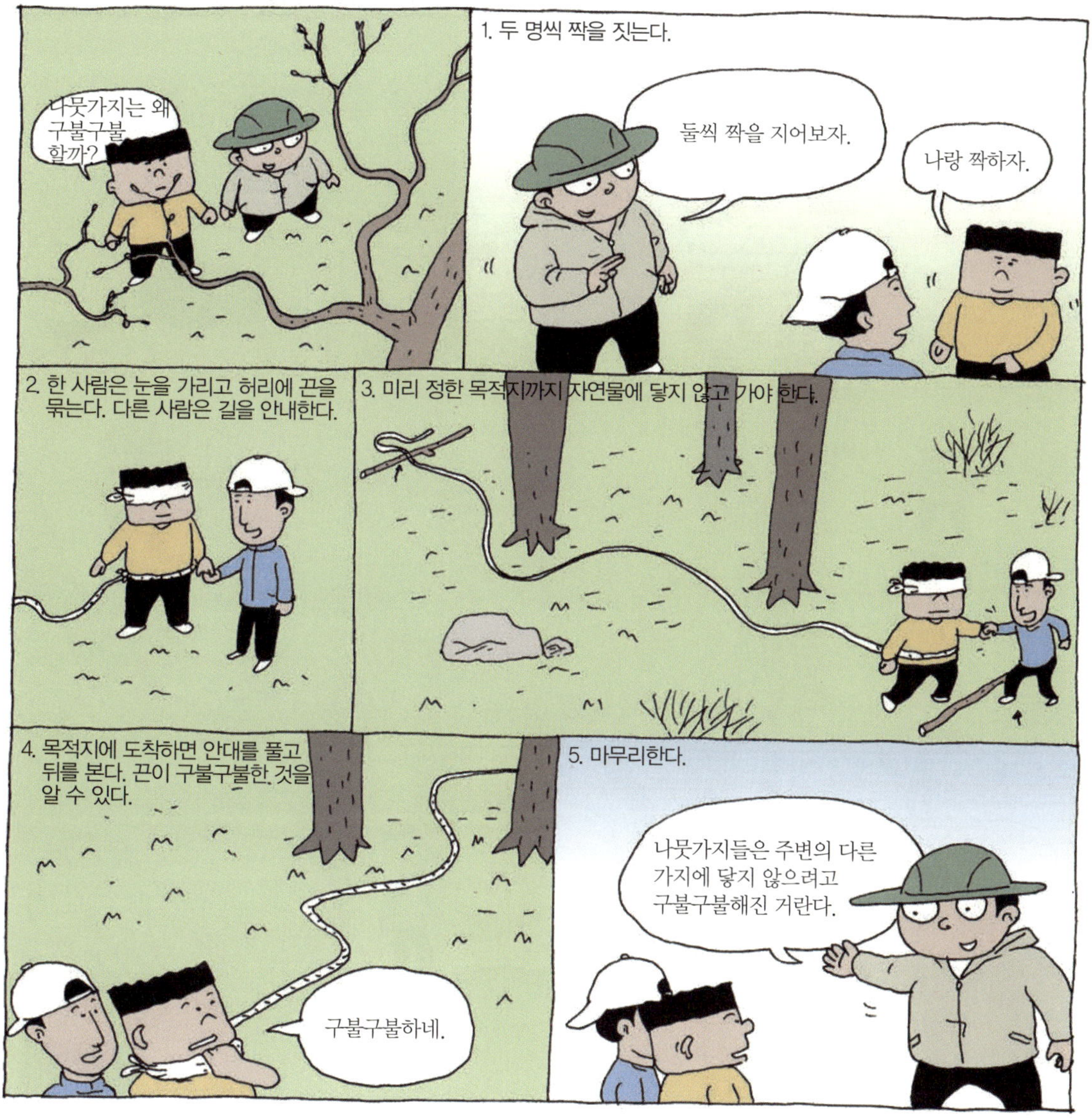

1. 두 명씩 짝을 짓는다.
2. 한 사람은 눈을 가리고 허리에 끈을 묶는다. 다른 사람은 길을 안내한다.
3. 미리 정한 목적지까지 자연물에 닿지 않고 가야 한다.
4. 목적지에 도착하면 안대를 풀고 뒤를 본다. 끈이 구불구불한 것을 알 수 있다.
5. 마무리한다.

진행을 위한 팁
- 목적지를 햇빛이라고 설정해둔다.
- 자연물에 닿을 때마다 일정한 점수를 감점한다.
- 너무 위험한 곳에선 하지 않는다.

마무리

나무가 가지를 뻗으려면 주변에 있는 사물을 피해 가야 하므로 빈 공간 쪽으로 가지를 뻗는다. 그러다 보면 구불구불하게 갈 수 있다.

3-1-6 내 친구를 소개합니다

목적: 나무에게 이름을 지어줌으로써 나무를 친구처럼 편안하게 느낀다.
대상: 7세 이상
장소: 나무가 많은 곳

1. 숲에서 각자 마음에 드는 나무를 고른다.
   - 와! 저 나무 진짜 멋져요.
   - 그러네.
   - 자기가 고른 나무를 친구 나무로 정하는 거야.

2. 친구 나무를 안거나 올라가 앉아본다.
   - 내 친구야!
   - 저건 내 나무!

3. 나무에게 이름을 지어준다.
   - 각자 친구 나무에게 이름을 지어주자!
   - 뭐라고 지을까?

4. 친구들에게 친구 나무를 소개한다.
   - 얘는 길쭉이야.
   - 얘는 뾰족이야.

5. 누가 친구 나무 이름을 많이 외우는지 알아본다.
   - 길쭉이, 뾰족이, 루루, 진돌이, …

6. 마무리한다.
   - 나무도 우리처럼 생명이 있고, 우리와 친구로 지낼 수 있단다.

진행을 위한 팁
- 인원이 많을 경우 종이에 이름을 적어 나무에 붙이고, 각자 돌아다니면서 친구 나무의 이름을 외우게 한다.
- 놀이를 마치고 친구 나무를 가리키면서 이름을 잘 아는지 확인해보면 좋다.
- 다른 나무 찾기 놀이를 하고 이어서 진행하면 다양한 나무 종류도 알 수 있다.

내가 친구로 삼은 나무는 시간이 지나도 잊지 않고 친구로 여기면서 지내자.

3-1-7 소나무와 신갈나무

목적: 소나무와 신갈나무의 생태적 특성을 이해하여 숲을 입체적으로 바라본다.
대상: 7세 이상
장소: 어느 곳이나

1. 나무가 자라는 단계를 6단계 체조로 알려준다.
   - 씨앗
   - 싹트기
   - 어린나무
   - 조금 자란나무
   - 많이 자란나무
   - 다 자란나무

2. 햇빛과 그늘이 될 사람을 한 명씩 뽑는다.
   "햇빛은 집게를 떼고, 그늘은 집게를 붙이는 거야. 그늘, 집게 받아."
   ← 햇빛
   ← 그늘
   "넵!"
   집게가 들어있는 가방

3. 소나무 모둠과 신갈나무 모둠으로 나눈다.
   ↳ 소나무   ↳ 신갈나무

4. 나무들은 섞여서 앉고, 안내자의 신호에 따라 단계별로 자란다. 이때 햇빛과 그늘의 역할도 시작한다.
   "어? 집게다."

5. 소나무는 집게가 한 개만 붙어도 더 자라지 못하고, 신갈나무는 두 개가 붙어야 더 자라지 못한다.

6. 마지막까지 어느 나무가 더 자랐는지 알아본다.
   "다 자랐다."
   "난 아직 어린 나문데…"

7. 의견을 나누고 마무리한다.
   "소나무가 불리해요."
   "맞아. 소나무는 햇빛이 없으면 자라기 어렵거든."

진행을 위한 팁

- 집게 대신 스티커 같은 것을 만들어서 붙이거나, 손으로 터치하는 것으로 정해도 된다. 단 표시가 나지 않으면 몇 번인지 기억하지 못하므로 표시 나는 것으로 하는 게 좋다.
- 한 번 물린 집게는 햇빛이 다시 떼어줄 수도 있다. 일정한 규칙에 따라 물렸다 떼었다 하는 것이 아니라 무작위로 진행한다. 한 사람에게 집게를 두 개 이상 물려도 상관없다.
- 그늘과 햇빛의 움직임을 빨리 진행하는 게 재밌다.
- 나무가 자라는 단계를 뻐꾸기 소리나 기타 신호를 통해서 알려준다.
  (예 : 뻐꾹 – 1단계(씨앗), 뻐꾹뻐꾹 – 2단계(싹트기),
   뻐꾹뻐꾹뻐꾹 – 3단계(어린나무))

생태 상식 5 ☞ 97쪽

마무리
나무들은 햇빛의 양에 따라 각자 특성에 맞게 자란다. 숲의 모습도 그 특성에 따라 변할 수 있다.

3-1-8 나무야, 나무야

목적 : 나무에게 질문하고 답하는 과정을 통해 나무와 교감할 수 있다는 것을 알고, 나무도 생명이 있는 존재임을 인식한다.
대상 : 초등학생 이상
장소 : 큰 나무가 있는 숲

1. 숲에서 가장 크고 오래된 나무를 찾는다.
   - 와! 저 나무 엄청 크다.
   - 정말!

2. 그 나무에 굵은 줄을 묶어둔다.
   - 이 줄에 질문지를 묶는 거야.
   - 질문지요?

3. 나무에게 궁금한 것을 질문지에 적는다.
   - 나무에게 궁금한 게 있으면 질문지에 적어봐.

4. 질문지를 작성해서 줄에 묶는다.

5. 질문지를 하나만 빼서 읽어본다.
   - 다른 사람 걸 빼서 봐야 한다.

6. 질문에 대한 답을 가르쳐달라고 나무 곁에서 잠시 눈 감고 생각한다.

7. 떠오른 생각을 답으로 적고 다시 줄에 묶는다.

8. 자기 질문에 어떤 답이 있는지 질문지를 빼서 읽어본다.
   - 기발한 답이네, 하하!

진행을 위한 팁
- 자기 것을 알아볼 수 있게 표시해둔다. 그래야 답을 적을 때 다른 사람 것을 고를 수 있기 때문이다.
- 너무 경건하게 진행할 필요는 없으나, 분위기가 지나치게 가볍고 장난스러우면 진행이 잘 안 될 수도 있다. 눈을 감고 나무와 교감하는 시간을 갖는 건 그 때문이다.
- 놀이 진행 과정에서는 쪽지를 다른 친구에게 보여주지 않도록 한다. 다 마친 뒤에는 보여줘도 좋다.

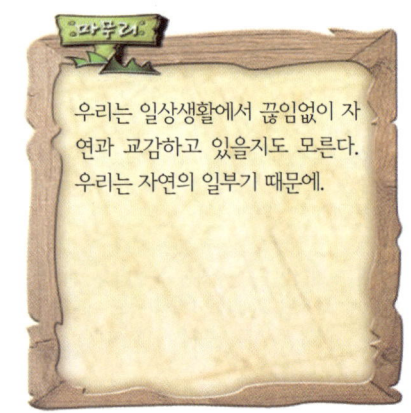

우리는 일상생활에서 끊임없이 자연과 교감하고 있을지도 모른다. 우리는 자연의 일부기 때문에.

3-1-9 나무는 무슨 생각을 할까?

목적: 간단한 교구를 이용해서 나무가 살아 있음을 느낀다.
대상: 초등학생 이상
장소: 나무가 많은 곳

1. 질문을 던져 주의를 집중시킨다.
   - 나무도 생각을 할까?

2. 내가 나무라면 무슨 생각을 하며 살지 머릿속에 그려보라고 한다.
   - 다 그렸어요.
   - 그럼 여기에 써봐!

3. 말풍선 망원경을 만들어 말풍선에 생각한 것을 적는다.
   - 이곳에 풀칠
   - 접으면 이런 모양
   - 들여다보면 말풍선이 보인다.

4. 말풍선 망원경으로 나무를 본다.
   - 히힛! 나무가 말하는 것 같네

5. 망원경을 바꿔가며 주변 나무들을 본다.

6. 느낌을 이야기하고 마무리한다.
   - 만화 같은 생각이지만 나무에 대해 다시 한 번 생각하게 해주지요.

진행을 위한 팁
- 풀이나 테이프가 필요하므로 충분한 양을 준비한다.
- 자율적으로 적게 하되, "나무가 말을 한다면 무슨 말을 할까?"라고 해서 적당한 말을 유도하는 게 좋다.
- 나무의 스트레스 흔적이 보이는 부분을 미리 학습하거나 그 나무가 있는 장소에서 하면 더 효과적이다.
- 가급적 나무들의 생태가 다양하게 나타난 곳에서 하면 다양한 말이 나올 수 있다.
- 다른 친구들의 말풍선 망원경 가운데 나무에게 가장 어울리는 말을 뽑아보는 것도 재미있다.

생태 상식 6 ☞ 97쪽

실제로 나무가 그렇게 말하고 있을지도 모른다. 우리가 잘 듣지 못할 뿐.

3-1-10 나무는 왜 죽을까?

목적: 나무와 나무를 괴롭히는 요인들의 관계를 통해 나무가 죽는 원인을 이해한다.
대상: 초등학생 이상
장소: 어느 곳이나

1. 죽은 나무가 있는 장소에서 시작한다.
   - 저 나무는 왜 죽었을까?
   - 글쎄요.

2. 나무 모둠과 하늘소 모둠으로 나눈다.
   - 나무가 왜 죽었는지 알아보자.

3. 나무 모둠은 바깥을 보고 원을 그린다.

4. 하늘소 모둠은 나무 모둠 원 안쪽에 있는 자연물을 잡으려고 들어가고, 나무 모둠은 이를 막아야 한다.

5. 하늘소 모둠이 자연물을 잡으면 나무 모둠 어느 부분이 뚫린 것이다.
   - 아싸, 잡았다!

6. 뚫린 부분은 팔을 접는다.

7. 놀이를 계속하고 나서 느낌을 얘기한다.
   - 팔을 접고 나서는 속수무책이에요.
   - 나무는 상처를 입으면 곤충이나 버섯이 더 쉽게 들어와서 죽는단다.

진행을 위한 팁

- 하늘소 모둠을 병해충 모둠으로 해서 버섯이나 세균, 딱따구리 등의 역할을 주어도 좋다.
- 자연물을 여러 개 두어 그것을 다 빼앗기면 나무 모둠이 지는 것으로 한다.
- 일정한 시간이 지나면 끊어진 지점을 다시 이어주고 놀이를 할 수도 있다. 그것은 건강을 회복해서 뚫린 지점을 메웠다고 설정하면 된다.

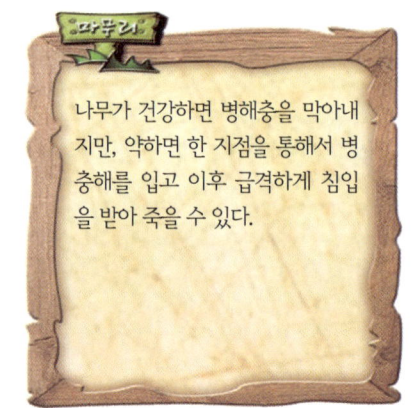

나무가 건강하면 병해충을 막아내지만, 약하면 한 지점을 통해서 병충해를 입고 이후 급격하게 침입을 받아 죽을 수 있다.

생태 상식 7 → 98쪽

3-1-11 소나무는 왜 늘 푸를까?

목적: 나뭇잎이 늘 붙어 있는 것이 아니라는 것을 안다.
대상: 초등학생 이상
장소: 어느 곳이나

1. 소나무가 있는 곳에서 진행하는 게 좋다.
   - 소나무니까요.
   - 소나무는 왜 겨울에도 잎이 지지 않을까?

2. 소나무 모둠과 참나무 모둠으로 나누고, 줄기가 될 사람을 한 명씩 뽑는다. 줄기는 양팔을 벌리고 선다. 나머지 인원은 모두 잎이 된다.
   - 소나무
   - 참나무

3. 안내자가 신호하면 잎이 나무에 붙는다.
   - 매년 4월이면 두 명씩 나무에 붙는 거야.

4. 소나무 잎은 수명이 2년 6개월, 참나무 잎은 6개월로 정한다.
   - 자기 수명이 다 된 잎은 떨어져야 해. 그러니까 계산 잘하고.
   - 계산은 약한데…

5. 4월부터 나무에 잎이 붙는다.
   - 2009년 4월!

6. 해와 달을 계속 올려 수명에 맞게 나무에 붙고 떨어진다.
   - 내가 그렇게 좋아?

7. 참나무는 잎이 있다가 없다가 하지만, 소나무는 계속 잎이 붙어 있는 걸 알 수 있다.

진행을 위한 팁
- 날짜를 불러줄 때 가을이 들어가는 시기로 해야 참나무 모둠의 잎이 져서 비교가 된다.
- 날짜를 계산하기 어렵게 변경해보는 것도 재미있다.

마무리
상록수 잎이 늘 푸른 것은 잎의 수명이 길기 때문이다.

생태 상식 8 ☞ 98쪽

3-1-12 딱따구리가 낸 구멍이다!

목적 : 간단한 그림 카드 놀이를 통해 죽은 나무가 생태계에서 하는 역할을 이해한다.
대상 : 초등학생 이상
장소 : 죽은 나무가 있는 곳

1. 딱따구리 구멍이 있는 곳이나 죽은 나무가 있는 장소에서 진행한다.
   - 저기 구멍이 있어요!

2. 준비한 종이에 안내자가 딱따구리 구멍을 그린다.
   - 연상 놀이를 해보자.

3. 종이를 한 장씩 나눠준다.

4. 첫 번째 사람부터 연상된 것을 자기 종이에 그린다.
   - 종이에 연상된 것을 그리는 거야.
   - 당연히 딱따구리지.

5. 먼저 그린 사람 것을 보고 연상되는 것을 순서대로 그린다.
   - 딱따구리? 그럼 난 애벌레.
   - 자, 여기.
   - 얼른 줘.

6. 모두 그렸으면 순서대로 바닥에 놓고 이야기한다.
   - 딱따구리가 낸 구멍 하나로 숲이 풍요로워지는 것을 알 수 있지?

진행을 위한 팁
- 인원이 많으면 그림 그리는 시간이 길어질 수 있으므로 글씨로 적게 한다.
- 처음 그림을 딱따구리 둥지 대신 고사목이나 쓰러진 나무로 해도 된다.
- 바로 앞사람 그림만 볼 수 있다. 앞의 앞사람 그림은 보지 않도록 한다.
- 앞사람이 보여준 그림은 본인이 갖고, 본인이 그린 그림을 다음 사람에게 주는 것이다.

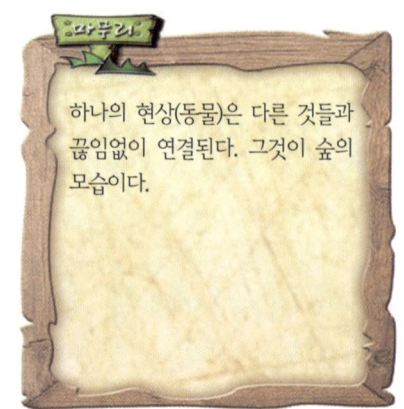

하나의 현상(동물)은 다른 것들과 끊임없이 연결된다. 그것이 숲의 모습이다.

3-1-13 고사목 수목원

목적: 고사목 주변의 생물 조사를 통해 고사목이 숲 생태에 도움을 준다는 것을 안다.
대상: 7세 이상
장소: 죽은 나무가 있는 곳

진행을 위한 팁

- 고사목의 크기에 따라 줄의 길이도 달라질 수 있다. 작은 경우 1m, 큰 경우 3m.
- 생물 조사를 할 때는 종류를 조사해야 하는지, 개체를 조사해야 하는지 명확히 제시하는 게 좋다.
- 똑같은 고사목은 없으므로 다른 형태로 죽은 나무들이 두 군데 이상 보이는 곳에서 진행하되, 나무는 모둠에서 자율적으로 고르게 한다.

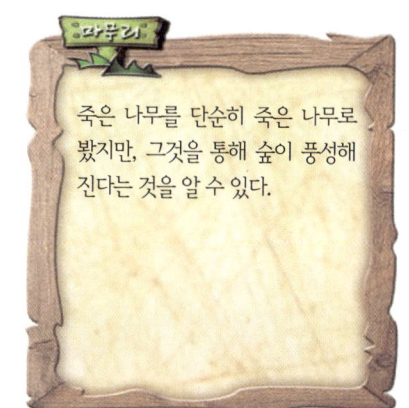

마무리

죽은 나무를 단순히 죽은 나무로 봤지만, 그것을 통해 숲이 풍성해진다는 것을 알 수 있다.

생태 상식 9 ☞ 98쪽

3부 · 숲에서 만나는 친구 | 93

3-1-14 누에와 뽕나무

목적: 먹이식물과 곤충의 관계를 통해 식물과 동물은 서로 영향을 미치며, 긴밀한 관계가 있다는 것을 안다.
대상: 7세 이상
장소: 어느 곳이나

1. 비교적 넓은 장소에서 하는 게 좋다.
   - "누에는 무슨 나무 잎을 먹는 줄 알아?"
   - "뽕나무요."

2. 사람 모둠과 누에 모둠, 뽕나무 모둠으로 나눈다.
   - "누에와 뽕나무 놀이를 해보자."
   - 누에 / 뽕나무 / 사람

3. 나무 모둠은 서 있고, 사람 모둠은 나무를 앉히고, 누에 모둠은 나무들이 앉기 전에 나무에 가야 한다. 한 번 앉은 나무는 일어설 수 없다. 나무에 가지 못한 누에는 죽는다.
   - 사람 / 누에
   - "난 앉았어."

4. 누에는 사람이 나무를 다 베기 전에 나무를 안아야 한다.
   - "와, 살았다!"

5. 의견을 나누고 마무리한다.
   - "누에는 뽕나무 잎만 먹나요?"
   - "그렇단다."
   - "특정 식물만 먹는 곤충은 먹이식물이 사라지면 함께 사라진단다."

진행을 위한 팁
- 나무나 사람의 수는 모둠원의 인원에 따라 조절할 수 있다.
- 곤충과 먹이식물의 관계에 대해 다른 자료도 알려준다.

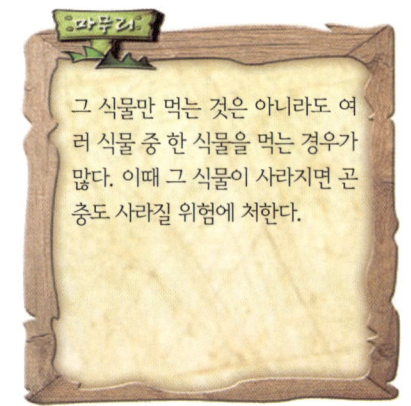

그 식물만 먹는 것은 아니라도 여러 식물 중 한 식물을 먹는 경우가 많다. 이때 그 식물이 사라지면 곤충도 사라질 위험에 처한다.

생태 상식 10 ☞ 96쪽

3-1-15 아낌없이 주는 나무

목적: 인간의 삶 여기저기에 나무가 스며들었다는 것을 안다.
대상: 초등학생 이상
장소: 어느 곳이나

1. 나무 모둠과 사람 모둠으로 나눈다.
   - "우리가 나무를 얼마나 많이 쓰는지 알아보자."

2. 나무 모둠은 일상생활에서 나무가 어디에 쓰이는지 한 가지씩 쪽지에 적는다.
   - "뭐가 있더라… 아, 책상!"

3. 나무 모둠은 쪽지를 보자기 위에 놓는다.

4. 사람 모둠은 한 명씩 나와서 자기가 사용하는 것이 적힌 쪽지를 집는다.
   - "골라볼까?"

5. 자기가 쓴 쪽지가 집히면 나무는 자리에 앉는다.
   - "책상!" "내가 쓴 거네."

6. 계속 진행하고 이야기를 나눠본다.
   - "어려운 걸로 쓸걸…"

7. 마무리한다.
   - "우리 생활 속에 나무가 쓰이는 곳이 무척 많지? 아껴 써야 한단다."

진행을 위한 팁

- 나무로 만든 일상용품을 바로 생각해내기 어려울 수도 있다. 간단히 연관 지을 수 있는 놀이를 해본다.
  (예 : 일과 되짚어 보고 나무와 연관된 것 찾기
    아침에 일어나(침대는 나무) 밥 먹고(식탁은 나무), 이 닦고 머리 빗고(빗은 나무), 가방 메고 학교(학교 건물과 책상, 의자, 책 모두 나무)에 갔다.)
- 모둠을 바꿔서 진행해본다.

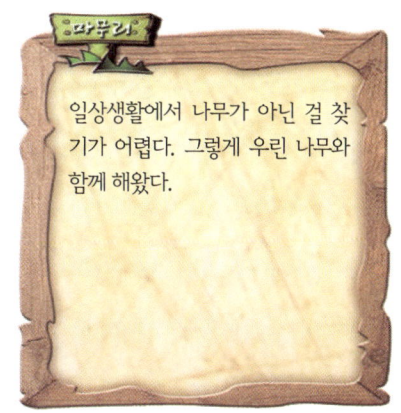

일상생활에서 나무가 아닌 걸 찾기가 어렵다. 그렇게 우린 나무와 함께 해왔다.

3-1-16 나무 한 그루에 찾아오는 동물들

목적: 참나무류 한 그루에 찾아오는 동물들의 이야기를 들어보며 나무 한 그루가 숲에서 감당하는 생태적 역할을 이해한다.
대상: 초등학생 이상
장소: 참나무류가 있는 곳

1. 숲속에서 참나무를 발견한 뒤에 하면 좋은 놀이다. 여러 동물 카드를 준비한다.
2. 참가자는 카드를 한 장씩 고른다.
3. 자기가 고른 카드의 동물이 나무를 어떻게 이용하는지 몸으로 표현한다.
   - 잎에 알을 낳아.
   - 난 나무진을 빨아 먹어.
4. 나무를 이용하는 방법을 찾지 못한 사람은 카드를 보자기에 다시 놓는다.
   - 어떻게 이용하더라…
   - 개미네.
5. 이용 방법을 아는 카드를 다시 가져갈 수 있다.
   - 다람쥐네!
6. 끝까지 찾지 못한 사람은 술래가 되어 벌칙을 받는다.
   - 전 모르겠어요.
   - 그럼 엉덩이로 이름 써!
7. 마무리한다.
   - 나무 한 그루에 찾아오는 동물들은 아주 많아. 그들에게는 나무가 하나의 세계란다.

진행을 위한 팁
- 술래가 여럿일 경우 각자의 카드를 보자기 위에 놓는다. 카드를 보고 생각난 사람이 그 카드를 가져가서 참나무 곁으로 갈 수 있다.
- 참나무에 신세를 지는 동물
  (예: 도토리를 먹는 동물 – 멧돼지, 너구리, 어치, 다람쥐, 청설모 들쥐
  나무진을 먹는 동물 – 개미, 사슴벌레, 장수풍뎅이, 풍뎅이, 나비
  잎을 이용하는 동물 – 참나무누에나방
  도토리에 알을 낳는 동물 – 도토리거위벌레
  기타 – 딱따구리, 거미, 박새 등)

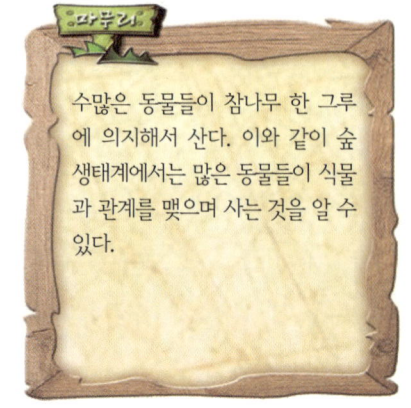

수많은 동물들이 참나무 한 그루에 의지해서 산다. 이와 같이 숲 생태계에서는 많은 동물들이 식물과 관계를 맺으며 사는 것을 알 수 있다.

생태상식 3 나무의 생장

나무의 생장 조직은 위치에 따라 둘로 나뉜다. 새로운 잎과 가지, 뿌리를 만드는 분열조직은 식물의 가지와 뿌리의 끝 부분에 있다고 해서 정단분열조직(apical meristem)이라 하며, 형성층과 같이 굵기를 더하는 분열조직은 옆 부분에 있다고 해서 측방분열조직(lateral meristem)이라고 한다. 분열조직은 나무가 살아 있는 한 거의 쉬지 않고 세포분열을 한다.

나무의 부피 생장은 광주기(일조시간의 길이)의 영향을 받는다. 많은 나무의 경우 줄기 생장이 멈추면 부피 생장도 멈춘다. 자라는 줄기가 식물호르몬을 생성하여 밑으로 내려 보냄으로써 형성층의 세포분열을 촉진하기 때문이다.

나무의 부피 생장은 주로 형성층의 활동에 따라 진행된다. 사부(체관부) 바깥쪽에 위치한 코르크 형성층도 부피 생장에 기여하지만, 주로 형성층이 생산한 2차 목부(물관부) 조직에 따라 진행된다. 형성층은 이른 봄 세포분열을 시작하여 안쪽으로는 목부를 만들고, 바깥쪽으로는 사부를 만들어, 지름이 굵어지더라도 형성층의 위치는 항상 마지막 생산된 목부와 사부의 사이다.

형성층은 이른 봄 길이 생장이 시작될 때부터 활동하여 여름에 길이 생장이 정지한 다음에도 지속되는 경향이 있다.

생태상식 4 나무는 왜 키가 클까?

지구상에서 키가 가장 큰 생물은 바로 나무다. 풀과 햇빛 경쟁에서 우위를 점하며 햇빛을 많이 차지하기 위해 위로 올라갔고, 큰 키를 위해 딱딱한 목질부를 만들어낸다. 목질부는 해를 거듭할수록 단단해지고 굵어진다. 키가 더 자라게 도와주는 것이다. 나무가 다른 생물보다 키가 큰 것도 이 때문이다. 나무는 사람과 달리 죽을 때까지 평생 자란다. 물론 나이가 많아질수록 자라는 길이는 줄지만, 그래도 죽을 때까지 계속 자란다.

살아 있는 나무 가운데 키가 가장 큰 것은 미국 캘리포니아 주 레드우드 국립공원에 있는 아메리카삼나무인데, 키가 약 111m, 나이는 600살이 넘었다고 한다. 한편 오스트레일리아 바우바우 산에 있는 유칼리나무는 1885년 당시 키가 143m였다고 한다.

우리나라에선 천연기념물 30호인 용문사의 은행나무가 62m로 가장 크다.

생태상식 5 음수와 양수란 무엇인가?

나무는 광합성을 위해 햇빛이 필요한데, 나무마다 그 양이 다르다. 햇빛이 비교적 적어도 잘 자라는 나무를 '음수'라고 한다. 대표적인 나무로 잣나무, 전나무, 가문비나무, 단풍나무, 피나무가 있다. 이와 달리 햇빛이 잘 드는 곳에서만 자라고 그늘진 곳에서는 잘 자라지 못하는 나무를 '양수'라고 한다. 대표적인 나무는 소나무, 버드나무, 포플러, 아까시나무 등이 있다.

나무는 대부분 어릴 때 음수의 경향이 있다. 큰 나무 밑에서도 자라야 하므로 일정 정도 햇빛이 없어도 잘 자라는 것이다. 그러나 다 자란 나무들은 음수라도 햇빛을 좋아한다.

숲은 건강해질수록 밀집도가 높아 음수들이 살아남는 확률이 높아진다. 우리나라의 숲에 소나무보다 신갈나무가 많아지는 이유도 소나무에 비해 신갈나무가 내음성(그늘에서 견디는 힘)이 강하기 때문이다. 극상림을 차지하는 나무들은 극음수인 경우가 많다. 국내의 극상림은 음수인 서어나무가 차지하고 있다.

생태상식 6 나무가 말해주는 사실들

리기다소나무는 줄기에서 잎이 바로 나오는 것이 특징이라고 한다. 하지만 그것은 스트레스를 잘 표현하는 방식이다. 나무는 생존에 위험을 느낄 때 스트레스를 받고, 그것이 외부로 표출된다. 소나무가 다른 해보다 솔방울을 많이 만들어낸다거나, 가로수들이 리기다소나무처럼 줄기 중간에서 바로 잎을 내는 것도 나무가 받는 스트레스의 표현이라고 볼 수 있다.

나무의 스트레스를 이용하는 사람들도 있다. 상수리나무

는 대부분 상처가 난 것을 볼 수 있다. 사람들이 상수리나무에 열리는 도토리를 따려고 나무줄기를 돌로 찍기 때문이다. 나무는 돌에 찍힌 상처로 건강의 위험을 느껴 이듬해 도토리를 많이 만들어낸다고 한다. 격년결과(隔年結果)라고 하여 한 해 풍년이 들면 다음해는 흉년이 드는 것인데, 해마다 풍년이 들기를 바라는 인간의 욕심에서 그 같은 상처를 낸 것이다. 숲속에서 항아리처럼 생긴 상처가 있는 상수리를 보면 인간의 이기심과 나무의 괴로움이 동시에 느껴진다.

생태상식 7 나무는 왜 죽을까?

모든 생명은 결국 죽게 마련이다. 사고나 병, 수명이 다해서 죽을 수도 있다. 나무는 수명이 다하기보다는 병충해가 원인이 되어 죽는 경우가 많다. 하늘소가 산란하기 위해 나무를 뚫고 들어오면 그 틈으로 다른 세균이 침입하고, 버섯이 자라기도 하고, 점점 약해지면 다른 곤충들이 더 많이 몰려온다. 곤충을 먹으려는 딱따구리도 올 것이고, 악순환이 계속되어 결국 죽음에 이른다. 하지만 나무가 죽어간다는 표현은 적합하지 않다. 나무는 95% 정도가 죽은 조직이다.

300살짜리 나무가 있다고 할 때 그 나무는 한 살이 된 마지막 부름켜를 제외하고 나이테 299개가 생성된 지점은 죽은 조직이다. 나무는 이런 방식으로 죽을 때까지 계속 자라지만 끝없이 자라진 않는다. 나이가 많고 나무가 커질수록 더 많은 생장물이 필요하다. 물과 양분을 먼 가지 끝까지 보내야 하고, 병충해 방지를 위해 상처가 생기면 멀리 양분을 보내서 치료해야 한다. 결국 시간이 지날수록 나무도 늙고 죽는 것이다.

오래된 숲에서 쓰러지는 나무는 연간 1ha(1만 m^2)당 1.2그루라고 한다. 그 나무는 죽어서도 곤충을 키우거나 땅을 비옥하게 해줄 것이다. 죽은 나무가 어느 정도 있는 것이 건강한 숲의 모습이다.

생태상식 8 나뭇잎의 수명

나뭇잎은 일반적으로 풀잎보다 수명이 길다. 풀은 한해살이가 많고, 여러해살이라 해도 겨울이 다가오면 대개 시들어버린다. 나무 중엔 상록활엽수나 침엽수 잎의 수명이 길다. 낙엽활엽수나 메타세쿼이아 같은 침엽수 잎의 수명은 6개월 정도고, 소나무나 잣나무는 2년 6개월 정도다. 주목은 2년에서 7년까지도 같은 잎이 붙어 있는 경우가 있다. 잎의 수명이 왜 다른지는 아직 알 수 없지만, 잎의 수명이 짧을수록 광합성 효율이 높다고 한다. 또 같은 나무라도 음지에서 자라는 나무가 수명이 길고, 광합성 양은 적은 것으로 나타났다.

생태상식 9 죽은 나무는 죽음으로 숲의 생명을 키워낸다

숲의 유산은 죽은 나무다. 죽은 나무 곁에서 새롭게 싹을 틔우는 것들도 있다. 큰 나무가 죽어야 비로소 빛을 보고 새롭게 싹을 틔우는 것들도 많다. 죽었지만 죽은 것이 아니라 영원히 사는 것이다.

우리나라에서는 죽은 나무로 장승을 만들었다. 장승은 뿌리 부분이 위로 가게 세운다. 평생 땅속에 있었기 때문에 죽은 뒤에는 위로 나와서 지내라는 배려다. 죽은 나무도 또다시 살아간다는 의미가 있어서 죽음이 곧 새로운 삶임을 나타내는 것이라고 여겨진다.

생태상식 10 곤충과 먹이식물

특정한 식물만 먹는 곤충들이 있다. 그들에게 그 식물이 절대적이다. 식물이 기후 변화로 사라지거나 개발, 제초제 사용 등 사람 때문에 죽는다면 그 곤충도 함께 사라진다.

* 곤충과 먹이식물의 예
누에 – 뽕나무
큰광대노린재 – 회양목 열매 즙
버들잎벌레 – 버드나무류
오리나무잎벌레 – 오리나무(물오리나무)
개나리잎벌 – 개나리
줄허리들명나방 – 대나무
창나방 – 참나무류
뒤흰띠알락나방 – 노린재나무

풀

풀이라고 하면 나무가 아닌 식물 중 버섯이나 이끼 종류를 뺀 것을 말한다. 풀은 크지 않으면서도 나무 못지않게 광합성과 숲속 내부 기후 변화에 영향을 준다. 종류도 나무보다 풀이 훨씬 다양하고, 개체도 많다. 숲속 빈 공간마다 풀이 초록의 여백을 채워주고 있다. 풀이 있기에 나무가 있고, 숲이 있는 것이다. 숲의 시작은 바로 땅바닥에 있는 풀이다.

3-2-1 풀과 나무는 뭐가 다를까?

목적 : 겉모양만으로 풀과 나무를 구별해본다.
대상 : 초등학생 이상
장소 : 풀과 나무가 많은 숲

1. 풀과 나무가 같이 자라는 곳에서 진행한다.
   - 풀과 나무는 뭐가 달라요?

2. 풀하고 나무를 구별해보기로 한다.
   - 풀과 나무를 눈으로 구별해볼까?

3. 숫자가 적힌 A4 용지 가운데를 네모나게 잘라 종이 액자를 만든다.
   - 번호대로 나무인지 풀인지 맞혀보자.

4. 액자를 통해 천천히 관찰하고 나무인지 풀인지 구별해본다.
   - 나무와 풀이 헷갈릴 줄이야…
   - 이건 당연 나무지.
   - 얜 풀이지.

5. 구별한 내용을 점검하면서 풀과 나무의 다른 점을 설명하고 마친다.
   - 나무와 풀은 눈으로 보기에도 다르지만, 결정적으로 나무에는 겨울눈이 있지만 풀에는 없다는 게 다르단다.

진행을 위한 팁
- A4 용지가 아니어도 좋다. 색깔이 까만색이어도 된다. 단 액자에 번호를 꼭 적어야 한다.
- 이왕이면 풀인지 나무인지 명확하지 않은 식물에 종이 액자를 걸어둔다. 물론 걸어놓을 때는 겨울눈이나 엽흔 등 특징을 찾아낼 수 있는 것이어야 한다.
- 풀과 나무를 구별하는 방법은 수업을 마친 후 정리하면서 진행하는 게 좋다. 하지만 미리 간단히 학습하고 진행해도 큰 무리는 없다.

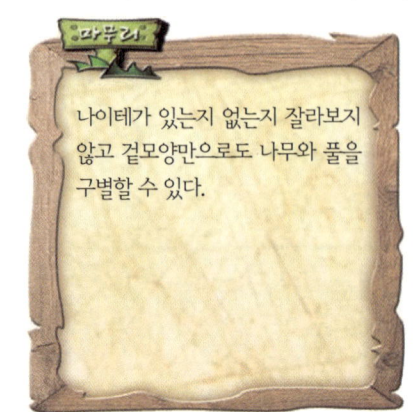

마무리

나이테가 있는지 없는지 잘라보지 않고 겉모양만으로도 나무와 풀을 구별할 수 있다.

생태 상식 11 ☞ 110쪽

3-2-2 풀은 왜 키가 작을까?

목적: 키가 작은 풀이 키 큰 나무보다 꽃을 먼저 피우는 까닭을 알아본다.
대상: 초등학생 이상
장소: 어느 곳이나

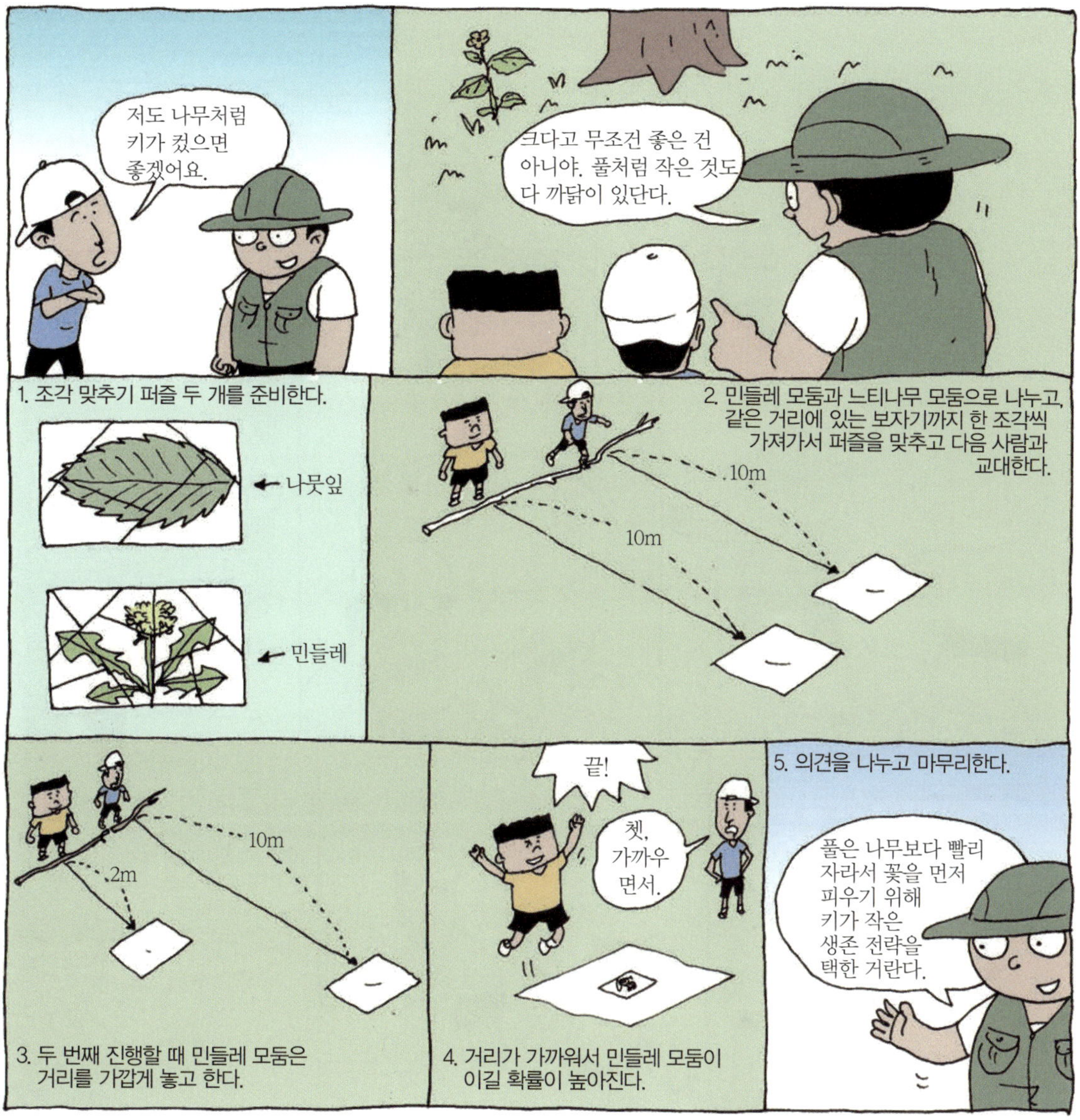

1. 조각 맞추기 퍼즐 두 개를 준비한다. (나뭇잎, 민들레)
2. 민들레 모둠과 느티나무 모둠으로 나누고, 같은 거리에 있는 보자기까지 한 조각씩 가져가서 퍼즐을 맞추고 다음 사람과 교대한다.
3. 두 번째 진행할 때 민들레 모둠은 거리를 가깝게 놓고 한다.
4. 거리가 가까워서 민들레 모둠이 이길 확률이 높아진다.
5. 의견을 나누고 마무리한다.

풀은 나무보다 빨리 자라서 꽃을 먼저 피우기 위해 키가 작은 생존 전략을 택한 거란다.

진행을 위한 팁

- 느티나무보다 민들레 퍼즐 조각의 개수가 많게 한다.
- 게임하기 전에 퍼즐을 맞춰서 눈에 익힌 다음 하는 게 좋다.
- 돌탑 쌓기나 나무 나이테 퍼즐 맞추기 등 다른 놀이로 진행해도 된다. 이때 퍼즐 난도는 풀이 더 높아야 한다. 퍼즐 내용은 어렵고, 거리는 가깝게 조절해야 놀이의 의미가 전달된다.

풀들은 작은 키로 살아가기 위해 꽃을 일찍 피우는 나름의 전략을 생각한 것이다. 전략에 따라 키가 작아졌을 수도 있다.

생태 상식 12 ☞ 110쪽

3-2-3 어느 풀일까?

목적: 풀을 자세히 관찰하고 특징을 파악한다.
대상: 초등학생 이상
장소: 풀이 많은 곳

1. 풀 맞히기 놀이를 해보기로 한다.
   - 완전 풀밭이네요.
   - 우리 풀 맞히기 놀이 할까?
   - 네!

2. 각자 풀을 하나씩 정한다.
   - 마음에 드는 걸 하나 골라서 자세히 관찰해.

3. 풀의 특징을 자세히 관찰한다.
   - 잎이 돌아가면서 나고 모양은 뾰족하고…

4. 제자리로 부른다.
   - 자, 이제 모이자. 아직 어느 풀인지 말하지 말고.

5. 둘씩 짝을 지어 자기가 관찰한 풀에 대해 설명해준다.
   - 이름이나 위치는 빼고 생김새만 설명해.
   - 뾰족한 잎이…

6. 짝이 설명한 풀을 찾아온다.
   - 잎이 뾰족하다 그랬지? 이건가?

7. 제대로 찾았는지 확인하고 마무리한다.
   - 자세히 관찰하고, 관찰한 것을 표현하는 데 좋은 놀이죠.

진행을 위한 팁

- 식물 그리기를 할 때 자세히 보고 그리는 과정을 귀찮아하거나 지루해할 수 있기 때문에 관찰을 유도하는 프로그램이다.
- 풀을 몇 개 보고 나서 그중 한 개를 골라 특징을 설명한다. 하나만 유심히 바라보고 나서 놀이를 하면 너무 쉽게 정답을 맞힌다.
- 정확히 그 자리가 아니라 같은 종류 풀을 찾으면 정답으로 처리한다.

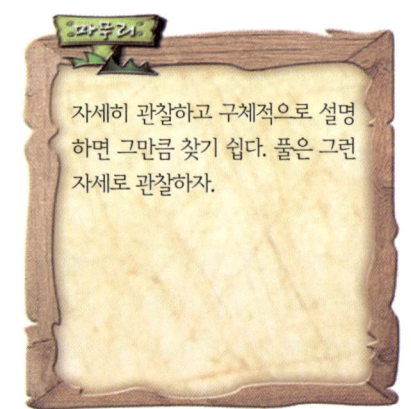

자세히 관찰하고 구체적으로 설명하면 그만큼 찾기 쉽다. 풀은 그런 자세로 관찰하자.

3-2-4 땅을 뒤덮어라

목적: 놀이를 통해 풀의 생태적 지위를 이해한다.
대상: 7세 이상
장소: 자연물이 많은 곳

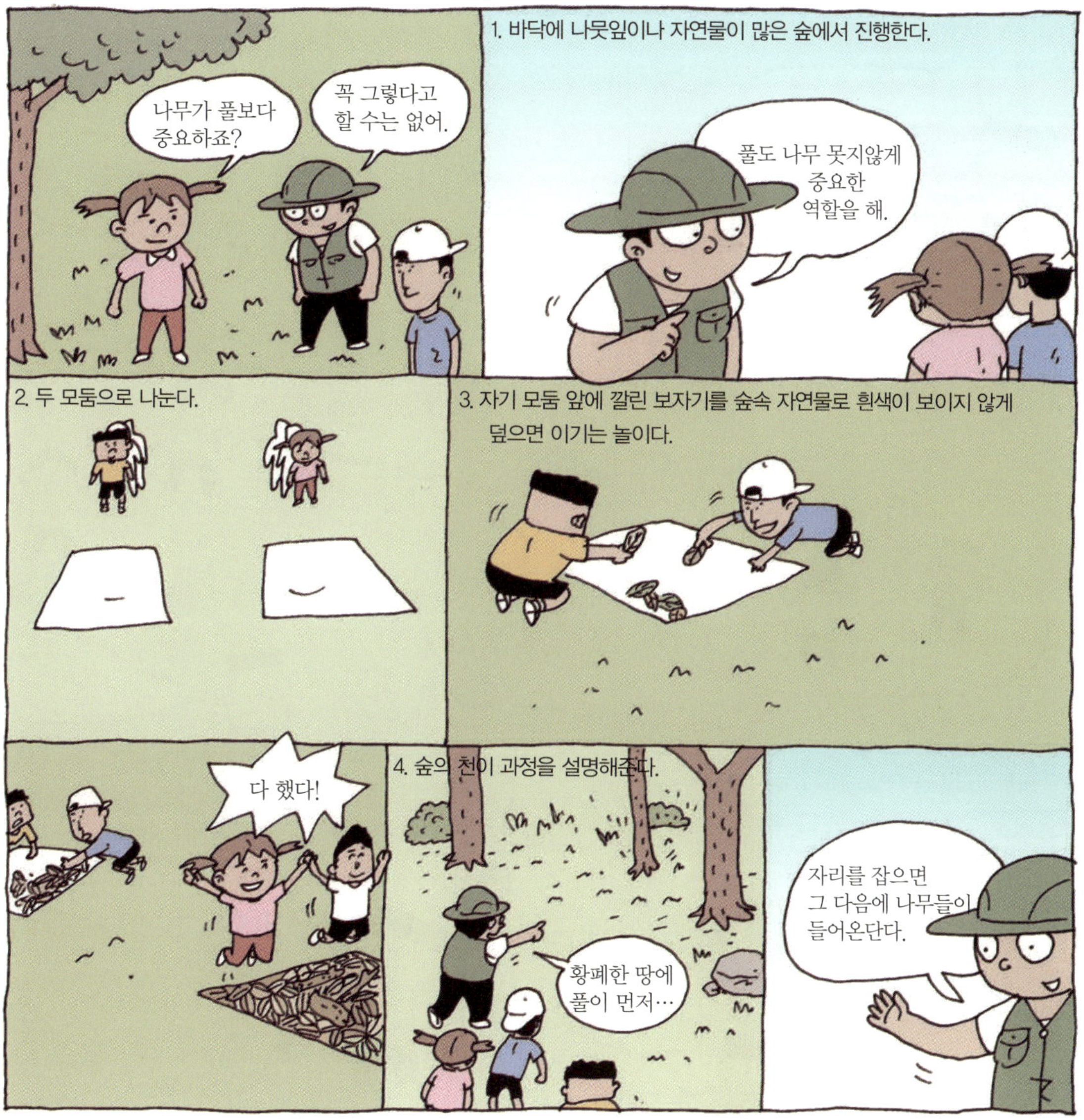

1. 바닥에 나뭇잎이나 자연물이 많은 숲에서 진행한다.
2. 두 모둠으로 나눈다.
3. 자기 모둠 앞에 깔린 보자기를 숲속 자연물로 흰색이 보이지 않게 덮으면 이기는 놀이다.
4. 숲의 천이 과정을 설명해준다.

진행을 위한 팁
- 풀잎을 따서 덮으면 설득력 있겠지만 풀은 살아 있는 것이므로 낙엽이나 나뭇가지로 대신한다.
- 다 덮은 팀은 나무를 주워 와서 위에 세우고 모둠원들이 나무를 잡고 있어도 된다.
- 나무가 될 사람을 한 명 정하고, 보자기를 다 덮은 뒤 그 사람이 일어나서 나무처럼 팔을 펴고 서면 상징성이 있어 좋다.

풀이 땅을 덮어야 이후에 나무가 와서 안정되게 살 수 있다.

생태 상식 13 → 110쪽

3-2-5 뿌리뱅이의 겨울나기

목적: 밧줄 놀이를 통해 로제트식물의 겨울나기 전략을 이해한다.
대상: 7세 이상
장소: 어느 곳이나

진행을 위한 팁
- 끈을 무릎 높이 정도로 해야 바닥에 엎드리듯이 해 재미있다.
- 공을 여러 개로 하거나, 공 대신 자연물(열매)로 해도 좋다.
- 참가자가 유아일 때는 공(햇빛) 없이 끈(추위)만 이용한다.

로제트식물은 추운 겨울을 나기 위해 자세를 낮추고, 햇빛을 잘 받기 위해 옆으로 넓게 퍼진다. 살기 위한 전략을 상황에 맞게 구사하는 것이다.

생태 상식 14 ☞ 110쪽

3-2-6 농부와 바랭이

목적: 우리가 잡초라고 부르는 풀들의 뛰어난 번식 전략을 이해한다.
대상: 초등학생 이상
장소: 어느 곳이나

1. 바랭이 등 흔히 잡초라고 부르는 풀이 많은 곳에서 진행한다.
   - 풀 천지네요.
   - 바랭이 천지지.
   - 잡초라고 하는 풀이 많은 까닭을 알아볼까?

2. 바랭이와 농부가 될 사람을 한 명씩 뽑는다.
   - 자원자 누구?
   - 저요!
   - 저요!

3. 나머지 인원은 모두 앉는다.
   - 앉았다가 바랭이가 손을 대면 또 다른 바랭이가 되는 거야.

4. 바랭이가 되면 일어나서 돌아다닐 수 있다.
   - 나도 바랭이?

5. 농부 손이 닿으면 바랭이는 다시 앉는다.
   - 에고 힘들다!
   - 너도 바랭이.
   - 아싸!

6. 느낌을 나누고 마무리한다.
   - 농부가 도저히….
   - 힘들지? 실제로 풀들의 번식 전략은 아주 뛰어나단다.

진행을 위한 팁
- 놀이를 시작하기 전에 뿔뿔이 흩어져 앉게 해야 진행이 원활하다.
- 바랭이의 번식력이 강해서 제초제를 만들어야 한다거나, 그래서 방제가 필요하다는 생각으로 흐르지 않도록 한다. 생명력이 강한 풀들이 있기에 건강한 숲도 있는 것이라고 얘기를 이끌어간다.

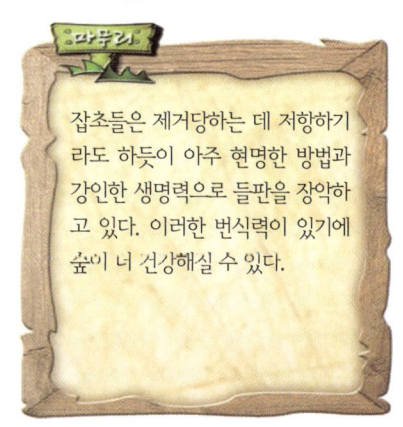

마무리

잡초들은 제거당하는 데 저항하기라도 하듯이 아주 현명한 방법과 강인한 생명력으로 들판을 장악하고 있다. 이러한 번식력이 있기에 숲이 더 건강해질 수 있다.

생태 상식 15 → 110쪽

3-2-7 풀밭이 약국

목적: 풀은 중요한 약이 될 뿐만 아니라 여러 가지로 인간에게 도움을 준다는 것을 안다.
대상: 초등학생 이상
장소: 풀이 많은 곳

1. 현장 답사를 해서 그곳에 있는 풀을 미리 조사한다.
   - 여기 고마리도 있고….

2. 풀잎 모양과 각 풀들이 어느 질환에 좋은지 찾아서 카드를 만든다.
   - 두통 / 소화불량 / 출혈

3. 현장에 나가서 수업을 시작한다.
   - 우리 약방 놀이 할까?
   - 약방 놀이요?

4. 환자를 한 명 뽑는다.
   - 치료받을 환자가 한 명 필요한데.
   - 저요!

5. 환자는 준비된 카드를 각 부위에 붙인다.

6. 잎 모양과 같은 잎을 주변에서 찾아오게 한다.
   - 환자가 두통이 심하네. 우리 환자를 치료할 풀을 찾아오자.

7. 카드에 나오는 잎을 주변에서 찾아본다.
   - 저건가?

8. 찾아온 것을 카드와 비교해보고 맞으면 카드에 붙인다.
   - 여기요!
   - 다른데?

9. 모두 다 맞히면 치료가 끝난다.
   - 풀들은 대부분 약으로 쓰인단다. 쓸모없는 것은 없는 것처럼.

진행을 위한 팁

- 풀들 중에 약효가 있는 것을 미리 조사해서 잎 모양을 출력해놓는다.
- 환자 대신 사람 모양 그림을 크게 그려서 진행해도 된다.
- 바랭이, 환삼덩굴, 명아주, 강아지풀, 여뀌, 닭의장풀 등 이왕이면 아무데서나 볼 수 있는 풀로 하는 게 좋다.
- 아무거나 막무가내로 뜯지 않도록 주의를 준다.
- 모둠별로 환자, 약초꾼, 한의사를 뽑아서 놀이를 진행해도 재미있다.

마무리

쓸모없고 귀찮게만 여기던 풀도 아픈 사람을 치료하는 약으로 사용된다. 쓸모없다는 것은 쓸 곳을 찾지 못했다는 말이다.

생태 상식 16 ☞ 110쪽

3-2-8 풀을 찾아라

목적: 풀 한 포기에도 수많은 생명이 관련되어 있음을 이해한다.
대상: 초등학생 이상
장소: 어느 곳이나

진행을 위한 팁
- 단계별로 점수를 다르게 한다.
  (예: 첫 번째 농부가 풀을 뽑으면 100점, 두 번째 농부가 뽑으면 80점, 세 번째 농부가 뽑으면 50점 등)
- 농부는 풀을 아무렇게나 뽑지 않고, 풀 모둠에게 일일이 말을 걸어보고 찾는다.
- 풀 한 포기가 뽑히면 거기에 딸린 수많은 곤충의 생명에 위협이 된다는 것을 인식하게 한다.

풀 한 포기에도 생태계가 있다는 것을 알 수 있다.

3-2-9 나무가 되고 싶어

목적: 대나무나 갈대처럼 키가 크고 단단해서 나무와 비슷한 풀들의 생존 전략을 이해한다.
대상: 7세 이상
장소: 어느 곳이나

1. 대나무나 갈대가 있는 곳에서 진행한다.
   - 키가 엄청 크네요.
   - 대나무잖니.
   - 그런데 대나무는 나무일까, 풀일까?
   - 당연히 나무죠. 이름이 대나무잖아요.

2. 두 모둠으로 나눠서 놀이를 진행한다.
   - 대나무는 나무를 닮은 풀이란다.

3. 두루마리 휴지 심을 두 모둠에 고루 나눠준다.
   - 이렇게 끼우면 더 길게 할 수 있어.

4. 휴지 심으로 나뭇가지를 길게 잇는 놀이다.
   - 나무 저기 있다.
   - 알았어.

5. 쓰러지지 않고 높이 올리는 모둠이 이긴다.
   - 진짜 높다!
   - 우리가 더 높아!
   - 한번 재보자.

6. 의견을 나누고 마무리한다.
   - 대나무나 갈대는 키를 크게 하려고 속을 비웠어. 그래서 부러지기 쉬운 걸 막기 위해 마디를 만들었단다.
   - 머리 참 좋다!

진행을 위한 팁
- 이왕이면 대나무나 갈대, 호장근 등이 있는 곳에서 한다.
- 키가 크고자 하는 전략 외에, 마디가 있으면 부러져도 마디 부분이 부러져서 손실이 적다는 장점을 알려준다.

마무리
식물은 제각기 삶의 방식에 맞게 전략을 개발해서 자란다.

생태 상식 17 ☞ 111쪽

3-2-10 누가 이길까?

목적 : 외래종 식물이 번식할 수 있는 까닭은 척박한 토양 때문이다. 식물의 삶은 서식지와 관련이 있음을 이해한다.
대상 : 7세 이상
장소 : 어느 곳이나

1. 토종 민들레 모둠과 서양 민들레 모둠으로 나눠 마주 보고 선다.
2. 한 명씩 뒤로 돌아 엉덩이 치기를 한다.
3. 발을 움직인 사람이 진다. — 어어~!
4. 진 사람은 이긴 모둠으로 가서 그쪽 모둠원이 된다. — 이제 우리 편!
5. 한 명도 남지 않을 때까지 계속한다. — 마지막이다.
6. 승부가 나지 않으면 서양 민들레는 다리를 벌리고, 토종 민들레는 다리를 오므리게 한다. — 유리하다.
7. 서양 민들레 모둠이 이길 확률이 높아진다. — 너무 불리해!
8. 마무리한다. — 외래종은 척박한 땅에서도 잘 자라 토종 식물을 위협한단다.

진행을 위한 팁

- 일단 핸디캡 없이 진행해본다. 그러다가 승부가 잘 나지 않으면 한쪽 모둠에 핸디캡을 주는 것이다. 서양 민들레 등 외래종은 척박한 땅에서도 잘 자라고 번식력이 강하지만, 토종 식물은 척박한 곳에선 자라기 어렵고 번식력도 강하지 않다. 그러므로 핸디캡이 있는 것이나 마찬가지다.
- 엉덩이 치기 대신 손바닥 치기나 다른 놀이로 진행해도 좋다.
- 외래종의 피해 사례 등을 얘기해보고, 근본적인 대책이 무엇인지 토론한다.

마무리

강한 것이 일방적으로 침입하면 토종의 씨를 말릴 수도 있다. 그런 것을 막기 위해 토종이 잘 살 수 있는 환경을 만들어야 한다.

생태 상식 11 풀과 나무의 다른 점 눈으로 구별하기

대나무는 나무일까, 아닐까? 이름에 '나무'가 붙어 나무로 생각하기 쉽다. 하지만 대나무는 풀이다. 그럼 나무와 풀의 다른 점은 무엇일까? 학문적 분류가 아니라 누구나 간단히 구별하는 방법이 있다.

첫째, 키다. 풀 가운데 키가 큰 대나무, 왕호장근, 해바라기 등도 있지만 대개 나무보다는 크지 않다.

둘째, 목질부다. 나무에 있는 목질부가 풀에는 없다. 따라서 풀은 나무와 달리 줄기가 녹색을 띤다.

셋째, 겨울눈이다. 잎겨드랑이에 겨울눈이 있으면 나무고, 없으면 풀이다. 풀 중에 간혹 눈처럼 보이는 것도 있으나 그것은 겨울눈이 아니라 새로운 잎이 나올 눈이다.

생태 상식 12 나무와 다른 풀의 번식 전략

숲속에 난 풀은 이른 봄, 나무에 잎이 나기 전이나 나무에 꽃이 피기 전에 꽃을 피운다. 나뭇잎이 나기 전에는 햇빛을 더 많이 받을 수 있을 뿐만 아니라, 봄을 맞아 활동을 시작하는 곤충을 나무보다 먼저 부를 수 있기 때문이다. 나무보다 부지런한 것이 풀의 번식 전략인 셈이다.

나무 중에도 잎을 내기 전에 꽃을 피우는 것들이 있다. 매화나무, 살구나무, 벚나무 등인데, 이는 잎이 우거지면 꽃가루를 멀리 보내기 어려워지기 때문에 꽃부터 피워 더 많이 번식하려는 전략이다.

생태 상식 13 건강한 숲을 만드는 풀

산불이 나면 나무들이 모두 타 죽는다. 이때 산에 나무를 다시 심기도 하지만, 자연스럽게 복원되도록 두기도 한다. 최근에는 자연 복원이 되도록 하는 경우가 많다. 민둥산을 그냥 자연에 맡겨도 의외로 빨리 복원되기 때문이다.

산불로 모두 타버린 산에 처음에는 이끼나 고사리가 조금씩 나다가 풀들이 들어선다. 그 다음에 키 작은 나무, 키 큰 나무가 차례로 들어서 다시 숲이 우거진다. 나무가 들어서기 전에 풀이 흙을 기름지게 하면 나무들이 들어와 숲이 되는 것이다. 풀은 건강한 숲을 만드는 부지런한 일꾼이다.

생태 상식 14 로제트식물 이야기

냉이, 황새냉이, 달맞이꽃, 뽀리뱅이, 애기똥풀 등처럼 가을에 싹이 돋아 겨울을 나고 이듬해 봄에 일찍 꽃을 피우고 곤충을 불러 열매를 맺는 식물들이 있다. 겨울을 날 때 바닥에 붙어 난 뿌리잎의 모양이 장미와 비슷하다고 하여 로제트식물이라고 한다.

보통 풀들은 겨울을 나지 못하고 지상부가 시들어 죽게 마련인데, 로제트식물은 어떻게 추운 겨울을 날 수 있을까? 그것은 바닥에 착 달라붙어 겨울바람을 이겨내고, 사방으로 빈틈없이 잎을 내서 햇빛을 잡아내기 때문이다. 털이 있는 경우도 많다.

그렇다면 로제트식물은 왜 추운 겨울을 날까? 이른 봄에 다른 식물들보다 빨리 꽃을 피워 가루받이를 일찍 끝내려는 속셈이다. 추운 겨울을 잘 견디고 준비하여 결실을 맺으려는 로제트식물의 방식에서 낮은 자세로 철저히 준비하는 삶의 지혜를 엿볼 수 있다.

생태 상식 15 바랭이의 번식 전략

잡초라고 부르는 풀들은 번식력이 아주 강하다. 특히 바랭이의 번식력이 대단하다. 옆으로 줄기를 뻗을 때 줄기가 땅에 닿으면 그 자리에 바로 새 뿌리가 나와서 다른 개체가 된다. 그러다 보니 한 포기에서 수십 포기로 금방 늘어난다. 딴꽃가루받이(타가수분)가 안 되면 바로 제꽃가루받이(자가수분)해서 씨앗도 만들어낸다. 위나 아래 어느 쪽으로든 유리한 번식 전략을 택했다. 강한 번식력은 한편으로 그만큼 위험이 많기 때문일 것이다. 인간들이 잡초로 여기고 뽑고, 제초제를 뿌리다 보니 생명력이 더욱 강해진 것은 아닐까? 이런 풀들의 강한 생명력이 숲을 건강하게 만들었다.

* 제꽃가루받이와 딴꽃가루받이에 대한 설명은 226쪽 참조

생태상식 16 잡초도 약초다

잡초를 쓸데없는 풀이라고 여기기 쉽다. 하지만 세상에 쓸데없는 것은 없다. 우리가 잡초라고 부르는 식물 중에도 병을 고치는 약용식물이 많다. 어쩌면 인간들이 무시하고 아무렇게나 취급하는 것에 대비해 강해지기 위한 식물들의 전략이 약효를 발휘하는 건 아닐까? 다음은 각 식물의 약효를 정리한 것이다.

- **고마리** – 잎을 비벼서 상처 부위에 붙이면 지혈제로 좋다.
- **짚신나물** – 대장염이나 설사 치료, 항암제로 쓰인다. 출혈을 멎게 하는 데도 효과가 있다.
- **냉이** – 위와 간을 튼튼하게 하고 눈을 밝게 하며, 기운이 나게 한다. 소화가 잘 되게 하고 소변이 잘 나오게 하며, 출혈을 멎게 하는 데 매우 효과적이다.
- **달맞이꽃** – 씨앗기름(種油)에 감마리놀렌산이 풍부해 콜레스테롤 수치를 낮추고 혈압을 떨어뜨리며, 특히 비만증 치료에 효과적인 것으로 알려졌다. 여드름이나 습진, 무좀 같은 피부 질환에 효험이 있고, 몸의 면역력을 길러주며, 암세포의 성장을 억제하는 효과도 있다.
- **민들레** – 열을 내리고 소변이 잘 나오게 하며, 염증을 없애고 위장을 튼튼하게 한다. 젖이 잘 나오게 하고 독을 풀며, 피를 맑게 한다.
- **수영** – 위궤양, 위하수, 소화불량 등 위장병을 치료하고, 위장 기능을 강화한다. 뿌리는 류머티즘 관절염에 특효다.
- **별꽃** – 위장을 튼튼하게 하고 혈액을 깨끗하게 하며, 젖이 잘 나오게 하고 맹장염을 치료한다. 오줌이 잘 나오게 하고, 충치에도 효과가 있다.
- **꼭두서니** – 뿌리가 신장과 방광의 결석을 녹이는 데 효과가 있다.
- **도꼬마리** – 축농증을 완화하고, 두통과 가벼운 중풍, 고혈압 등에 좋다.
- **까마중** – 염증을 없애고 항암 효과가 있다. 악성 종양, 만성 기관지염, 급성 신장염에도 쓴다.
- **질경이** – 이뇨 작용이 뛰어나 소변이 잘 나오게 한다. 해독, 변비, 천식, 백일해 등에 효과적이다.
- **쇠비름** – 각종 악창과 종기를 치료하는 데 효과가 있다.

생태상식 17 대나무의 전략

대나무, 왕호장근, 갈대, 바랭이 등 마디를 만드는 식물은 대부분 키가 큰 풀이다. 그중에서 나무와 비교해도 손색이 없는 대나무의 전략은 대단하다.

강한 바람에 부러지지 않기 위해 속을 비웠다. 속을 비우니 키가 크기 어렵다. 그래서 택한 전략이 마디를 만드는 것이다. 마디가 있기 때문에 강한 바람에 부러지더라도 마디 부분이 부러져 그 아래는 보존할 수 있다. 그 지점에서 새싹을 내기도 한다. 바람에 강하고 키도 클 수 있고, 만일의 경우 피해를 최소화하는 전략이다.

곤충과 거미

지구상의 동물 중 곤충이 차지하는 비중은 70% 이상이다. 가히 지구를 곤충의 행성이라고 할 만하다. 곤충이 이렇게 번성하는 것은 그들의 생존 전략이 뛰어나기 때문이다. 곤충이 없다면 어떻게 될까? 아마도 새를 비롯한 수많은 동물들이 굶어 죽을 것이다. 또 지구가 수많은 동물들의 사체와 배설물로 넘쳐날 것이다. 곤충은 먹이사슬에서 상위 포식자의 먹이가 되어 생태계를 유지하는 데 중요한 고리일 뿐만 아니라 분해자로서도 그 역할을 다하고 있다.

생태는 조금 다르지만 거미의 생태적 지위도 곤충과 크게 다르지 않다. 사마귀나 잠자리처럼 육식 곤충의 지위에 해당한다고 할 수 있다. 그물을 이용해 먹이를 잡는 생물은 거미가 유일하며, 날개가 없는데 주로 공중에서 생활하는 생물 역시 드물다.

최근에는 섬유를 비롯해 여러 산업에서 거미줄을 사용하고 있다. 이외에도 거미는 인간에게 많은 도움을 준다. 거미가 주로 잡아먹는 것이 곤충류고, 우리가 흔히 말하는 해충이 많기 때문에 해충 구제 효과가 뛰어나다. 농약을 사용하지 않고 거미만으로도 75%에 달하는 해충 구제 효과가 있다고 한다.

3-3-1 몸으로 하는 실뜨기

목적 : 실뜨기 놀이를 통해 거미가 되어보는 간접 체험을 한다.
대상 : 7세 이상
장소 : 어느 곳이나

진행을 위한 팁
- 참가자들이 유아일 땐 실뜨기가 어려울 수 있으므로 동그라미나 세모, 별 등 도형 만들기를 해도 좋다.
- 모둠을 나누어 어느 모둠이 망가지지 않고 다음 단계로 많이 갔는지 겨뤄본다.
- 밧줄이 넉넉하다면 실뜨기 놀이 후 거미줄 치기를 해본다. 이 경우 안내자가 거미줄을 어떤 방식으로 치는지 간단히 가르쳐준 다음 진행한다.

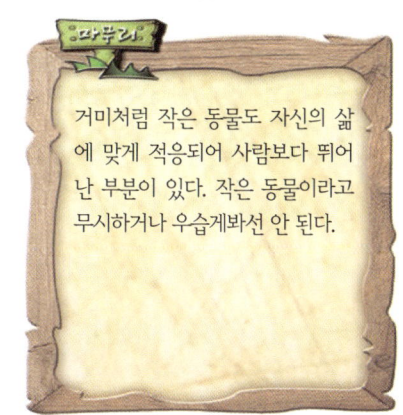

마무리
거미처럼 작은 동물도 자신의 삶에 맞게 적응되어 사람보다 뛰어난 부분이 있다. 작은 동물이라고 무시하거나 우습게봐선 안 된다.

3-3-2 먹이를 찾아서 ①

목적: 간단한 놀이를 통해 거미줄의 특성을 알아본다.
대상: 7세 이상
장소: 통나무가 많은 곳

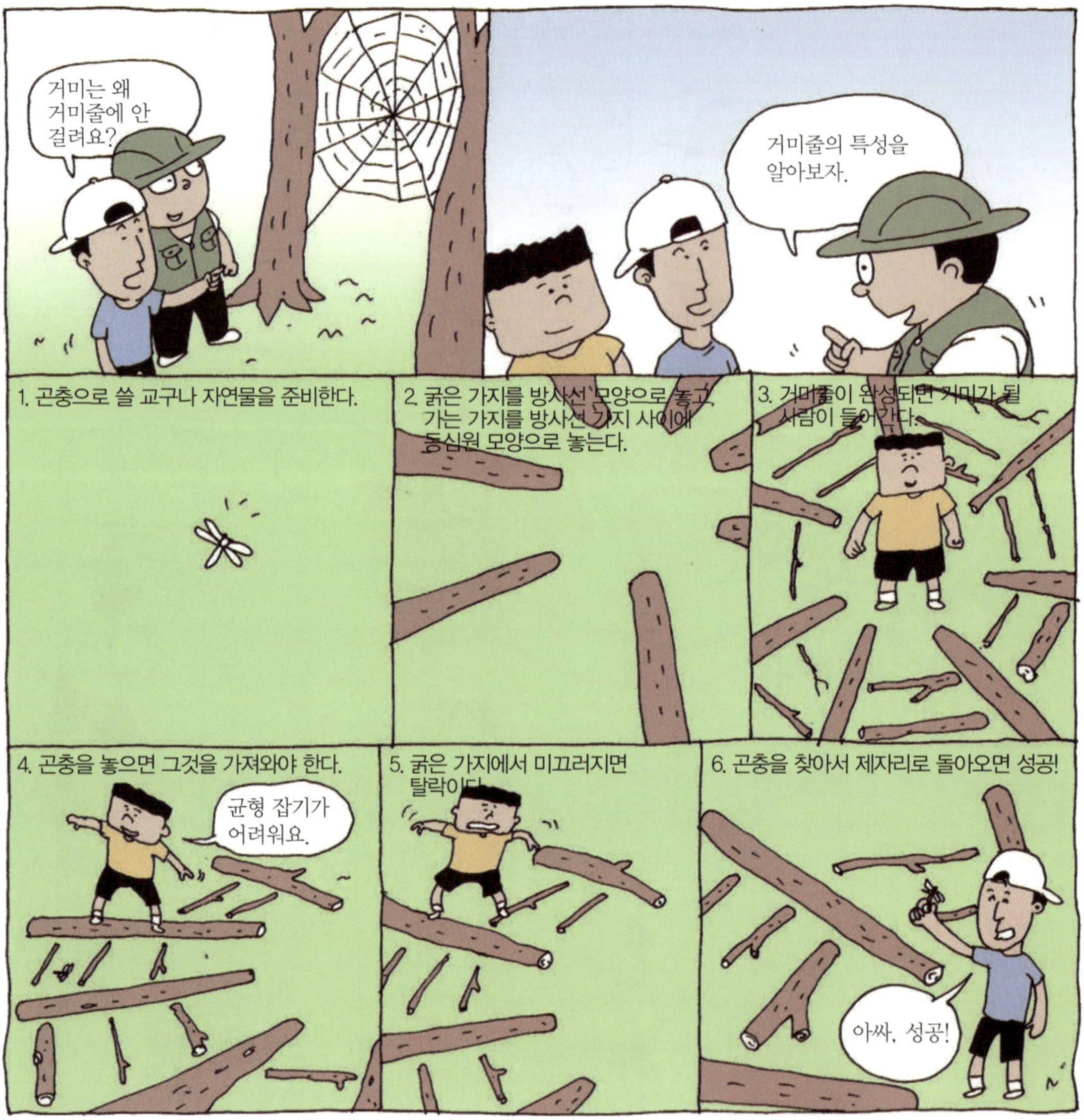

진행을 위한 팁
- 모든 거미가 거미줄을 치는 건 아니라는 얘기도 해줘야 한다.
- 나무가 많지 않으면 하나로만 진행해도 된다. 세로줄을 하나로 만들고 양옆에 가로줄을 만들어 진행하면 된다.
- 거미줄의 특성에 대해 좀더 얘기해주면 좋다.

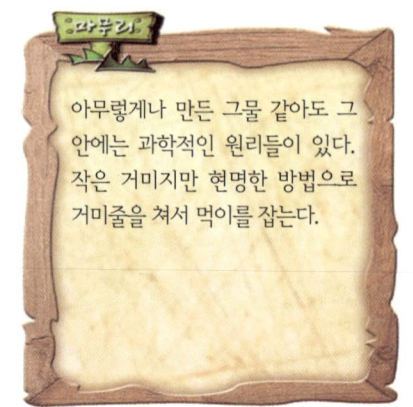

아무렇게나 만든 그물 같아도 그 안에는 과학적인 원리들이 있다. 작은 거미지만 현명한 방법으로 거미줄을 쳐서 먹이를 잡는다.

3-3-3 먹이를 찾아서 ② – 신호줄 놀이

목적 : 거미의 뛰어난 촉각에 대해 알아본다.
대상 : 7세 이상
장소 : 어느 곳이나

1. 술래(거미)를 한 명 뽑고 나머지는 곤충이 된다.
   거미 →

2. 나무와 나무 사이에 줄을 팽팽하게 묶는다.

3. 세 줄 이상 묶는 게 좋다.

4. 거미는 눈을 가리고 줄을 묶은 나무 곁에 선다.

5. 차례로 곤충이 되어 줄을 흔들게 한다.
   "줄이 흔들리는데."
   "열 셀 동안 못 잡으면 곤충이 도망간다."

6. 잡힌 곤충은 술래가 된다.
   "잡았다!"
   "거미는 예민한 다리 감각으로 먹이가 줄에 걸린 걸 알아차리죠."

진행을 위한 팁
- 신호줄은 여러 개로 할 수 있다. 장소에 따라 개수를 늘려도 좋다.
- 거미가 세는 숫자는 안내자가 참가자의 연령대를 보고 판단한다.
- 줄을 잡고 흔드는 동안 소리는 내지 말고, 진동으로 알아차릴 수 있도록 한다.
- 줄의 길이나 느슨하고 팽팽한 정도를 조절해서 진행해본다.

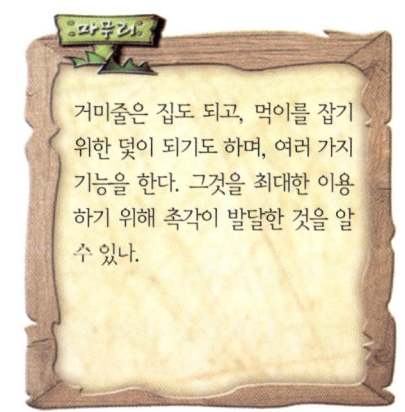

마무리

거미줄은 집도 되고, 먹이를 잡기 위한 덫이 되기도 하며, 여러 가지 기능을 한다. 그것을 최대한 이용하기 위해 촉각이 발달한 것을 알 수 있다.

생태 상식 20 128쪽

3-3-4 거미도 날아요

목적 : 거미가 거미줄을 치거나 이동할 때 거미줄을 날려서 이동한다는 것을 안다.
대상 : 7세 이상
장소 : 어느 곳이나

1. 실을 같은 길이로 인원에 맞게 잘라서 나눠준다.

거미가 하늘을 날 수 있을까?

2. 같은 지점에서 동시에 실을 날려본다.

3. 바람이 불 때 실을 놓으면 날아간다.

4. 멀리 날린 사람이 이기는 놀이다.

에이, 안 날아가네…

멀리멀리 날아라!

거미도 줄을 이용해 바람을 타고 날아서 이동한답니다.

진행을 위한 팁
- 가급적 가느다란 실을 준비한다.
- 바람이 세게 부는 날이면 실 끝에 거미 그림을 붙이고 날려보기도 한다.
- 적당한 위치에 동그라미를 그리고 그 안에 넣는 놀이를 해도 좋다.

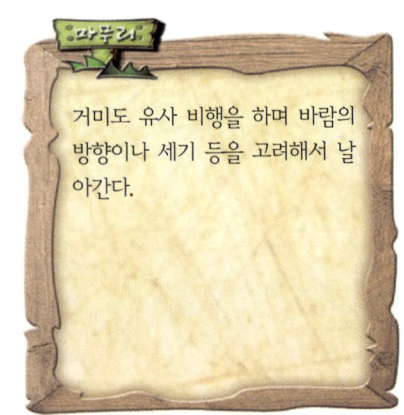

거미도 유사 비행을 하며 바람의 방향이나 세기 등을 고려해서 날아간다.

3-3-5 곤충 주사위 놀이

목적: 주사위 놀이를 통해 곤충의 특성을 이해한다.
대상: 7세 이상
장소: 어느 곳이나

진행을 위한 팁

- 순서에 따라 주사위를 다 던져도 곤충을 완성하지 못하는 경우에는 한 번씩 더 해 본다.
- 곤충 한 마리를 먼저 그리는 모둠이 승리하는 것으로 해도 좋고, 일정한 순번까지 던지기를 해서 곤충을 많이 그린 모둠이 승리하는 것으로 해도 된다.
- 주사위에 숫자 눈 대신 곤충의 각 부위를 그려 다른 종류의 보드 게임을 해도 재미있다.
- 곤충을 그리지 않는 자연물로 그려도 좋다. 예〉 나뭇잎-날개, 나뭇가지-다리, 열매-눈

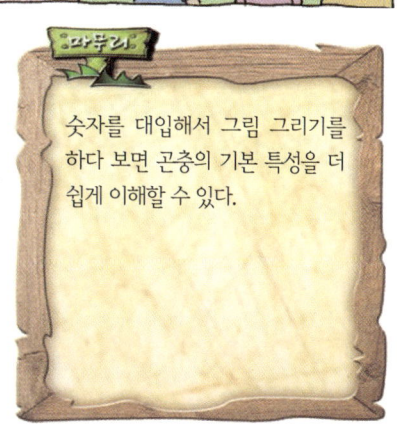

숫자를 대입해서 그림 그리기를 하다 보면 곤충의 기본 특성을 더 쉽게 이해할 수 있다.

3-3-6 곤충을 찾아라

목적 : 보호색의 개념을 이해한다.
대상 : 7세 이상
장소 : 풀숲이 있는 곳

1. 5cm 길이로 자른 한지 끈을 색깔별로 준비한다.
2. 끈을 곤충이라 하고, 두 모둠에 색깔과 개수를 똑같이 나눠준다.
3. 각 모둠은 자기 영역에 곤충을 숨긴다.
   - "이 선이 영역 표시야."
4. 숨길 때는 땅을 파고 묻거나 자연물로 눌러놓지 말고, 자연물 곁에 그대로 두면서 눈에 잘 띄지 않도록 한다.
5. 상대 모둠 영역에서 숨긴 곤충을 찾는다.
   - "아싸, 찾았다!"
   - "잘 안 보여."
6. 찾아온 곤충 수를 비교하고, 찾기 쉬울 때와 어려울 때를 비교하며 이야기해본다.
   - "찾기 어려워요."
   - "맞아요!"
7. 마무리한다.
   - "곤충은 주로 흙색, 초록색, 검은색이 많단다. 보호색을 띠는 거지."

진행을 위한 팁
- 곤충을 반드시 같은 개수로 나눠줘야 한다.
- 곤충을 숨길 때 땅에 묻거나 낙엽으로 덮지 않도록 주의를 준다.
- 찾지 못한 것들은 숨긴 사람이 찾게 해서 숲에 두고 가는 곤충 교구가 없도록 한다.

마무리

찾기 어려운 색들이 주로 곤충의 몸빛이다. 찾기 쉬운 빨간색은 경고색을 나타낸다.

생태 상식 21 ☞ 128쪽

3-3-7 서어나무와 장수하늘소

목적 : 서어나무와 장수하늘소의 관계를 이해한다.
대상 : 초등학생 이상
장소 : 어느 곳이나

1. 두 모둠으로 나눈다.
   - "장수하늘소에 대해 알아보는 놀이를 하자."

2. 사람 모둠과 장수하늘소 모둠으로 나눈다.
   - "사람이 콩주머니를 던져 장수하늘소를 맞히는 거야."
   - 콩주머니

3. 사람 모둠은 양쪽으로 서고, 장수하늘소 모둠은 장수하늘소와 서어나무로 둘씩 짝 지어 손잡고 선다.
   - 장수하늘소, 서어나무
   - "던져!"

4. 장수하늘소가 맞으면 장수하늘소만 탈락이다.
   - "아야!"
   - 장수하늘소, 서어나무

5. 서어나무가 맞으면 둘 다 탈락이다.
   - "아싸!" "헉!"
   - 서어나무, 장수하늘소

6. 혼자 남은 서어나무가 왕복 5회 살아남으면 장수하늘소가 살아난다.
   - "이 유연한 허리!"

7. 모둠을 바꿔서도 진행한다.
   - "오래된 서어나무가 있어야 장수하늘소가 살 수 있단다."

진행을 위한 팁
- 서어나무와 장수하늘소가 잡은 손을 놓으면 둘 다 탈락이다.
- 서어나무는 구별이 되도록 모자를 쓰거나 다른 표시를 해준다.
- 콩주머니를 잡을 수도 있다. 이때를 대비해 나름의 규칙을 정해둔다.
  (예 : 장수하늘소가 콩주머니를 잡으면 장수하늘소가 살아나고, 서어나무가 콩주머니를 잡으면 서어나무가 살아난다.)
- 두 모둠으로 나눠 진행할 경우 역할을 바꿔서 해본다. 이때 어느 모둠이 이기는지 알아보려면 일정한 시간 동안 살아남은 장수하늘소 숫자를 세서 판단한다.

마무리

서어나무 숲이 사라지면서 장수하늘소의 서식지가 사라져 개체가 더 줄었다. 숲이 다시 우거진다면 장수하늘소도 돌아올 것이다.

3-3-8 곤충은 왜 작아졌을까?

목적: 집게 가져오기 놀이를 통해 곤충이 작아진 원인을 알아본다.
대상: 7세 이상
장소: 어느 곳이나

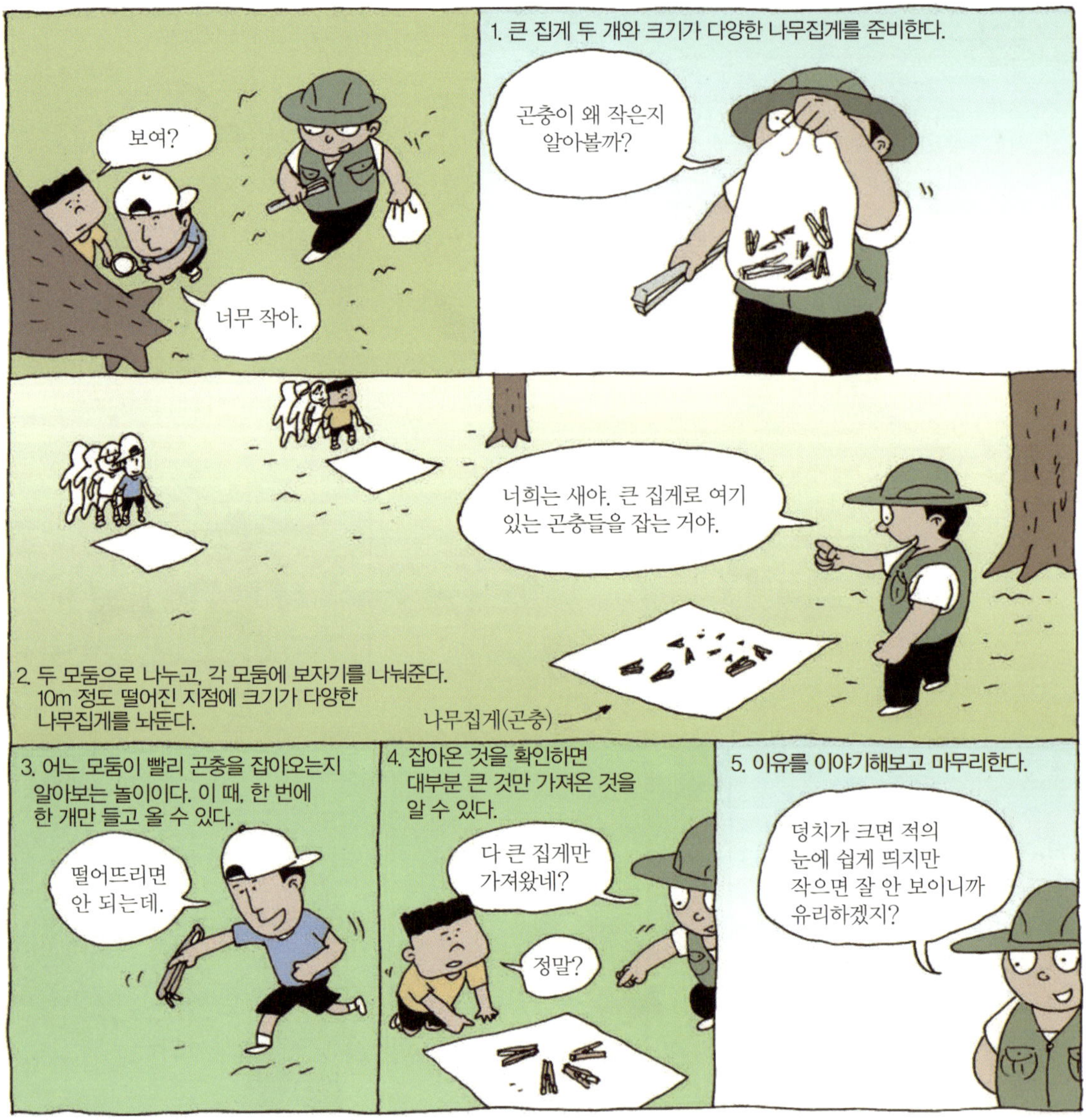

1. 큰 집게 두 개와 크기가 다양한 나무집게를 준비한다.

2. 두 모둠으로 나누고, 각 모둠에 보자기를 나눠준다. 10m 정도 떨어진 지점에 크기가 다양한 나무집게를 놔둔다.

3. 어느 모둠이 빨리 곤충을 잡아오는지 알아보는 놀이이다. 이 때, 한 번에 한 개만 들고 올 수 있다.

4. 잡아온 것을 확인하면 대부분 큰 것만 가져온 것을 알 수 있다.

5. 이유를 이야기해보고 마무리한다.

진행을 위한 팁
- 참가자가 어린아이이면 집게로 잡기 어려울 수도 있으니 손으로 집도록 한다.
- 나무집게가 아니라도 모양이 같고 크기가 다른 것을 준비하면 된다. 단 개수는 충분해야 한다. 인원이 10명이라면 큰 것을 10개 이상 준비해야 작은 것을 집는 경우가 줄어든다.

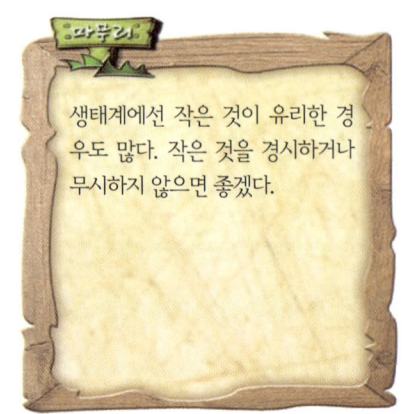

마무리

생태계에선 작은 것이 유리한 경우도 많다. 작은 것을 경시하거나 무시하지 않으면 좋겠다.

생태 상식 22 ☞128쪽

3-3-9 진딧물과 무당벌레

목적 : 곤충들의 상호 관계를 알아보고 생태를 이해한다.
대상 : 초등학생 이상
장소 : 어느 곳이나

진행을 위한 팁

- 각각의 숫자는 참가자에 맞게 비율을 조정한다(찔레 순 2, 진딧물 2, 무당벌레 1, 개미 1).
- 서로 견제하느라 움직이지 않는 경우도 있으므로 진딧물이 일정 시간 안에 찔레 순을 먹지 못하면 굶어 죽는 것으로 설정해야 활동성 있는 놀이가 전개된다.

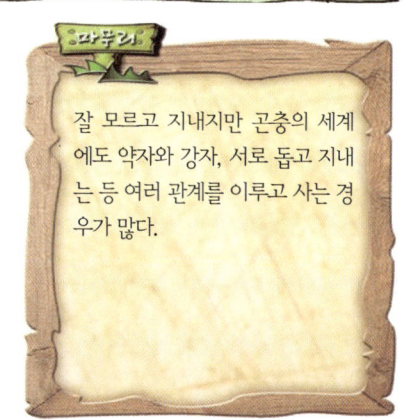

잘 모르고 지내지만 곤충의 세계에도 약자와 강자, 서로 돕고 지내는 등 여러 관계를 이루고 사는 경우가 많다.

생태 상식 23 129쪽

3-3-10 나 따라 하기

목적: 놀이를 통해 페로몬에 대해 이해할 수 있다.
대상: 초등학생 이상
장소: 어느 곳이나

1. 가위바위보로 1번부터 꼴찌까지 정한다.
   - 개미들은 어떻게 한 줄로 가는 거예요?
   - 개미처럼 앞사람 따라 하기 해볼까?

2. 1번은 출발해서 5m 정도 지날 때마다 어떤 행동을 하나씩 한다.
   - 만세!

3. 2번은 1번이 두 번째 동작을 할 때 첫 번째 동작을 따라 하는 식으로 뒤따라간다.

4. 다른 사람들도 앞사람 동작을 따라 하며 뒤따라간다.
   - 짱구 춤?
   - 나뭇잎?
   - 허수아비?
   - 이걸 줍자!

5. 다 끝나면 함께 모여 자연물을 확인한다. 다르면 술래다.
   - 헉! 나만 달라.

6. 마무리한다.
   - 곤충들도 서로 의사를 전달한답니다.

진행을 위한 팁
- 2번이 1번의 동작을 보는 것이다. 3번은 2번을 봐야 한다. 3번이 1번을 보는 것이 아니다. 아이들은 무조건 1번만 쳐다보려는 경향이 있으므로, 요령을 정확히 설명해야 한다.
- 5m 지날 때마다 어떤 행동을 하는 것으로 설정했지만, 경우에 따라 간격을 10m 혹은 20m로 해도 된다.
- 1번은 동작을 취할 때 제자리에 멈추는 게 좋다. 이왕이면 춤 동작이나 특이한 행동을 한다.
- 자연물을 주운 뒤엔 제자리로 돌아온다.
- 자연물을 다르게 가져온 사람은 미리 정해놓은 간단한 벌칙을 받는다. 이때 자연물을 다르게 가져온 사람이 많으면 가위바위보로 꼴찌를 결정한다.
- 개미의 행렬을 관찰한 뒤에 하면 더 좋다.

생태 상식 24 ☞ 129쪽

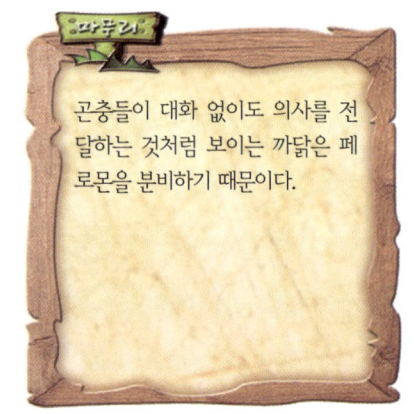

마무리

곤충들이 대화 없이도 의사를 전달하는 것처럼 보이는 까닭은 페로몬을 분비하기 때문이다.

3-3-11 누가 먹을 수 있을까?

목적: 먹이에 따라 곤충의 입 모양이 다르다는 것을 안다.
대상: 7세 이상
장소: 어느 곳이나

진행을 위한 팁

- 음료수가 간식으로 제공될 때는 음료수로 놀이를 한다. 그렇지 않을 경우 다른 방식으로 진행해도 된다.
- 빨대를 고른 사람이 곧바로 음료수를 먹지 않고, 놀이를 위해 음료수는 다시 제자리에 두는 방식으로 한다.
- 음료수를 고르기 위해 경쟁하는 것이 아니라 각자 원하는 것을 고르게 한다. 사탕을 먹고 싶은 사람은 사탕을 향해 달려가면 된다.

곤충의 입도 각각 다르고, 그에 따라 먹는 것도 다르다.

생태 상식 25 ☞ 129쪽

3-3-12 곤충은 중매쟁이

목적: 꽃과 곤충의 관계를 이해한다.
대상: 초등학생 이상
장소: 어느 곳이나

1. 꽃 모둠과 벌 모둠으로 나눈다.
   - "꽃과 벌 놀이를 해보자."
   - 꽃 / 벌

2. 꽃 모둠에겐 꿀(공)과 꽃가루(집게)를 나눠준다.
   - "벌은 꽃한테 가서 꿀을 얻어야 한다."
   - 꽃가루 / 꿀

3. 꽃 모둠은 한 사람이 같은 색 집게를 두 개 이상 갖는다. 모둠원끼리는 서로 다른 색 집게를 가져야 한다.
   - "난 파란색 꽃가루!"
   - "난 빨간색!"

4. 벌이 꿀을 얻는 대신 꽃은 벌에게 자기 꽃가루 집게를 몸에 물린다.
   - "꿀 줘!"
   - "싫어!"
   - "도망가지 마!"
   - "그냥 주고 집게를 물릴까?"

5. 꽃은 꿀을 주면서 자기와 다른 색 꽃가루를 가져갈 수 있다.
   - "꿀 줘!"
   - "어?"
   - "나와 다른 꽃가루다!"

6. 벌은 많은 꿀을, 꽃은 다른 색 꽃가루를 모으는 놀이다.
   - "꿀 셋!"
   - "난 꽃가루 모았지."

7. 마무리한다.
   - "벌이 열심히 다닌 덕분에 꽃이 다른 꽃가루를 모을 수 있었지? 벌은 꽃의 중매쟁이야."

진행을 위한 팁

- 실제 암꽃, 수꽃의 개념과는 다르다는 것을 말해준다.
- 꽃가루를 붙인 곤충은 또 다른 꽃에 가서 꿀을 얻는다. 꽃은 자기가 가진 것과 다른 집게를 벌이 갖고 있다면 꿀을 주고 집게를 받는다. 그러나 같은 색 집게라면 도망치면서 끝까지 꿀을 주지 않는다.
- 집게 색깔을 달리해서 진행해도 좋다. 여러 색깔 집게를 알아보고, 괜찮으면 꽃 모둠에게 무작위로 꽃가루를 나눠준다.
- 같은 색깔 집게를 두 개씩 나눠주면 한 개를 곤충에게 붙이고, 다른 한 개는 곤충에게 받아 다른 집게를 갖고 있어야 한다. 다른 집게를 가진 꽃이 많을수록 곤충이 중매를 잘 선 것이다.

마무리

곤충은 꽃가루받이를 해주는 매개자 역할을 한다. 꿀을 먹기 위해 움직인 것이 결과적으론 도운 셈이 되었지만, 이런 관계가 거듭되면서 스스로 도우며 지내는 게 옳다고 판단했을 것이다.

생태 상식 26 → 129쪽

3-3-13 나비가 되고 싶어

목적: 알-애벌레-번데기-어른벌레의 단계를 체험하면서 곤충의 생태를 이해한다.
대상: 초등학생 이상
장소: 어느 곳이나

1. 새 모둠과 나비 모둠으로 나눈다.

   ← 새   ← 나비

2. 나비는 4단계에 거쳐 변화한다.

   1단계(알): 다리를 묶고 웅크린 채 앉는다.
   2단계(애벌레): 기어간다.
   3단계(번데기): 발에 묶인 끈을 푼다.
   4단계(어른벌레): 자유롭게 난다.

3. 각 단계에 맞게 행동하면서 목적지까지 가야 한다.

   출발점 → 알은 제자리에서 세 바퀴 돌고 출발할 수 있다. → 애벌레는 목적지까지 기어서 가야 한다. 이때 새가 공격할 수 있다. ("에고, 힘들어!") → 목적지 ("드디어 다 왔다!")

4. 목적지인 나무에 오면 발에 묶인 끈을 풀고 어른벌레가 된다. 이때는 새가 공격하지 않는다.

   ("얼른 풀자!" / "지금은 아냐.")

5. 어른벌레가 다시 출발점에 오면 죽은 나비 모둠원은 다 살아난다.

   ("거기 서!" / "날자아~!")

6. 마무리한다

   "곤충은 여러 단계 성장 과정을 거쳐 자연에 맞게 적응할 수 있단다."

진행을 위한 팁

- 새의 숫자는 인원에 맞게 조절 가능하다. 나비 모둠 숫자가 두 배 이상 많은 게 좋다.
- 새는 알과 번데기 시기엔 잡아먹지 못하고, 나비는 알과 번데기 시기엔 움직이지 못한다.
- 번데기는 움직이지 않아 새에게 잡힐 위험이 크지만, 나무에 감춰져서 잘 안 보이기 때문에 새가 잡아먹지 않는다고 설정한 것이다. 실제로는 먹히는 경우도 있다.
- 알이나 번데기 시기에도 천적의 피해를 받는 건 사실이나, 알 시기에는 식물 줄기나 잎 뒷면에 있어서 새의 눈에 잘 띄지 않는다. 대신 기생벌 등에게 기생을 당하고, 번데기 시기에는 숫자도 적어지고, 나무껍질이나 나뭇잎 틈에 붙어 있기 때문에 새의 눈에 잘 띄지 않아 새가 먹지 못한다. 움직임이 많은 애벌레 시기에 가장 많이 먹힌다. 그런 과정을 거치면서도 어른벌레가 되고 나면 많은 알을 낳아 개체가 유지된다.

생태 상식 27 ☞ 130쪽

마무리

곤충은 시기에 따라 다른 형태로 탈바꿈하면서 환경에 적응한다.

3-3-14 쇠똥구리야, 쇠똥구리야

목적: 놀이를 통해 쇠똥구리가 사라진 원인을 이해한다.
대상: 초등학생 이상
장소: 어느 곳이나

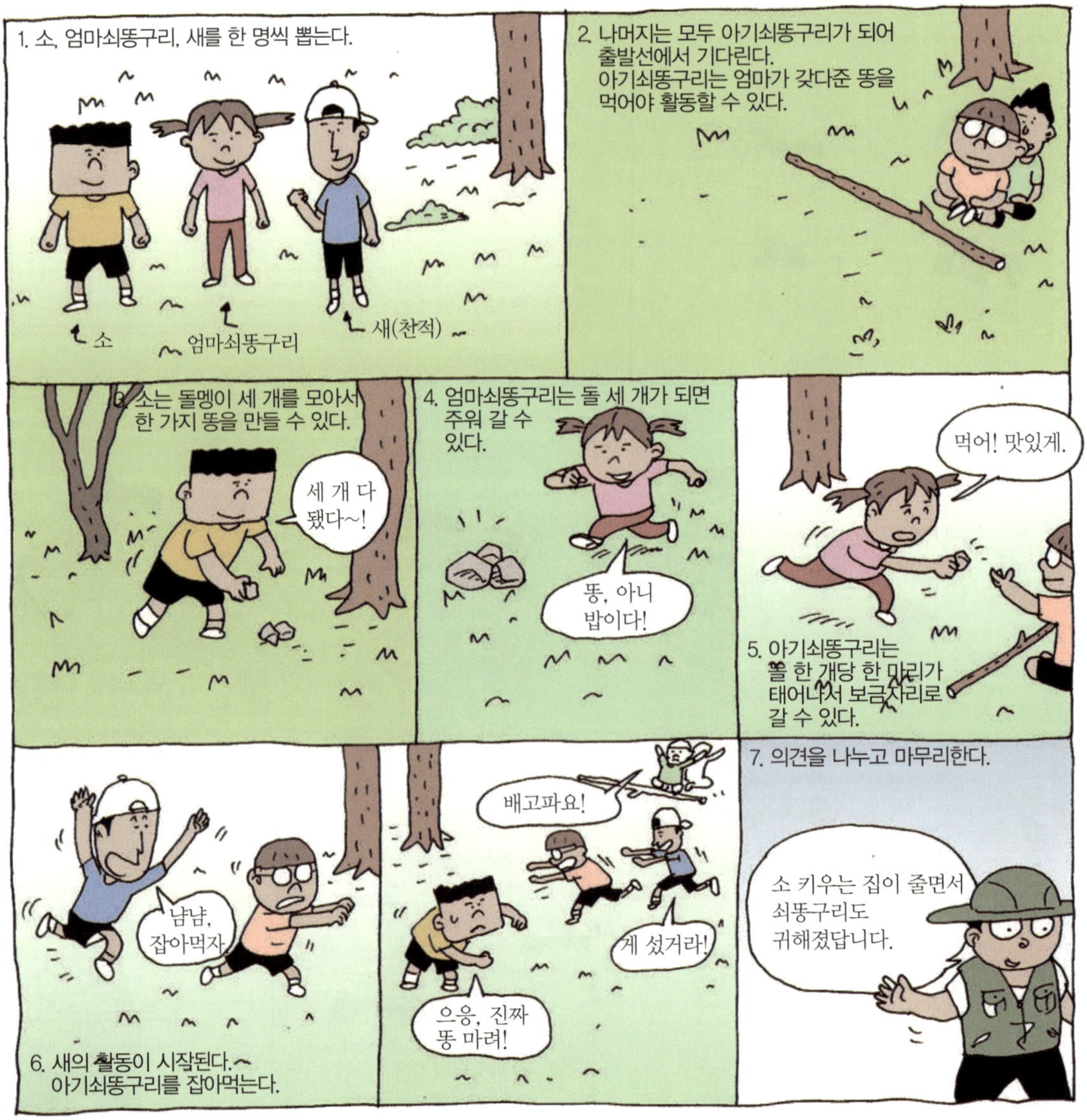

1. 소, 엄마쇠똥구리, 새를 한 명씩 뽑는다.
2. 나머지는 모두 아기쇠똥구리가 되어 출발선에서 기다린다. 아기쇠똥구리는 엄마가 갖다준 똥을 먹어야 활동할 수 있다.
3. 소는 돌멩이 세 개를 모아서 한 가지 똥을 만들 수 있다.
4. 엄마쇠똥구리는 돌 세 개가 되면 주워 갈 수 있다.
5. 아기쇠똥구리는 똥 한 개당 한 마리가 태어나서 보금자리로 갈 수 있다.
6. 새의 활동이 시작된다. 아기쇠똥구리를 잡아먹는다.
7. 의견을 나누고 마무리한다.

진행을 위한 팁

- 쇠똥구리는 보금자리에 가기 전 천적에게 잡히면 죽는다. 그러므로 재빨리 움직여야 한다.
- 돌멩이가 적은 곳에서 해야 쇠똥이 많지 않다는 설정이 가능하다. 아예 없는 것이 아니라 많지만 않으면 된다.
- 쇠똥구리의 종류와 역할 등을 이어서 설명하는 게 좋다.

마무리

쇠똥구리가 먹을 건강한 똥이 없어져서 쇠똥구리도 없어졌다.

생태 상식 28 ☞ 130쪽

3-3-15 모기가 나타났다

목적: 모기가 사라진다면 활기찬 숲도 사라질 수 있다. 먹이사슬에 대한 기본 개념을 이해하고, 모기와 같이 작은 생물의 중요성을 안다.
대상: 초등학생 이상
장소: 어느 곳이나

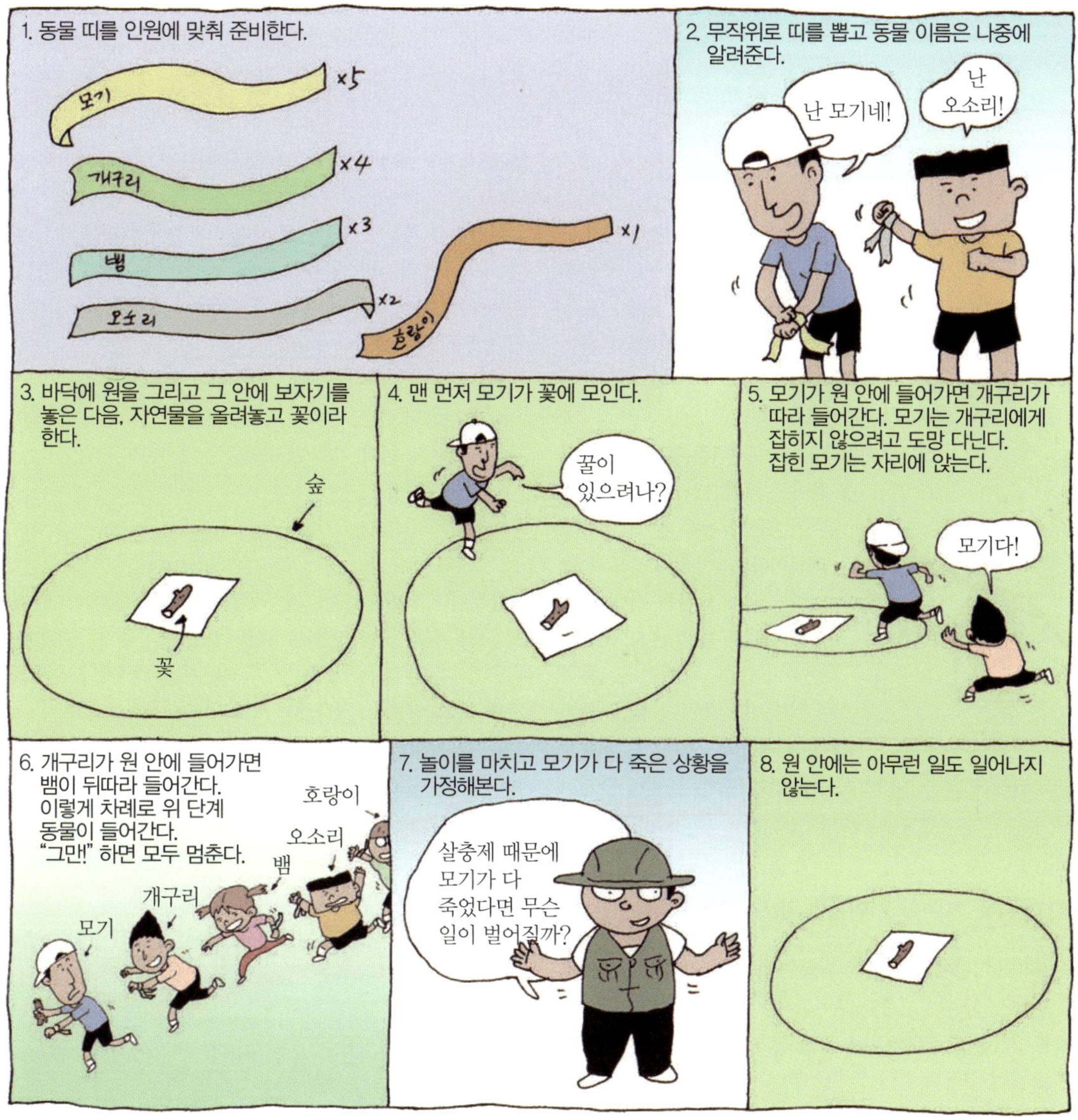

1. 동물 띠를 인원에 맞춰 준비한다.
2. 무작위로 띠를 뽑고 동물 이름은 나중에 알려준다.
3. 바닥에 원을 그리고 그 안에 보자기를 놓은 다음, 자연물을 올려놓고 꽃이라 한다.
4. 맨 먼저 모기가 꽃에 모인다.
5. 모기가 원 안에 들어가면 개구리가 따라 들어간다. 모기는 개구리에게 잡히지 않으려고 도망 다닌다. 잡힌 모기는 자리에 앉는다.
6. 개구리가 원 안에 들어가면 뱀이 뒤따라 들어간다. 이렇게 차례로 위 단계 동물이 들어간다. "그만!" 하면 모두 멈춘다.
7. 놀이를 마치고 모기가 다 죽은 상황을 가정해본다.
8. 원 안에는 아무런 일도 일어나지 않는다.

진행을 위한 팁
- 모기 5마리, 개구리 4마리, 뱀 3마리, 오소리 2마리, 호랑이 1마리 정도로 카드를 만들어서 무작위로 나눠준다. 명찰이 있다면 카드를 명찰에 끼운다.
- 원을 크게 그려 많은 사람이 안에서 활동할 수 있게 한다. 원 안에 들어온 동물은 밖으로 나가지 않는다.
- 개구리는 뱀을 피하며 모기를 잡고, 뱀은 오소리를 피하며 개구리를 잡고, 오소리는 호랑이를 피하며 뱀을 잡아야 한다. 잡힌 동물은 그 자리에 앉는다.
- 모기가 피를 빨아 먹는 것은 암컷이 산란기에 하는 일이고, 평상시엔 꽃에서 꿀을 먹는다는 것을 이야기해준다.

세상에 쓸데없는 생명은 없다.

생태 상식 29 ☞ 130쪽

생태 상식 18 거미줄의 신비

거미를 소재로 한 영화 '스파이더맨'을 보면 초반에 미국 국방연구소가 나온다. 그곳에서 거미를 연구하는 것을 보여주는 장면이다.

방탄조끼나 헬멧 소재로 사용되는 케블라는 가볍고 튼튼한 고기능성 인공 섬유다. 하지만 이보다 훨씬 뛰어난 천연 섬유가 바로 거미줄이다.

스파이더맨이 거미줄에 매달려 빌딩 숲 사이를 날아다닐 수 있었던 것은 거미줄의 높은 강도와 탄성 때문이다. 거미줄은 강도가 강철의 5배나 되면서 탄성이 뛰어나다. 또 높은 온도에서 잘 변하지 않고, 공기가 잘 통하며, 수분이 침투하지 못한다. 이런 장점 때문에 거미줄을 대량생산 하는 방법에 대한 연구가 활발히 진행되고 있다.

생태 상식 19 거미가 거미줄에 붙지 않는 까닭

거미가 거미줄에 붙지 않는 까닭은 두 가지 거미줄을 만들기 때문이다. 하나는 건조한 줄이고 하나는 끈끈한 줄이다. 처음에 방사선 모양으로 치는 줄이 건조한 줄이고, 나선형으로 감는 줄이 끈끈한 줄이다. 끈끈한 줄엔 염주처럼 일정한 간격으로 점성 있는 덩어리가 붙어 있고, 거미 발에서 기름 성분이 나와서 잘 붙지 않는다. 거미줄은 그물을 만들기만 하는 게 아니라 먹이를 싸고 알을 보호하며, 유사 비행할 때 사용하고, 자일처럼 안전줄로도 이용된다.

생태 상식 20 신호줄

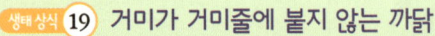

돌아다니며 사냥을 하는 늑대거미과와 깡충거미과에 속하는 배회성 거미는 시력이 좋은 편이지만, 그밖에 거미들은 시력이 좋지 않다. 대신에 청각과 후각이 발달했으며, 특히 온몸을 덮은 털에 집중된 촉각이 발달해 지면이나 수면의 진동은 물론 가까운 곳에서 곤충이 날갯짓하는 진동까지 파악할 수 있다.

거미줄을 쳐놓고 은신처에 숨어 신호줄에 다리를 대고 있다가 먹이가 잡히면 잽싸게 다가와서 잡는다. 신호줄의 진동을 통해 바람이 부는지, 낙엽이 걸렸는지, 먹잇감이 걸렸는지 정확히 판단해서 다가온다.

거미는 거미줄이 손상되는 것을 막기 위해 잡힌 먹이를 신속하게 잡으러 간다. 간혹 너무 큰 곤충이 잡히면 줄을 끊어서 놓아주기도 한다. 손상된 거미줄은 다시 수리한다.

생태 상식 21 보호색과 경고색

곤충뿐만 아니라 새, 물고기, 육상 동물 등 동물들은 대부분 보호색을 띤다. 포식자에게 자신의 모습을 감추기 위해서다. 보호색이 없는 것은 독이 있거나 뜀뛰기를 잘하거나 기타 자기를 보호할 기능이 있다.

하지만 이런 상식과 반대인 곤충이 있다. 자기를 보호할 재주가 있는 것도 아니면서 보호색은커녕 오히려 눈에 잘 보이도록 붉은색을 띠는 무당벌레, 대유동방아벌레, 꽃하늘소다. 이러한 곤충이 띠는 색을 경고색이라 한다. 나를 먹으면 독이 있어서 위험하다고 경고를 하는 생존 전략을 택한 것이다. 사람의 눈으로 보면 한낱 미물에 불과하지만, 험한 세상을 살아가는 방식은 참으로 다양하고 기발하다.

생태 상식 22 작은 것이 유리하다?

지구상의 동물 중 99% 이상이 뒤영벌보다 작다고 한다. 작은 동물들이 번성하는 까닭은 무엇일까?

첫째, 생체 에너지의 효율이 좋아 적게 먹어도 된다.
둘째, 몸을 빨리 숨기거나 달아나기 쉽다.
셋째, 곤충의 경우 날개를 이용해 날아갈 때도 작고 가벼운 것이 유리하다. 작은 것들은 그들 나름의 생존 전략으로 생태계에서 살아가고 있다.

생태상식 23 무당벌레와 진딧물, 개미의 관계

찔레는 진딧물이 공격하면 휘발성 물질로 무당벌레를 부른다. 진딧물은 찔레순을 먹고 감로를 배설한다. 그것을 먹기 위해 개미가 진딧물 곁에 온다. 심지어 진딧물을 가축처럼 기르는 경우도 있다. 진딧물의 입장에서도 그런 개미가 싫지만은 않다. 천적인 무당벌레에게서 자신들을 보호해주기 때문이다. 진딧물은 개미에게 먹이를 제공하고 개미는 진딧물을 보호하며 공생한다.

생태상식 24 페로몬

곤충은 언어 대신 특수한 화학 물질을 분비해 의사소통을 한다. 이 물질을 통틀어 페로몬이라 부른다. 페로몬이라는 말은 우리가 잘 아는 호르몬이라는 말과 닮았지만 기능은 다르다. 호르몬은 자기 자신을 위해 체내에서 만들고 소비하지만, 페로몬은 체내에서 만든 후 다른 개체와 소통하기 위해 미량이나마 체외로 분비한다.

페로몬에는 여러 가지가 있다. 개미는 길 표지 페로몬, 경보 페로몬, 성 유인 페로몬 등이 알려져 있다. 길잡이 개미는 먹이를 찾아다니며 엉덩이 부분에서 화학 물질을 분비하여 일정 간격으로 지면에 묻힌다. 그러면 뒤따라가는 동료나 새끼 개미들은 길 표지 페로몬을 더듬이로 감지하며 줄을 지어 이동한다.

개미에게는 화학적 단어 10~20개가 있고, 그것으로 사회화될 수 있었다. 불개미의 경우 전달 물질 1g으로 10억 km를 표시할 수 있다고 한다. 태양과 지구의 거리가 1억 5000km인 것을 감안하면 실로 엄청난 수치다.

이 개미, 저 개미가 길 표지 페로몬으로 여기저기 표시해 놓으면 뒤따라가던 개미는 어느 표지를 따라갈지 혼란스럽지 않을까? 페로몬은 휘발성이 있어 표시 기능을 하고 나서 조금 지나면 증발하기 때문에 최근에 묻혀놓은 페로몬을 따라가면 된다.

일부 곤충은 동족이나 계급 인식 페로몬도 분비한다. 바퀴벌레는 전원 집합 페로몬을 배설물에 섞어 분비한다. 그렇기 때문에 바퀴벌레는 집단으로 숨어 산다.

농사에 많은 피해를 주는 매미나방은 성 유인 페로몬을 분비해 수컷을 유인하는데, 연구 결과에 따르면 수컷의 감지 능력은 공기 1ℓ 부피에 1016분의 1g만 있어도 이를 알아낸다고 한다. 또 누에나방 수컷의 더듬이 한 개는 봄비콜(인공 페로몬) 수용기가 1만 7000개나 달려 있다. 이 더듬이는 인간이 만든 최고의 측정기보다 수천 배나 뛰어나다고 한다. 실험 결과 중국누에나방 수컷 중 4분의 1이 11km 떨어진 곳에서 암컷의 냄새를 맡고 날아왔다고 한다. 요즘엔 페로몬을 이용해 해충을 구제하려는 연구가 진행되고 있다.

생태상식 25 곤충의 입

특별히 유리한 입 구조는 없다. 먹는 것이 다르고, 먹는 방법이 다르다. 꽃에 날아오는 곤충만 해도 한두 종이 아니다. 저마다 입의 구조가 다르다. 한 가지 먹이 장소에도 그렇게 입이 다양한 곤충이 모이는데, 숲에는 그런 먹이가 수없이 많고 다양하다. 그러니 곤충의 입도 제각기 다르다. 조금씩 다르지만 큰 틀로 묶어보면 네 가지로 나눌 수 있다. 입 모양을 보면 그 곤충이 무엇을 어떻게 먹을지 예상할 수 있다. 반대로 숲속에서 어느 나뭇잎에 구멍이 났다면 어느 곤충이 먹었는지 추측할 수 있다.

＊곤충의 입
- 빨대(빠는 입) : 벌, 나비, 제니등에
- 침(찌르는 입) : 노린재, 매미, 모기
- 핥는 입 : 파리, 사슴벌레, 풍뎅이
- 씹는 입 : 잠자리, 사마귀, 말벌

생태상식 26 충매화와 풍매화 이야기

꽃이 피는 식물이 생겨났을 때 세상엔 곤충이 존재하고 있었다. 꽃의 입장에서는 그런 곤충을 이용하고자 했을 것이다. 곤충을 이용하는 것보다 원시적인 방법이 겉씨식물이나 외떡잎식물이 바람을 이용하는 것이다.

소나무와 같은 겉씨식물, 옥수수나 벼와 같은 외떡잎식물은 바람에 꽃가루를 날려 보내기 때문에 꽃이 화려하지 않다. 곤충을 부르기 위해 화려한 꽃을 피우는 대신 꽃가루를 아주 많이 만든다. 곤충이 매개자로 활동하는 것에 비해 바람은 가루받이 확률이 적기 때문이다. 충매화 중에 바람에 꽃가루를 날려 보내는 것도 있고, 풍매화 중에 곤충이 와서 가루받이하는 것도 있다.

생태 상식 27 곤충은 왜 탈바꿈을 할까?

곤충의 탈바꿈은 일반적으로 알-애벌레-(번데기)-어른벌레 단계를 거치며 겉모습과 사는 방식이 다른 것을 말한다.

어른벌레는 애벌레가 알에서 깨어났을 때 안전하고 먹고 살기 좋은 환경에 알을 낳는다. 알은 애벌레가 살기 좋은 환경이 될 때까지 기다리는 시기다. 애벌레는 일생을 살아가는 데 필요한 에너지를 대부분 섭취하는 시기로 먹이 활동이 활발하다. 이때는 천적에게 매우 취약해 보호색을 띠거나 위장을 하는 등 다양하고 기발한 생존 전략을 구사한다.

에너지 섭취를 마친 애벌레는 어른벌레로 탈바꿈하기 위해 준비하는 번데기 시기를 거친다. 이를 갖춘탈바꿈(완전변태)이라 하고, 번데기 시기 대신 애벌레 시기에 허물벗기를 하며 어른벌레가 되는 것을 못갖춘탈바꿈(불완전변태)이라 한다. 일반적으로 못갖춘탈바꿈보다 진화한 형태를 갖춘탈바꿈으로 본다.

어른벌레 시기는 유전자를 남기기 위한 짝짓기와 알을 낳기 위한 시기다. 날개가 퇴화한 곤충도 있지만, 대개 어른벌레 시기에 날개가 돋으며 비행 능력이 뛰어나다. 이때는 유전자가 우수하다는 티를 내고 그런 짝을 찾기 위해 경쟁하며, 자기 유전자들이 살기 좋은 환경을 찾아 알을 낳는다.

지구상에 있는 동물의 70% 이상을 차지할 만큼 번성한 동물이 곤충이다. 그만큼 생존 전략이 뛰어나다고 볼 수 있는데, 그중 하나가 탈바꿈이다. 탈바꿈은 작고 연약한 곤충이 번성하는 데 결정적인 역할을 한 생존 전략이다. 전문가들은 곤충의 탈바꿈을 오랜 기간에 걸친 진화의 현상으로 본다.

생태 상식 28 사라진 쇠똥구리

소나 말의 똥을 굴려서 애벌레를 낳고, 애벌레는 그것을 먹고 자란다. 쇠똥구리 어른벌레는 똥을 먹지 않고 나무진을 빨아 먹는다.

쇠똥구리는 똥을 땅으로 가져가므로 파리가 생기는 것을 막아주고, 땅속에 똥을 넣어서 식물의 생장을 돕는 등 생태계에 좋은 역할을 한다. 그런 쇠똥구리가 지금은 찾아보기 어렵다. 건강한 똥을 제공하는 소가 별로 없기 때문이다. 소들이 대개 고기소로 길러져서 들판에 쇠똥이 없다. 쇠똥구리가 원하는 똥이 없으니 개체가 줄어들 수밖에 없다. 심지어 최근엔 쇠똥구리들이 육식을 하는 방향으로 변하고 있다는 보도도 나온다.

생태 상식 29 모기 이야기

조물주가 인간이 세상을 잘 경영하고 자연을 조화롭게 이끌어가기 기대했는데, 인간이 그런 책임을 망각해서 모기를 보내 물게 했다는 전설이 있다.

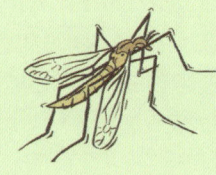

망각을 일깨워주는 모기, 그것도 역할일 수 있겠지만, 더욱 놀라운 것은 모기를 먹고 사는 곤충이나 물고기, 새들이 아주 많다는 것이다. 게다가 꽃이 피면 가루받이에도 상당 부분 기여한다. 암컷 모기만 알을 낳기 위해 동물의 피를 빤다는 이야기는 잘 알려진 사실이다. 그런 암컷 모기도 산란하기 전에는 수컷 모기처럼 꽃의 꿀을 먹고 산다고 한다. 보잘것없는 곤충도 모두 제 역할이 있다. 지구상에 살면서 관계를 맺지 않고 홀로 사는 생물은 하나도 없다. 참 오묘하고도 오묘하다.

야생동물(포유류)

사람이 기르지 않고 야생에서 스스로 살아가는 동물을 모두 야생동물이라고 하나, 일반적으로는 포유류를 일컫는다. 포유류는 털이 있어 체온 유지가 가능하며, 이가 잘 발달하고, 몸에 비해 뇌의 용량이 큰 편이어서 영리하다. 포유류 가운데 오리너구리와 가시두더지를 제외하고는 모두 새끼를 낳는다.

지구상의 포유류는 총 4800여 종이며, 우리나라에는 102종(육상 83종, 수상 19종)이 있다. 목별로 살펴보면 식충목 12종, 토끼목 3종, 박쥐목 22종, 쥐목 21종, 식육목 18종, 기각목 6종, 소목 7종, 고래목 13종이다. 하지만 남획과 서식지 파괴 등으로 종이 점점 줄고 있다.

우리나라 숲에서 포유류를 보기란 쉽지 않다. 포유류의 특성상 체격이 크고, 새처럼 날지 못하므로 주변 환경의 영향을 많이 받는다. 나날이 숲다운 숲이 사라져가는 요즘엔 더욱 보기가 어렵다.

3-4-1 숲속 사냥꾼

목적 : 사냥꾼과 동물이 함께 벌이는 피구 게임을 통해 건강한 숲이 야생동물에게 어떤 역할을 하는지 알 수 있다.
대상 : 초등학생 이상
장소 : 나무가 많은 곳

1. 나무가 적당히 많은 지역을 고른다.
   - 이 정도면 적당하겠군.

2. 사냥꾼 모둠과 야생동물 모둠으로 나눈다.
   - 이 기회에 동물이 되어보는 게 어때?

3. 동물들은 원 안에 들어가고, 사냥꾼은 밖에서 공을 던져 동물을 맞힌다.
   - 던져!
   - 나 잡아봐라!
   - 저기!
   - 간다~!

4. 동물은 공을 피해 나무에 숨을 수 있다.
   - 히히 좋다!

5. 사냥이 왜 어려웠는지 이야기해본다.
   - 나무 때문에 맞히기 힘들어요.
   - 나무 덕분에 공을 피할 수 있어요.

6. 마무리한다.
   - 나무가 많으면 동물들이 안심하고 숲에서 살 수 있겠지?

진행을 위한 팁
- 방법은 일반적인 피구 게임과 흡사하다.
- 참가자의 나이와 키, 체격에 따라 동물 이름을 지어준다.
  (예 : 참가자가 5~8세 유아이면 다람쥐, 초등학교 저학년이면 너구리, 초등학교 고학년이면 늑대, 어른이면 호랑이 등)
- 나무가 우거지거나 나이가 다른 나무들이 있는 곳이면 더욱 좋다. 바닥은 평평할수록 좋으나 반드시 그렇지 않아도 가능하다.
- 동물이 공을 잡을 수 있다거나, 공을 잡으면 죽은 동물이 살아날 수 있다는 등 게임 규칙을 미리 정할 수도 있다.

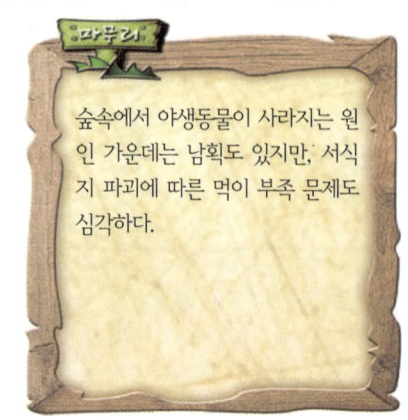

마무리

숲속에서 야생동물이 사라지는 원인 가운데는 남획도 있지만, 서식지 파괴에 따른 먹이 부족 문제도 심각하다.

생태 상식 30 ☞ 146쪽

3-4-2 범인은 누굴까?

목적: 숲속 야생동물은 움직이면서 발자국이나 배설물 등 흔적을 남긴다. 그 흔적을 찾아보기 전에 흔적과 동물의 관계를 알아본다.
대상: 초등학생 이상
장소: 부드러운 흙이 있는 곳이나 눈이 내린 땅

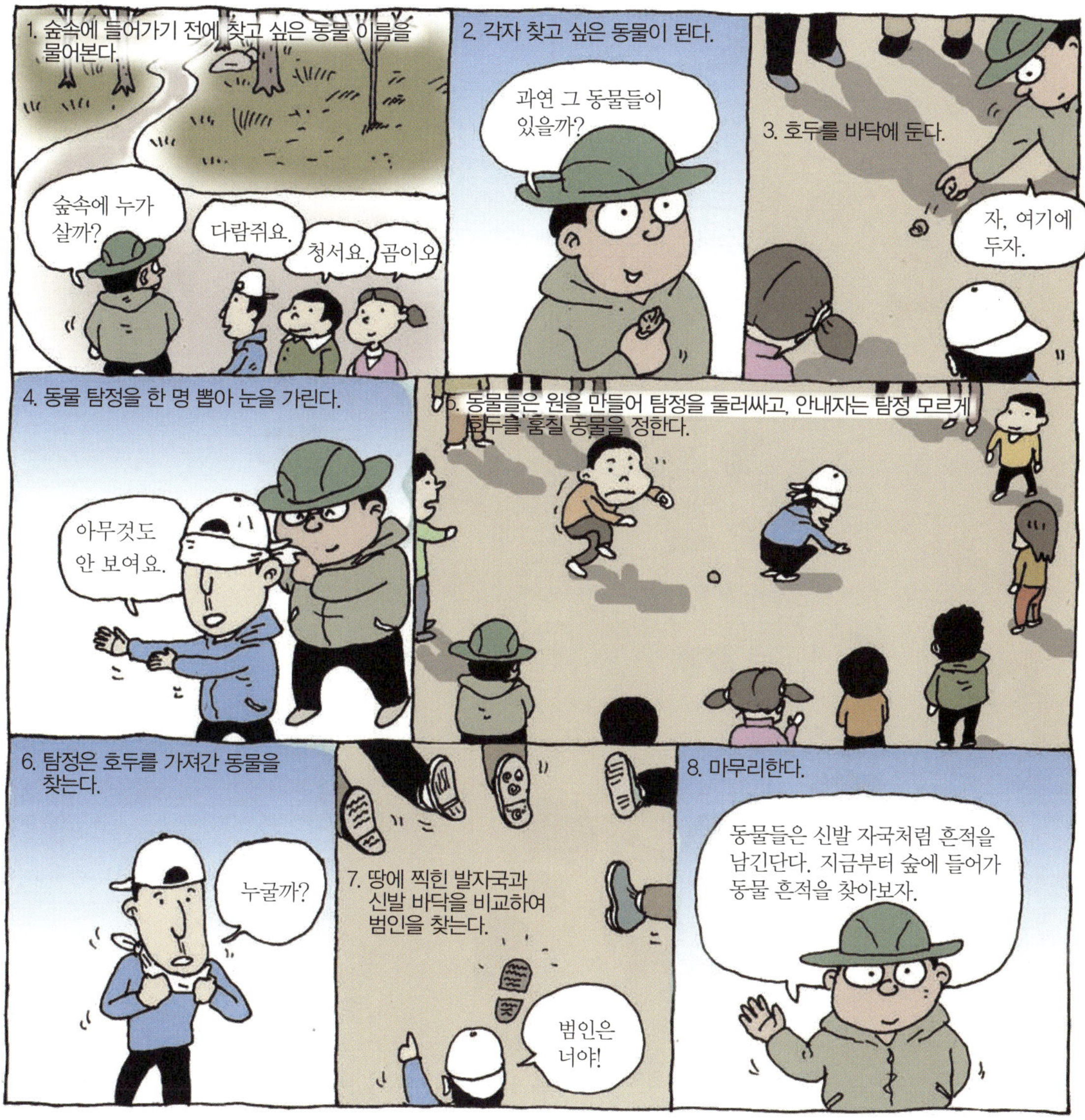

진행을 위한 팁
- 숲에 들어가기 전 초입 부분에서 하는 게 적당하다. 동물의 흔적을 찾기 전에 하는 프로그램이므로, 프로그램을 마친 후 동물의 흔적에 대해 자세히 설명하고 찾기에 들어가면 더욱 효과적이다.
- 풀이나 돌이 많아 발자국이 찍히지 않을 때는 흰 천이나 종이를 깔고 진행한다.
- 특정 지역에 찍힌 발자국의 주인 찾기를 해도 된다.

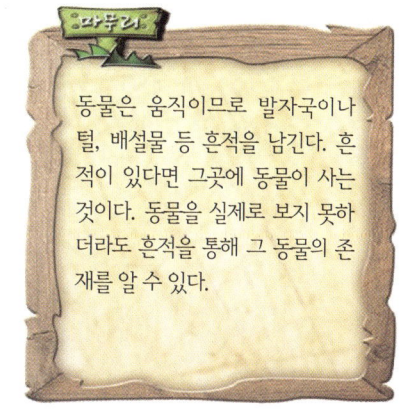

동물은 움직이므로 발자국이나 털, 배설물 등 흔적을 남긴다. 흔적이 있다면 그곳에 동물이 사는 것이다. 동물을 실제로 보지 못하더라도 흔적을 통해 그 동물의 존재를 알 수 있다.

3-4-3 토끼와 사냥꾼

목적: 숲은 야생동물의 은신처 역할을 한다는 점을 이해한다.
대상: 7세 이상
장소: 어느 곳이나

진행을 위한 팁
- 놀이를 하다 보면 사냥꾼이 아주 불리할 것 같지만 꼭 그렇지만은 않다. 토끼 역할을 하는 사람이 너무 서둘러서 앞을 보지 못하고 다니면 사냥꾼에게 잡힌다.
- 숲 역할을 하는 모둠원은 사냥꾼을 발로 차거나 거친 행동을 하지 않는다. 어깨로 막거나 틈이 생기지 않도록 막기만 하면 된다.

숲은 야생동물에게 은신처 역할을 한다. 숲이 파괴되면 야생동물이 갈 데가 없어진다.

3-4-4 너구리와 도꼬마리

목적: 도꼬마리와 너구리의 관계를 통해 동물과 식물의 관계를 이해한다.
대상: 초등학생 이상
장소: 어느 곳이나

진행을 위한 팁
- 이왕이면 도꼬마리가 발견되는 곳에서 진행한다.
- 모둠원을 모두 너구리라고 해도 좋고, 다른 동물로 해도 상관없다.
- 놀이를 위해 도꼬마리를 뽑을 때 미리 가벼운 사람으로 정해도 되지만, 카드를 만들어서 뽑아도 재미있다.
  (예: 카드 내용 – 도꼬마리, 멧돼지, 너구리, 고라니, 곰)
- 주름조개풀, 멸가치, 짚신나물 등 비슷한 방법으로 이동하는 다른 식물 이야기도 해준다.

마무리
도꼬마리는 동물들의 털에 붙어서 멀리 이동한다. 동물을 이용하는 식물들의 전략을 엿볼 수 있다.

생태 상식 32 ☞ 146쪽

3-4-5 다람쥐를 안아본 적 있나요?

목적: 자주 보는 동물들의 몸무게를 알아보면서 야생동물에 대한 친근감을 느낀다.
대상: 초등학생 이상
장소: 자연물이 많은 곳

1. 다람쥐의 몸무게가 어느 정도일지 퀴즈를 낸다.
   - 다람쥐 안아본 적 있니?
   - 안아보고 싶어요.
   - 다람쥐는 몸무게가 얼마나 나갈까?
   - 몰라요.
2. 나뭇가지와 끈으로 수평 저울을 만든다.
3. 똑같은 종이가방을 준비한다.
4. 저울 양쪽에 걸어서 자연물을 넣을 수 있게 한다.
5. 100g 정도 되는 물건(휴대폰)을 넣고 그것과 무게가 같은 자연물을 찾게 한다.
   - 똑같다!
6. 무게가 같은 자연물을 찾아내면 그게 바로 다람쥐 몸무게라고 알려준다.
7. 마무리한다.
   - 눈으로만 보던 다람쥐 몸무게를 느껴보니까 어때요?

진행을 위한 팁
- 같은 방식으로 다른 동물의 몸무게가 어느 정도인지 자연물을 담아서 들고 느껴보게 한다.

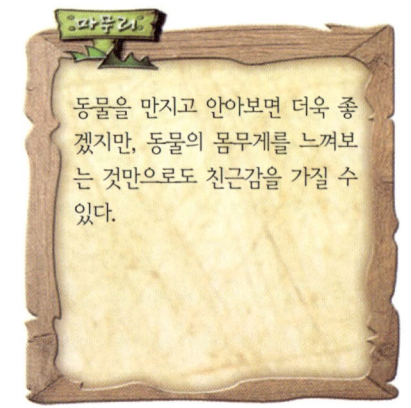

마무리

동물을 만지고 안아보면 더욱 좋겠지만, 동물의 몸무게를 느껴보는 것만으로도 친근감을 가질 수 있다.

3-4-6 동물도 말한다

목적: 동물들도 의사소통을 하는 언어가 존재하는 것을 알 수 있다.
대상: 초등학생 이상
장소: 어느 곳이나

진행을 위한 팁
- 감정 카드는 몇 가지 더 만들어도 된다.
- 동물 소리를 정할 때는 감정 카드에 있는 것만 한다.
- 모둠을 나누고 처음 동물을 정할 때 가급적 소리 내는 동물로 정하도록 유도한다.

동물들도 오랜 기간 지내면서 의사소통을 하고 있다.

3-4-7 오소리의 친구 찾기

목적: 오소리가 되어 후각 체험을 통해 후각이 뛰어난 포유류를 이해한다.
대상: 초등학생 이상
장소: 어느 곳이나

- 동물도 친구를 알아보나요?
- 그럼.
- 눈이나 귀로도 알아보겠지만, 특히 코로 냄새를 맡아서 안단다.

1. 둘씩 짝을 짓는다.
2. 서로 냄새를 맡는다. 온몸을 맡아보면 이상하니 손으로만 정한다.
   - 간지러워!
   - 냄새 좋다.
3. 지름이 약 3m 되는 원을 만든다(인원에 따라 달라진다).
4. 원 안에 들어간 다음 모두 눈을 가리고 친구를 찾아본다.
5. 친구가 맞으면 안고 아니면 밀어낸다.
   - 맞나? 맞나?
   - 아닌 거 같은데.

동물들은 후각이 발달해 많은 것을 후각으로 알아낸단다.

진행을 위한 팁
- 원 안에 들어가는 인원은 제한을 둔다. 두 명씩 서너 짝이 들어가는 게 좋다.
- 나머지 인원은 원 밖으로 발이 나오는지 보고 지적해준다.
- 원 밖으로 나온 사람은 다시 기회가 오지 않는다.
- 놀이가 여의치 않은 실내에서는 눈을 가리고 향기를 맡아 친구 찾기 놀이를 한다.

마무리

동물들은 자기 냄새로 영역과 친구를 표시한다.

생태 상식 33 ☞ 146쪽

3-4-8 흔들흔들 외나무다리

목적: 균형 잡기 놀이를 통해 동물의 꼬리의 기능을 이해한다.
대상: 7세 이상
장소: 통나무가 있는 곳

1. 청설모가 가느다란 나무줄기도 잘 타는 까닭을 알아보기로 한다.
   - 청설모다!
   - 청설모 흉내내기 한 번 해볼까?
   - 네, 해봐요

2. 나무들을 모아서 외나무다리를 만든다.

3. 도토리를 외나무다리 끝에 있는 상자에 넣는 놀이다.
   - 많이 넣는 쪽이 이기는 거야.
   - 쉽네.

4. 중심 잡기가 쉽지 않으므로 주의해서 가야 한다.
   - 왜 이렇게 흔들려?

5. 어느 모둠이 많이 넣었는지 알아본다.
   - 엇!

6. 의견을 나누고 마무리한다.
   - 청설모는 잘했겠지?
   - 네.
   - 맞아, 꼬리가 있어 중심을 잘 잡기 때문이란다.

진행을 위한 팁

- 쓰러진 나무가 길면 그것 하나로 놀이를 진행해도 된다.
- 통나무가 흔들려서 넘어질 경우 바닥에 위험 요소가 있으면 다칠 수 있으니 미리 제거한다.
- 안내자는 참가자가 넘어질 것을 대비해 늘 주변에서 잡아줄 준비를 한다.

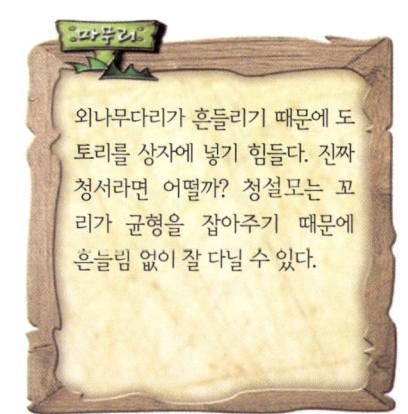

마무리

외나무다리가 흔들리기 때문에 도토리를 상자에 넣기 힘들다. 진짜 청서라면 어떨까? 청설모는 꼬리가 균형을 잡아주기 때문에 흔들림 없이 잘 다닐 수 있다.

생태 상식 34 146쪽

3-4-9 나무 오르기

- 목적 : 나무에 올라보고, 나무껍질을 만지는 체험도 한다.
- 대상 : 초등학생 이상
- 장소 : 오르기 쉬운 나무가 있는 곳

1. 오르기 쉬운 나무를 골라 진행한다.

   "이 정도면 되겠지."

2. 키가 닿을 만한 곳에 과자를 달아둔다.

   "그냥 주시면 안 돼요?"

3. 모둠을 나눠 번호를 정하고 차례로 과자를 따 먹는다.

   안내자는 나무 밑에서 위험을 대비한다.

4. 어느 모둠이 빨리 따 먹었는지 알아보는 놀이.

   "엄마야!"

   "나무 타기가 쉽지 않지?"

5. 마무리한다.

   "다람쥐나 청설모 같은 동물은 발톱이 발달해서 나무를 잘 타는 거란다."

진행을 위한 팁

- 너무 높거나 낮지 않은 나무를 고른다. 이왕이면 Y자 모양으로 갈라진 나무가 좋다.
- 안내자는 참가자가 미끄러지지 않도록 주의하고, 미끄러지더라도 바로 붙잡을 수 있도록 나무 밑에서 긴장을 늦추지 않는다.
- 바닥에 미끄러져도 다치지 않도록 낙엽이 많은 숲이나 흙이 푹신한 곳에서 진행한다.

마무리

다람쥐나 청설모가 나무를 잘 타는 것은 발톱이 발달했기 때문이다. 이처럼 작은 동물도 제각기 자신에 맞는 장점을 살려서 살아간다.

3-4-10 도토리 훔치기

목적 : 도토리 숨기고 훔치기를 통해 실제 숲에서 일어나는 일을 상상한다.
대상 : 초등학생 이상
장소 : 어느 곳이나

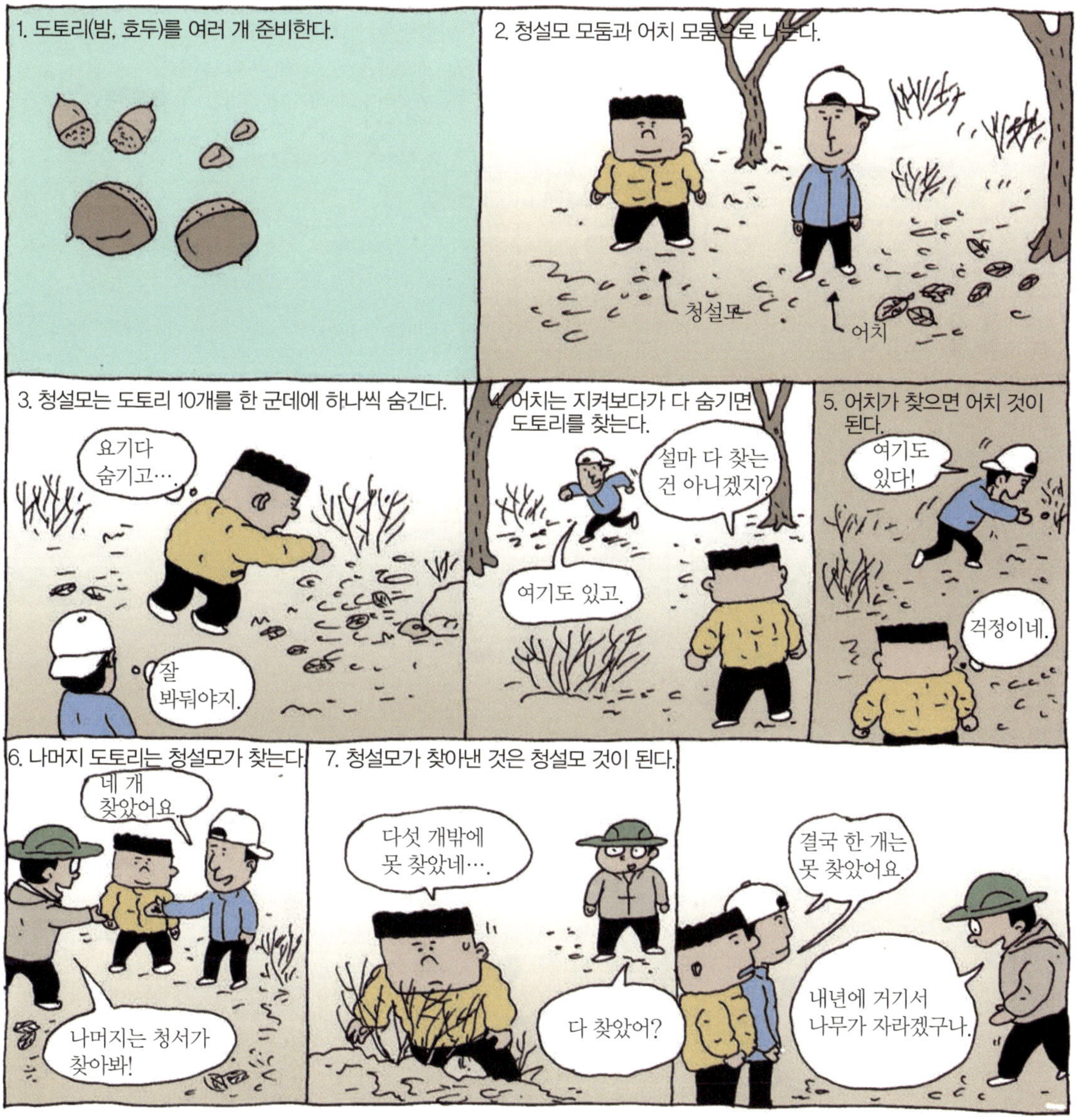

1. 도토리(밤, 호두)를 여러 개 준비한다.
2. 청설모 모둠과 어치 모둠으로 나눈다.
3. 청설모는 도토리 10개를 한 군데에 하나씩 숨긴다.
4. 어치는 지켜보다가 다 숨기면 도토리를 찾는다.
5. 어치가 찾으면 어치 것이 된다.
6. 나머지 도토리는 청설모가 찾는다.
7. 청설모가 찾아낸 것은 청설모 것이 된다.

진행을 위한 팁
- 청설모는 어치가 훔쳐 갈까 봐 여기저기 재빠르게 숨긴다. 그러다 보니 자기가 숨긴 것을 찾지 못하는 경우가 발생할 수 있다는 것을 이야기해준다.

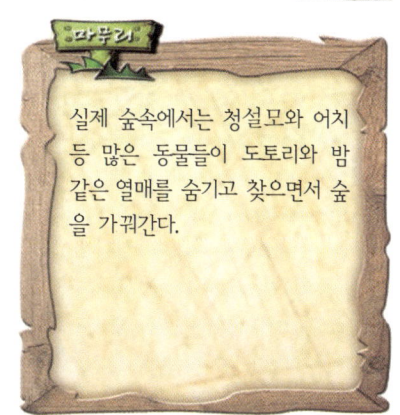

마무리
실제 숲속에서는 청설모와 어치 등 많은 동물들이 도토리와 밤 같은 열매를 숨기고 찾으면서 숲을 가꿔간다.

3-4-11 도토리 숨기기

목적: 동물과 식물의 관계를 이해한다.
대상: 초등학생 이상
장소: 어느 곳이나

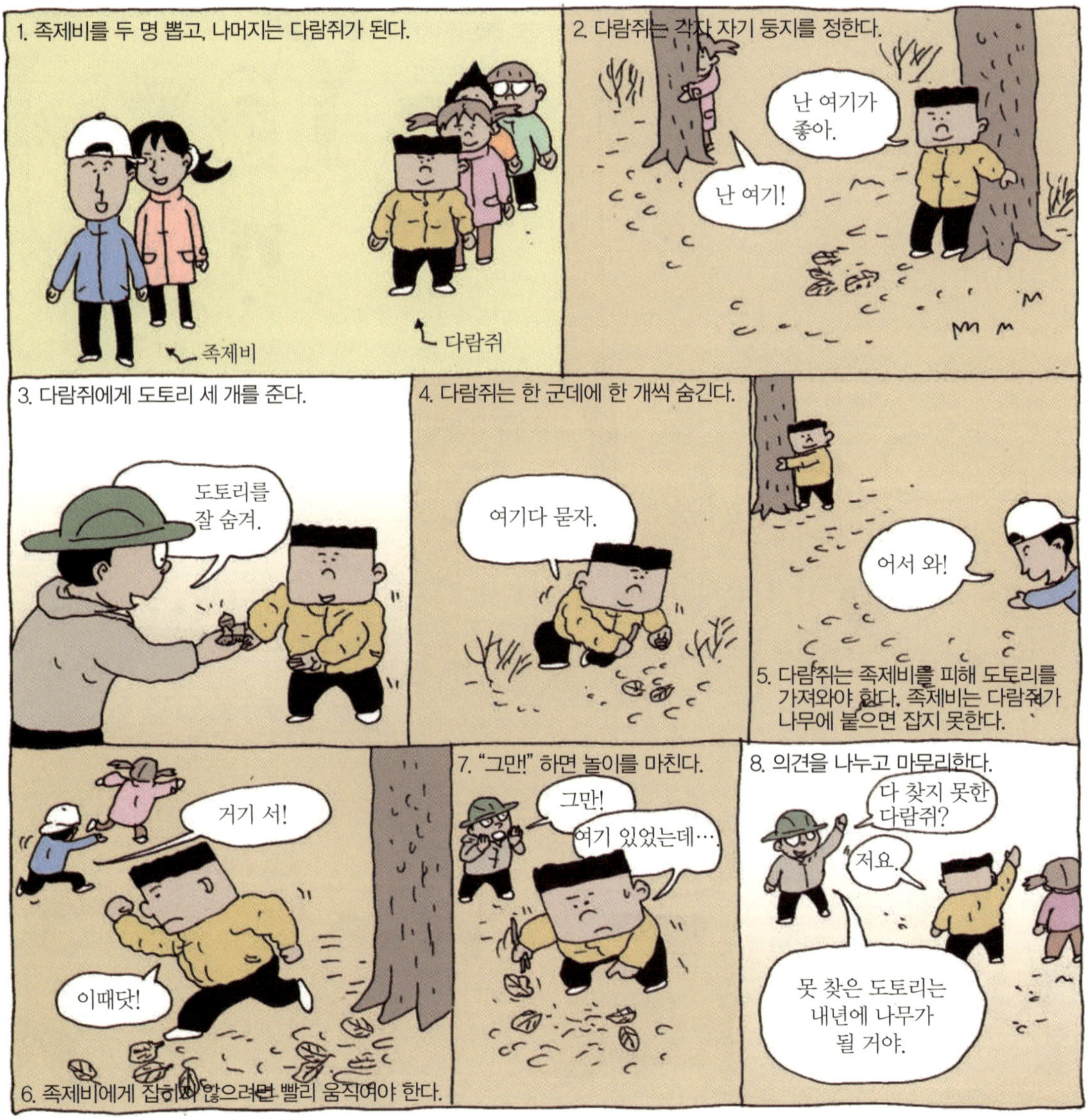

1. 족제비를 두 명 뽑고, 나머지는 다람쥐가 된다.
2. 다람쥐는 각자 자기 둥지를 정한다.
3. 다람쥐에게 도토리 세 개를 준다.
4. 다람쥐는 한 군데에 한 개씩 숨긴다.
5. 다람쥐는 족제비를 피해 도토리를 가져와야 한다. 족제비는 다람쥐가 나무에 붙으면 잡지 못한다.
6. 족제비에게 잡히지 않으려면 빨리 움직여야 한다.
7. "그만!" 하면 놀이를 마친다.
8. 의견을 나누고 마무리한다.

진행을 위한 팁
- 도토리를 숨기는 동물들에 대한 이야기를 추가로 설명해준다.
- 도토리 싹이 나는 지점에 깃발을 꽂거나 해서 표시를 해두는 것도 시각적인 부분에서 효과가 좋다.

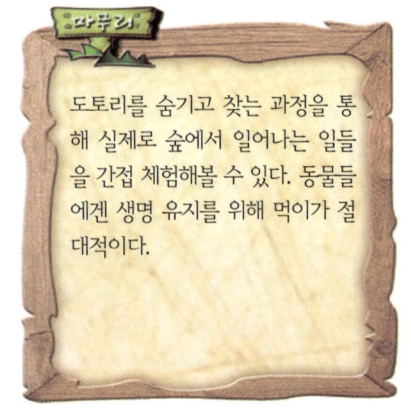

도토리를 숨기고 찾는 과정을 통해 실제로 숲에서 일어나는 일들을 간접 체험해볼 수 있다. 동물들에겐 생명 유지를 위해 먹이가 절대적이다.

생태 상식 36 ☞ 147쪽

3-4-12 숲길 만들기

목적: 숲속의 나무를 이용해 길을 만들고, 동물 이동 통로에 대해 생각해본다.
대상: 7세 이상
장소: 나뭇가지가 많은 숲

진행을 위한 팁
- 통로의 폭은 2m 정도로 하는 게 적합하다.
- 폭을 넓게 혹은 좁게 해서 놀이를 해보고, 그 결과를 비교해도 좋다.
- 숲길을 만들면서 아이들이 자연물을 만지고, 큰 나무는 여럿이 협동해서 들고 오므로 다양한 것을 추구하는 놀이다.

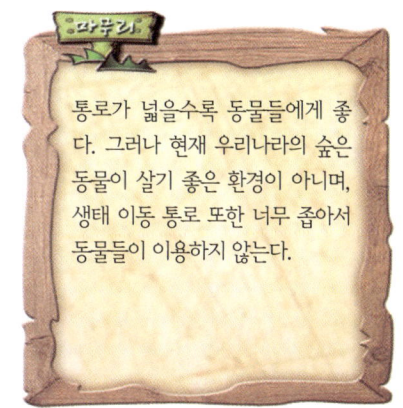

통로가 넓을수록 동물들에게 좋다. 그러나 현재 우리나라의 숲은 동물이 살기 좋은 환경이 아니며, 생태 이동 통로 또한 너무 좁아서 동물들이 이용하지 않는다.

생태 상식 37 ☞147쪽

3-4-13 멧돼지야, 굶지 마

목적: 동물과 사람이 지속적인 삶을 유지하려면 어떻게 하는 게 좋을지 고민해본다.
대상: 7세 이상
장소: 어느 곳이나

1. 도토리를 30개 정도 준비한다. 도토리 대신 다른 자연물이나 간식을 준비해도 좋다.

2. 멧돼지 한 명을 뽑는다.
   - 누가 멧돼지 할래?
   - 닮은 선생님이 해요.
   - 그럴까?

3. 원을 그리고 앉아 첫 번째 사람부터 도토리를 집는다.

4. 도토리는 1인당 1~3개 집을 수 있다.
   - 난 세 개.

5. 멧돼지도 도토리를 1~3개 먹게 한다.
   - 열두 명이니까 세 개씩 집으면 안 되겠구나.

6. 마지막 사람이 하나도 못 집거나 네 개를 집으면 실패한다.
   - 난 두 개.
   - 멧돼지가 세 개 먹을 수 있네.

7. 의견을 나누고 마무리한다.
   - 자기만 생각하지 않고 주위를 돌아보며 함께 사는 방법을 생각해보는 계기가 될 거예요.

진행을 위한 팁
- 도토리를 구하기 어려우면 작은 열매나 기타 자연물로 대체한다.
- 도토리의 개수는 참가 인원에 맞게 조절 가능하다.
  (예 : 20명 - 30개, 10명 - 20개)
- 도토리 전체 개수가 그대로라면 가져갈 수 있는 개수를 조절해도 된다.

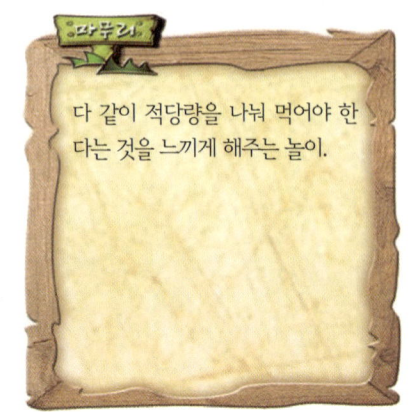

마무리
다 같이 적당량을 나눠 먹어야 한다는 것을 느끼게 해주는 놀이.

3-4-14 박쥐야, 날아라

목적: 박쥐가 초음파를 통해 먹이 사냥과 이동을 하는 것을 간접 체험해본다.
대상: 초등학생 이상
장소: 어느 곳이나

1. 박쥐를 한 명 뽑는다.
   - 저요!
   - 누가 박쥐 할래?

2. 박쥐는 눈을 가리고 출발점에 선다. 목적지는 미리 정해둔다.
   - 출발점
   - 목적지

3. 나머지는 자연물이 된다.
   - 난 나무!
   - 난 고사목!

4. 실제 자연물 곁에서 그 자연물 역할을 하는 것도 좋다.
   - 난 참나무!
   - 난 바위!

5. 박쥐는 소리로 초음파를 보낸다. 자연물도 소리로 초음파를 보낸다.
   - 박쥐!
   - 고사목!

6. 초음파의 강도나 길이는 박쥐가 알아서 조절한다. 두 번 소리 내면 자연물들도 두 번 답해야 한다.
   - 박쥐 박쥐
   - 나무 나무
   - 고사목 고사목
   - 바위 바위!

7. 이야기를 나누고 마무리한다.
   - 어려울 줄 알았는데 할 만하네요.
   - 그래, 박쥐도 그런 식으로 사물을 인식하지.

진행을 위한 팁
- 참가자들이 고학년이면 나방을 뽑아서 먹이로 정해놓고 잡기 놀이를 해도 좋다.
- 동물은 인간의 감각기관과 달리 시각, 청각, 후각 등 특정 기관이 아주 발달한 경우가 많다. 일반적인 포유동물은 '코동물'이라고 부를 만큼 후각이 뛰어나다.

박쥐의 초음파처럼 다른 동물들도 살아남기 위해 뭔가 다른 전략이 하나씩 있다.

생태 상식 38 ☞ 147쪽

생태상식 30 사라지는 야생동물

사람들의 욕심과 잘못된 상식으로 인한 남획이 야생동물을 사라지게 하지만, 그보다 큰 원인은 서식지 파괴다. 야생동물은 숲에서 보금자리를 만들고 먹이를 구하고 새끼를 기르는데, 그러한 숲이 사라져가기 때문에 개체가 점점 줄어드는 것이다.

우리나라의 국토 면적에서 산림이 차지하는 비율은 작지 않다. 하지만 수많은 도로를 건설해 숲과 숲이 이어지지 못하고 뚝뚝 끊긴 상태다. 야생동물들 중 상당수는 한 공간에서만 살지 않는다. 먹이를 구하기 위해 혹은 짝짓기를 위해 수백에서 수천 km를 이동하는 종도 있다. 또 일정한 길로 이동하는 종도 많다. 그런데 그런 이동 통로를 끊어버리면 그들은 이동하지 못하고 굶주리거나, 대로변에서 차에 치여 죽거나, 장시간이 지나면 유전적인 단일화로 결국 멸종에 이른다.

눈에 보이는 숲이 어느 정도 있다고 안심할 게 아니라 각 동물의 특성을 잘 이해하고, 거기에 맞는 생태 환경을 조성해주어야 한다.

생태상식 31 흔적으로 동물을 느끼자

곤충과 새들은 환경 변화에 잘 적응하고, 특별한 종이 아니면 관찰하기 어렵지 않을 정도로 개체도 많다. 하지만 포유류는 우리나라 숲속에서 기껏 10여 종이나 볼 수 있다고 한다. 게다가 대부분 야행성이고, 조심성도 많으며 보호색까지 띠어 찾기 어렵다.

모든 생명체는 삶의 자취가 있고, 모든 행동에는 흔적이 남는다. 포유류도 발자국, 배설물, 먹이 흔적, 털 등을 탐구하고 조사하면 그 동물의 움직임, 개체, 성별 등 많은 정보를 알아낼 수 있다.

동물의 흔적은 단순히 그 동물의 자취로 끝나지 않는다. 멧돼지가 진흙 목욕을 한 구덩이에 개구리가 알을 낳고, 딱따구리가 파놓은 구멍엔 하늘다람쥐가 살며, 소가 싼 똥은 쇠똥구리에게 훌륭한 먹이가 된다. 흔적을 통해 그 동물의 존재와 행동 방식, 나아가 생태계 전반을 이해하는 것이 더욱 중요하다고 할 수 있다.

아이들에게 동물의 모습을 직접 보여주는 것도 좋지만, 흔적을 통해 동물의 존재를 이해하고 관심을 가지며 사랑하는 마음을 키우게 하는 것도 중요하다.

생태상식 32 식물과 동물의 공생

자연 안에서는 어느 하나 홀로 사는 존재가 없고, 모두 연결되어 있다. 동물은 식물의 열매나 씨앗을 먹이로 섭취하고, 그 대가로 멀리 이동시켜 식물의 번식을 돕는다.

버찌와 같은 씨열매는 씨앗을 가운데 두고 주변에 과육을 만들어서 먹기 좋은 열매가 된다. 자신의 씨앗을 멀리 보내기 위해 에너지를 쏟아 부어 만들어내는 것이다. 동물들은 열매를 먹어 배를 채우고, 씨앗은 배설물에 섞여 나와서 싹이 튼다. 어느 종은 동물의 위장을 통과한 뒤 발아율이 높아지는 경우도 있다고 한다.

생태상식 33 포유류의 후각 기능

포유류는 '코동물'이라고 할 만큼 후각이 발달했다. 사냥을 하는 포식자와 사냥을 당하는 피식자의 관계에서 청각과 시각만큼 중요한 게 후각이다.

개의 후각 세포는 2억 개로, 500만 개인 사람보다 후각이 훨씬 뛰어나다고 한다. 야생동물들은 더욱 뛰어날 것이다. 우리가 숲에 들어서면 야생동물들은 소리보다 냄새로 우리를 알아챌 수 있다.

생태상식 34 꼬리의 기능

포유류는 대부분 꼬리가 있다. 유인원은 꼬리가 퇴화했지만 쥐와 다람쥐, 청설모, 늑대, 호랑이 등 꼬리가 발달한 동물이 많다. 동물의 꼬리는 달리거나 나무를 탈 때 균형을 유지하는 역할을 한다. 달리다가 갑자기 멈추거나 방향을 바꿀 때 꼬리는 쓰러지지 않고 몸을 잘 지탱하도록 도와준다. 외줄 타기를 할 때 부채를 이용해 균형을 잡는 것과 같은 이치다.

생태상식 35 도토리와 청설모 그리고 어치

도토리를 먹는 동물은 아주 많다. 숲속의 포유류는 대개 도토리를 먹는다고 봐도 된다. 멧돼지, 들쥐, 너구리, 곰까지도 도토리를 먹는다. 도토리를 먹는 동물 중에 저장하는 습관이 있는 동물들이 있다. 다람쥐나 청설모, 들쥐 같은 설치류와 어치라는 새다. 이들은 밤이나 호두, 도토리, 잣 등을 다 먹지 않고 여러 곳에 저장한다.

이들이 미처 찾아 먹지 못한 곳에서 이듬해 싹이 나는데, 다람쥐나 청설모의 기억력이 나빠서 그런 것으로 아는 이들이 많다. 하지만 이들은 후각도 발달해서 숨겨둔 것을 잘 찾아 먹는다고 한다. 기억력이 나빠서라기보다 다른 이유로 싹이 돋는 경우가 많다.

첫째, 청설모는 다람쥐와 달리 여러 군데에 숨겨두기 때문에 다 찾아 먹기 전에 이듬해 봄이 되어 싹이 돋는다.

둘째, 묻어두고 나서 다 찾아 먹기 전에 청서가 천적에게 잡아 먹힌다.

셋째, 묻어두고 꺼내 먹는 도중에 땅속의 습기 때문에 먼저 싹이 나는 열매가 있다.

생태상식 36 숲을 가꾸는 청설모

도토리가 둥글고 단단한 것은 스스로 굴러가서 번식하는 전략 때문이다. 그러나 숲에서 관찰해보면 경사지에 있는 경우가 아니면 나무 밑에 떨어져서 멀리 굴러가는 경우는 드물다. 땅에 파고들어서 안전하게 싹을 틔우는 개체도 드물다. 땅 위에서 싹이 나는 경우도 있긴 하지만 그 수가 적다. 하지만 청설모와 어치가 땅에 묻은 도토리는 먹지 않고 두면 거의 100% 싹이 난다고 한다.

결국 도토리가 땅에 떨어져 스스로 싹이 나서 나무가 되는 경우는 드물고, 청설모와 어치가 가을 동안 부지런히 모아둔 도토리에서 싹이 나고 나무가 자라는 것이다. 청설모와 어치는 숲을 가꾸는 충실한 일꾼이다.

생태상식 37 야생동물 이동 통로 – 동물을 위한 것인가, 인간을 위한 것인가?

차를 타고 가다 보면 가끔 육교처럼 생태 통로에 '야생동물이 지나가고 있습니다'라는 글귀를 볼 수 있다. 하지만 실제로 그 통로를 이용하는 동물들은 극히 드물다고 한다. 폭이 좁은데다 위쪽을 피하는 야생동물의 습성 때문이다.

최근엔 육교형 통로보다 터널형 통로가 주목받고 있다. 도로 아래로 터널을 뚫어 동물들이 그곳으로 이동할 수 있도록 하는 방법인데, 육교형에 비해 제작비도 적게 들고, 안전성이 확보되어 동물들의 이동이 더 많다고 한다. 하지만 국내엔 터널형 통로가 설치된 곳이 거의 없다. 터널형 통로는 사람들 눈에 잘 띄지 않아 설치한 티를 낼 수 없기 때문이다. 생태 통로가 동물을 위한 것인지, 사람을 위한 것인지 의문이다.

생태상식 38 박쥐의 초음파 이야기

박쥐는 주로 동굴이나 폐광, 낡은 집 지붕 밑 등에서 살며, 밤에 활동하는 동물로 나방이나 풍뎅이, 모기 같은 곤충을 잡아먹는다. 외국에는 꽃의 꿀을 먹거나, 물고기를 잡아먹는 것, 소나 말 등 가축의 피를 먹는 흡혈박쥐도 있다.

박쥐는 눈이 거의 제 역할을 하지 못한다. 그래서 초음파를 보내서 물체에 부딪혀 돌아오는 것을 귀로 알아차려 먹이를 잡거나 방해물을 피한다. 소리의 신호가 17가지나 되지만 소리의 진동수가 너무 높아 우리 귀로는 듣지 못하는 것이 많다. 소리의 반향으로 상대의 성별이나 감정 상태까지도 알아낼 수 있다고 한다. 잠잘 때를 제외하고는 콧구멍에서 계속 음파를 내는데, 정지 상태에서는 보통 1초에 5회, 날아다닐 때는 20~30회 음파를 낸다.

이런 박쥐를 연구하여 바다 속 물체나 잠수함을 찾아내는 음파탐지기를 발명했다고 한다.

3-5

양서·파충류

양서류와 파충류는 서로 많이 다른데도 흔히 같이 묶는다. 그 이유는 이들이 다른 동물과 달리 변온동물이기 때문일 것이다.

양서류는 물과 뭍이 같이 있는 곳에서 살기 때문에 물뭍동물이라고도 한다. 양서류가 물과 뭍을 오가며 사는 까닭은 몸에서 증발하는 수분을 조절할 능력이 없기 때문이다. 스스로 체온을 유지하지 못하고 수분을 조절하지도 못하는 양서류는 외부 환경에 민감할 수밖에 없다. 이러한 특징 때문에 요즘은 양서류를 특정 지역의 환경오염 정도를 측정하는 환경 지표종으로 삼는다.

양서류와 파충류가 다른 동물들과 구별되는 점 중에 하나는 겨울잠을 잔다는 것이다. 겨울잠을 자는 까닭은 겨울의 낮은 온도로는 몸속의 물질대사가 불가능하기 때문이다. 다른 동물들이 체온을 유지하기 위해 많은 에너지를 쓰는 데 비해, 양서류와 파충류는 체온 유지에 에너지를 거의 쓰지 않는다. 따라서 먹이를 자주 먹지 않아도 된다. 에너지를 불필요하게 섭취하거나 낭비하지 않는 생존 전략인 셈이다. 파충류가 다른 동물보다 장수하는 것도 이 때문이다. 물고기와 달리 젤라틴으로 된 비늘 덕에 물이 밖으로 빠져나가지 않으므로 한번 물을 마시면 오랫동안 참을 수 있다.

3-5-1 메뚜기, 개구리, 뱀

목적: 생태계의 균형과 양서류의 생태적 위치를 이해한다.
대상: 초등학생 이상
장소: 어느 곳이나

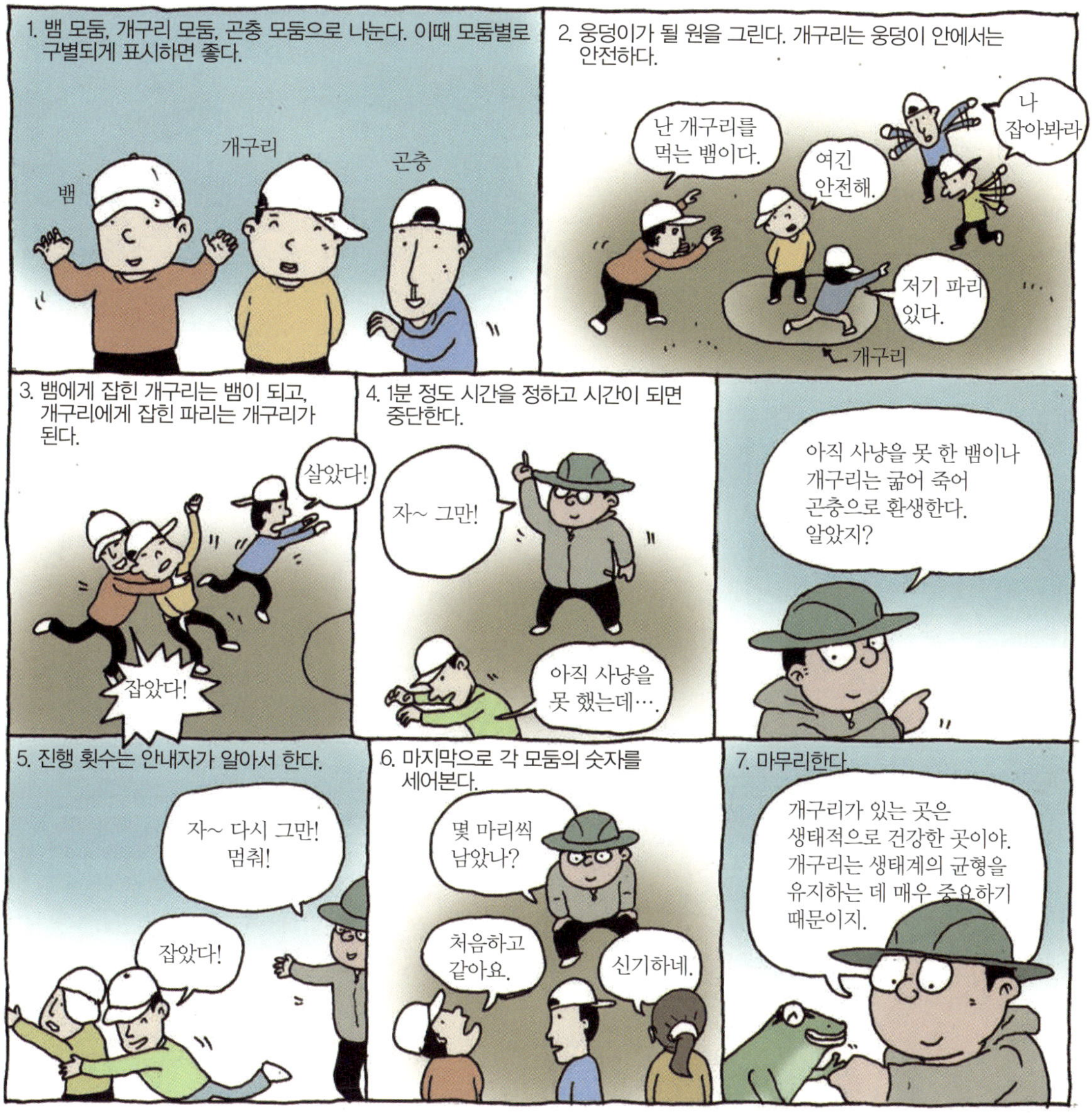

1. 뱀 모둠, 개구리 모둠, 곤충 모둠으로 나눈다. 이때 모둠별로 구별되게 표시하면 좋다.
2. 웅덩이가 될 원을 그린다. 개구리는 웅덩이 안에서는 안전하다.
3. 뱀에게 잡힌 개구리는 뱀이 되고, 개구리에게 잡힌 파리는 개구리가 된다.
4. 1분 정도 시간을 정하고 시간이 되면 중단한다. 아직 사냥을 못 한 뱀이나 개구리는 굶어 죽어 곤충으로 환생한다. 알았지?
5. 진행 횟수는 안내자가 알아서 한다.
6. 마지막으로 각 모둠의 숫자를 세어본다.
7. 마무리한다. 개구리가 있는 곳은 생태적으로 건강한 곳이야. 개구리는 생태계의 균형을 유지하는 데 매우 중요하기 때문이지.

진행을 위한 팁
- 실제로 곤충을 먹는 뱀이 있으나 게임에선 뱀이 곤충을 먹지 않는 것으로 한다.
- 모둠을 나눌 땐 뱀 모둠을 가장 적은 수, 그다음 개구리, 곤충 순으로 한다.
- 구별할 수 있도록 모자를 쓰거나 스티커를 사용하는 것도 도움이 된다.
  (예: 모자 똑바로 쓴 건 뱀, 옆으로 쓴 건 개구리, 뒤로 돌려 쓴 건 곤충)
- 진행 시간은 꼭 1분씩 하지 않아도 된다.
- 마지막에 처음의 숫자와 같지 않을 수도 있다. 다만 생태계의 균형 유지에 대한 인식을 하도록 전달해주는 게 중요하다.

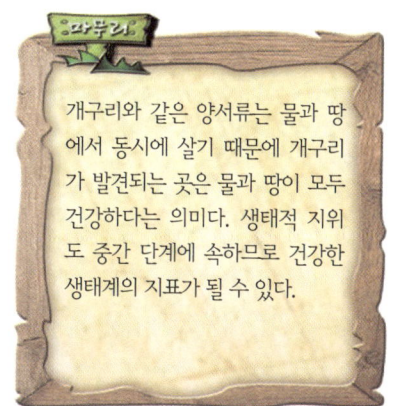

마무리
개구리와 같은 양서류는 물과 땅에서 동시에 살기 때문에 개구리가 발견되는 곳은 물과 땅이 모두 건강하다는 의미다. 생태적 지위도 중간 단계에 속하므로 건강한 생태계의 지표가 될 수 있다.

3-5-2 겨울잠에서 깨어난 개구리

목적 : 숲속 놀이에 앞서 관찰력과 협동심을 기르고, 준비운동도 겸한다.
대상 : 초등학생 이상
장소 : 공터가 있는 곳

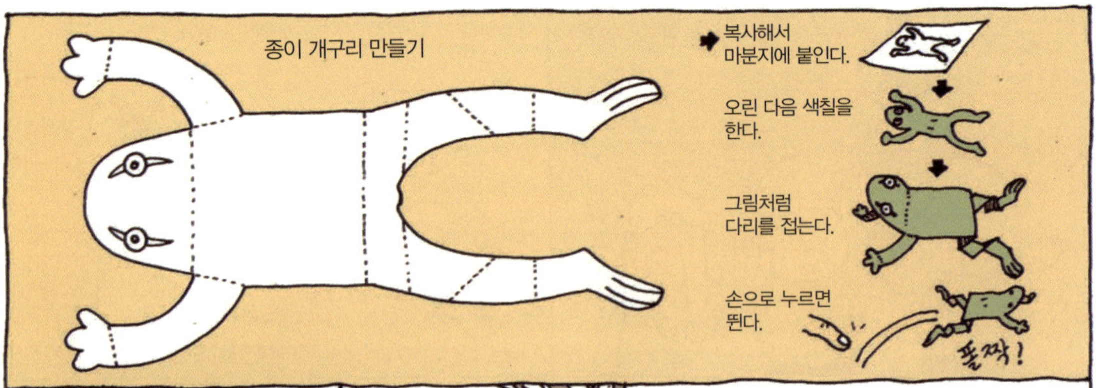

종이 개구리 만들기

→ 복사해서 마분지에 붙인다.
오린 다음 색칠을 한다.
그림처럼 다리를 접는다.
손으로 누르면 뛴다. 폴짝!

1. 배에 체조 동작을 한 가지씩 적은 종이 개구리를 미리 숨겨둔다.
2. 개구리가 있는 곳으로 안내하고 찾게 한다.
   - 얘들아! 여기 겨울잠에서 깬 개구리들을 찾아보자.
3. 한 마리씩만 찾아온다.
   - 찾았다!
   - 난 못 찾겠어.
   - 내가 한 마리 줄게.
4. 개구리 배를 보면 체조 동작이 적혀 있다.
   - 앉았다 일어나기?
   - 만세 부르기?
5. 같은 색 개구리끼리 모여 모둠 체조를 만든다.
   - 각 동작으로 모둠 체조를 만들어봐!
   - 초록 모여!
6. 체조 발표회를 한다.
   - 하나! 둘! 셋! 넷!
7. 마무리한다.
   - 겨울잠에서 깨어난 개구리처럼 오늘도 힘차게 숲에서 놀자!

진행을 위한 팁
- 개구리는 미리 숨겨둬야 한다.
- 참가자 숫자를 파악하여 인원에 맞게 준비해야 한다. 반드시 한 개씩만 찾고, 더 찾으면 옆 친구에게 주도록 한다.
- 이왕이면 주변 색깔에 맞게 숨긴다.
- 모둠 체조는 순서와 상관없이 한 동작이 한 번씩 나오게 만들면 된다. 모둠원이 많을 때는 일정하게 동작 수를 제한해도 좋다.
- 체조 동작은 간단하게 적고, 모둠 안에서 창의적으로 만든다.
  (예 : 다리 벌리기, 앞차기, 목 돌리기, 앉았다 일어나기)
- 개구리의 특징이나 울음소리, 벌칙 등을 적어서 다른 놀이로도 활용할 수 있다.
- 찾은 개구리로 멀리뛰기 경주를 할 수도 있다.

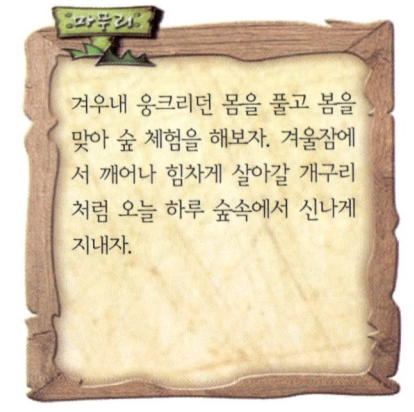

마무리

겨우내 웅크리던 몸을 풀고 봄을 맞아 숲 체험을 해보자. 겨울잠에서 깨어나 힘차게 살아갈 개구리처럼 오늘 하루 숲속에서 신나게 지내자.

생태 상식 39 ☞ 162쪽

3-5-3 뱀이 있는 마을

목적: 놀이를 통해 뱀의 생태적 지위를 이해한다.
대상: 초등학생 이상
장소: 나뭇잎이 많은 지역

1. 낙엽을 주워서 쥐를 만든다.
   - 으악! 뱀이다~!
   - 뱀이 없었음 좋겠어요.
   - 없어도 되는 동물은 없어.
   - 낙엽을 하나씩 주워봐. 이 낙엽을 쥐라고 하자.
2. 낙엽을 오려서 쥐 모양으로 만들면 더 좋다.
3. '뱀 있는 마을 모둠'과 '뱀 없는 마을 모둠'으로 나눈다.
4. 쥐는 새끼를 한 번에 두 마리만 낳는 것으로 한다.
5. 안내자가 "뱀이다!" 하고 외치면 뱀 있는 마을 모둠에서는 뱀이 나타나 쥐를 두 마리 잡아먹는다.
6. 두 마을의 쥐 숫자를 비교해본다.
   - 우리는 한 마리!
   - 뱀이 쥐 숫자를 조절한단다.
   - 우리는 엄청 늘어났어!

진행을 위한 팁

- 말로만 듣는 것과 직접 눈으로 보는 것은 확연히 다르다. 쥐가 기하급수적으로 늘어나는 것을 직접 보면 깜짝 놀랄 것이다. 그것을 확인해주는 놀이다.
- 안내자가 뱀 역할을 하는 게 무난하나, 모둠을 나누고 한 명이 남으면 그 사람이 뱀 역할을 한다.
- 쥐는 한 달에 두 마리씩 늘어나고, 뱀은 석 달에 한 번 나타나서 쥐를 두 마리 잡아먹는다는 식으로 미리 시간과 마릿수를 정하는 게 좋다.
- 가위가 많지 않거나 쥐 만드는 시간이 오래 걸리면 나뭇잎을 쥐라 하고 진행하거나, 각자 손으로 찢어서 쥐처럼 만들어보자고 해도 무방하다.
- 잎자루가 긴 나뭇잎(은사시나무, 포플러 등)으로 만들면 더 좋다.
- 인원이 많지 않으면 쥐가 부족할 수 있다. 이때는 한 사람이 쥐를 두 마리나 그보다 많이 만들게 한다.

생태 상식 40 ☞ 162쪽

뱀이 쥐의 개체를 조절하는 것을 알 수 있다. 뱀이 생태계에서 중요한 역할을 하는 만큼 혐오스런 생각은 하지 않도록 유도한다.

3-5-4 도마뱀 꼬리 끊기

목적 : 동물마다 자기만의 생존 전략이 있음을 이해한다.
대상 : 7세 이상
장소 : 어느 곳이나

1. 족제비 한 명을 뽑고, 나머지는 도마뱀이 된다.
   ← 도마뱀 족제비

2. 도마뱀은 허리춤에 손수건을 끼워서 꼬리를 만든다.

3. 도마뱀은 족제비를 피해 출발점에서 도착점까지 가면 성공! 족제비는 꼬리가 없는 도마뱀을 잡아야 완전히 잡은 것이다. 꼬리가 끊긴 도마뱀은 세 번 왕복하면 다시 꼬리가 생긴다.
   도착점
   출발점

4. 족제비는 도마뱀을 잡아야 한다.
   "달려, 달려!"
   "게 섰거라."

5. 위험에 처한 도마뱀은 꼬리를 뺄 수 있다.
   "잡았…"
   "엥?"

6. 도마뱀은 꼬리를 최대한 높이 던진다.

7. 족제비는 꼬리를 잡고 나서 도마뱀을 잡아야 한다.
   "잡았다!"

8. 족제비가 꼬리를 잡는 사이 도마뱀은 도망간다.
   "이때다!"

9. 이야기를 나누고 마무리한다.
   "도마뱀은 자기를 보호하기 위해 꼬리를 끊고 달아난단다."

진행을 위한 팁
- 도착점을 반환점으로 하여 왕복하게 하는 것도 방법이다.
- 꼬리를 잡은 족제비는 반드시 꼬리가 없는 도마뱀을 잡아야 한다.
- 꼬리 없는 도마뱀이 다시 꼬리가 자라는 방법은 안내자의 요량에 따라 달리할 수 있다.

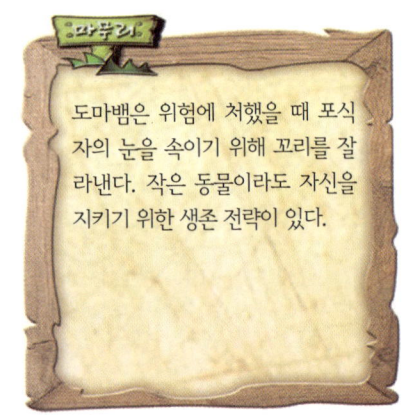

도마뱀은 위험에 처했을 때 포식자의 눈을 속이기 위해 꼬리를 잘라낸다. 작은 동물이라도 자신을 지키기 위한 생존 전략이 있다.

생태 상식 41 ☞162쪽

3-5-5 같은 울음소리 찾기

목적: 양서류가 소리를 통해 짝짓기하는 것과 양서류의 울음에 담긴 의미를 알아본다.
대상: 7세 이상
장소: 어느 곳이나

1. 둘씩 짝을 짓는다.
   - 둘씩 짝을 지어보자!
   - 소리를 내는 양서류에는 무엇이 있을까?
   - 맹꽁이!
   - 청개구리!

2. 각 모둠에 여러 가지 방울을 하나씩 나눠준다.

3. 두 사람 다 소리를 잘 듣는다.

4. 암컷과 수컷을 정한다.
   - 내가 암컷?
   - 암컷은 눈을 가리자.

5. 5m 떨어진 곳에서 수컷이 흔드는 방울 소리를 듣고 짝을 찾아간다.
   - 소리가 비슷해서 엄청 헷갈리네.
   - 딸랑딸랑
   - 딸랑딸랑

6. 이야기를 나누고 마무리한다.
   - 양서류는 울음소리로 짝을 찾는데, 절대 다른 종과 섞이지 않는단다.

진행을 위한 팁
- 동시에 네 짝 이상이 진행하도록 한다.
- 각 모둠에 개구리, 맹꽁이, 황소개구리, 두꺼비, 청개구리 등 이름을 정해줘도 재미있다.
- 방울 소리 대신 각자의 목소리를 이용해도 된다. 이 경우 울음소리는 '개굴개굴'이나 '꽉꽉' 등 하나의 소리로 통일해서 진행해야 한다.

마무리

양서류는 소리를 통해 제 짝을 찾고 짝짓기를 한다.

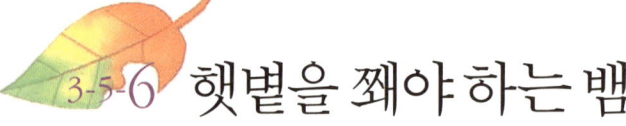

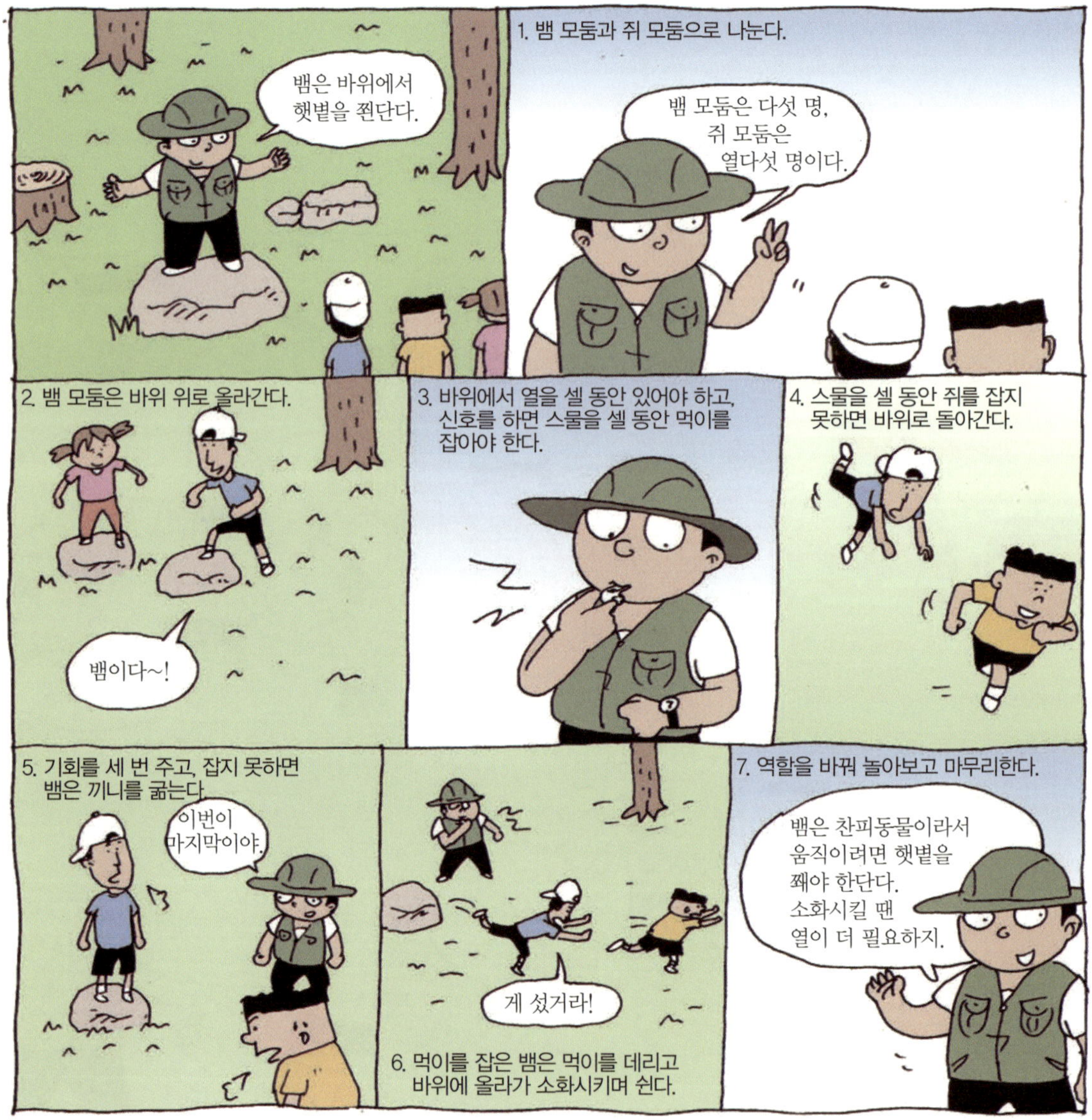

3-5-7 개구리의 먹이 사냥

목적: 먹이로 개구리의 생태를 이해한다.
대상: 7세 이상
장소: 어느 곳이나

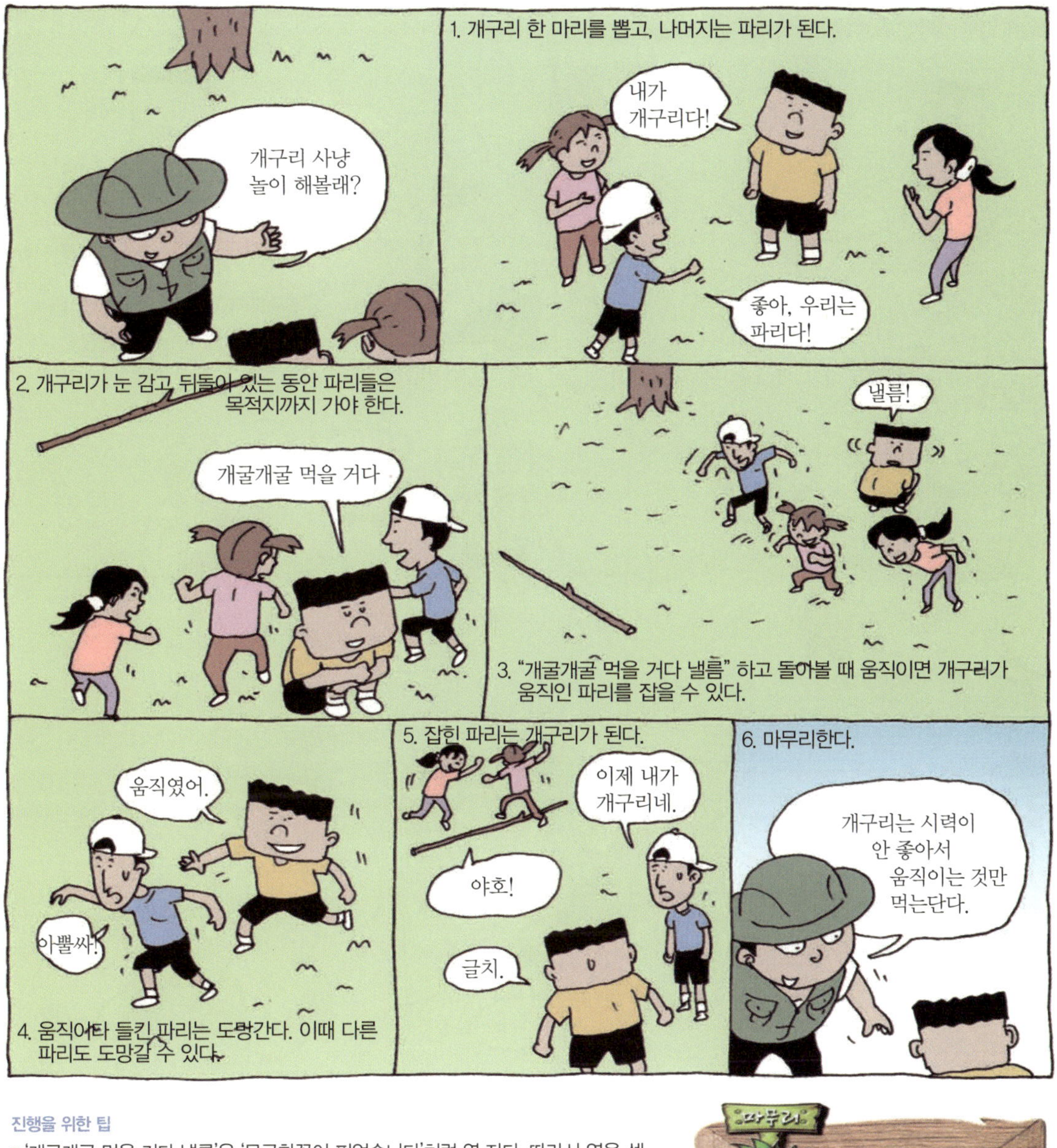

1. 개구리 한 마리를 뽑고, 나머지는 파리가 된다.
2. 개구리가 눈 감고 뒤돌아 있는 동안 파리들은 목적지까지 가야 한다.
3. "개굴개굴 먹을 거다 냠름" 하고 돌아볼 때 움직이면 개구리가 움직인 파리를 잡을 수 있다.
4. 움직여서 들킨 파리는 도랑간다. 이때 다른 파리도 도망갈 수 있다.
5. 잡힌 파리는 개구리가 된다.
6. 마무리한다.

진행을 위한 팁

- '개굴개굴 먹을 거다 냠름'은 '무궁화꽃이 피었습니다'처럼 열 자다. 따라서 열을 센다고 보면 된다. 이 주문을 다섯 번 정도만 하고 개구리는 자율적으로 사냥을 떠난다는 식으로 규칙을 정해도 좋다.
- '개굴개굴 먹을 거다 냠름'을 다섯 번 할 때까지 도망가야 한다. 다섯 번이 끝나면 개구리가 잡으러 간다.

따무리

개구리나 두꺼비는 살아서 움직이는 것만 잡아먹는다. 시력이 좋지 않기 때문이다.

3-5-8 피라미, 개구리, 새

목적: 동물들의 주요 서식지를 알아본다.
대상: 7세 이상
장소: 계곡이 있는 곳

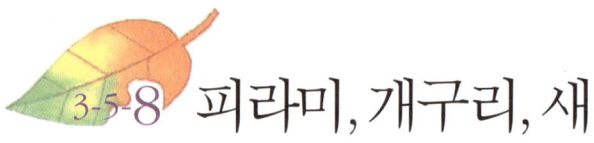

진행을 위한 팁
- 실내에서 할 경우 의자에 앉아 두 발을 바닥에 대면 피라미, 두 발 다 들면 새, 한 발만 들면 개구리가 된다.
- 안내자가 각 동물들을 다양하게 말하되, 헷갈릴 만한 걸 내줘야 한다.
  (예 : '물고기'라고 하는 것보다 '종개'라고 하는 게 헷갈린다. 생물에 대한 이해도 할 수 있다.)
- 본격적인 수업 전에 하거나 수업을 마치고 점검 차원에서 하면 좋다.

양서류는 물과 뭍 양쪽에서 살기 때문에 더욱 환경이 좋아야 한다.

3-5-9 와! 봄이다

목적 : 겨울날 몸 풀기를 하며 개구리의 습성을 이해한다.
대상 : 7세 이상
장소 : 어느 곳이나

1. 날씨가 쌀쌀할 때 하기 좋은 활동적인 놀이다.

- 추워요.
- 따뜻하게 해줄까?
- 개구리가 슬슬 잠에서 깰 때가 됐는데 개구리 놀이 해보자.
- 개구리 놀이요?

2. 봄과 겨울을 한 명씩 뽑는다. 다른 참가자는 모두 개구리가 된다.

↳ 봄   ↳ 겨울

3. 개구리는 출발선에서 움츠리고 앉았다가 안내자가 "봄이다" 하면 개구리처럼 폴짝폴짝 뛰어 도착점까지 간다.

출발점
도착점

4. 봄 손에 닿으면 개구리는 될 수 있다.

- 봄이야!

5. 겨울 손에 닿으면 개구리는 멈춘다.

- 아싸!
- 겨울!
- 끙!

- 겨울잠 자는 개구리도 알고, 신나게 뛰기도 하는 놀이죠.

진행을 위한 팁

- 개구리의 겨울잠과 봄의 관계를 알기에 좋다.
- 활동성 있는 놀이라 추운 날 땀이 나게 한다.
- 목적지를 계곡이나 연못 등으로 정하면 더 설득력이 있다.
- 봄과 겨울이 열심히 뛰어다녀야 개구리가 겨울에게 잡히지 않으려고 더 멀리 뛴다.

마무리

개구리는 추운 겨울에 겨울잠을 잔다.

생태 상식 43 → 162쪽

3-5-10 도롱뇽이다

목적: 습기가 필요한 도롱뇽의 생태를 이해한다.
대상: 초등학생 이상
장소: 어느 곳이나

1. 족제비 한 마리를 뽑고, 나머지는 도롱뇽이 된다.
   - 난 족제비!
2. 종이테이프가 감긴 나무는 습지를 나타낸다. 제자리로 돌아올 수 있게 한 바퀴를 표시한다.
3. 도롱뇽은 테이프가 있는 나무에 붙으면 족제비의 공격을 피할 수 있다.
   - 나무, 아니 습지야 살려줘!
4. 처음 출발한 나무로 돌아와야 한다.
   - 게 섰거라!
   - 싫어!
5. 종이테이프를 하나씩 떼고 계속한다.
   - 겨우 살았다!
   - 여기 테이프를 뗄 거야!
   - 아이고, 죽겠다!
6. 이야기를 나누고 마무리한다.
   - 습지가 줄어서 잡혔어요.
   - 물이 사라지거나 오염되면 도롱뇽은 살 수 없단다.

진행을 위한 팁
- 나무 대신 밧줄을 이용해 웅덩이를 표시해두고 놀아도 좋다.
- 인원을 고려해서 족제비 수를 조절할 수 있다.
- 나무를 꼭 껴안고 있어야 족제비가 잡지 못한다고 미리 얘기해서 나무를 껴안게 유도한다.
- 한 나무에 다섯 마리 이상 붙으면 안 된다는 식으로 개체를 얘기해서 도롱뇽들이 활동성 있게 놀도록 유도한다.

마무리

도롱뇽이 사는 곳은 깨끗한 습지나 계곡이다.

생태 상식 44 162쪽

3-5-11 허물을 벗어라

- **목적**: 뱀이 허물을 벗는 까닭과 그 방식을 이해한다.
- **대상**: 7세 이상
- **장소**: 어느 곳이나

1. 두 모둠으로 나눈다.
2. 고무장갑을 한 켤레 준비해서 뱀 허물이라고 한다.
3. 출발선에서 5m 앞에 흰 보자기를 깔고 고무장갑을 한 짝씩 놓는다.
4. 모둠끼리 차례로 장갑을 뒤집는다.

   "땀이 나서 잘 안 벗겨지네."
5. 완벽하게 뒤집어야 성공이다.
6. 다음 사람은 반대로 뒤집는다.

   "손가락이 남았다."
7. 마무리한다.

   "한꺼번에 제대로 잘 벗어야 건강한 뱀이란다."

진행을 위한 팁

- 고무장갑 대신 다른 것을 사용해도 된다. 이왕이면 뱀처럼 길쭉한 것이 좋다. 옷을 벗고 입는 놀이도 재미있다.
- 입으로 불어서 손가락 부분을 빼내지 않도록 한다.
- 뱀 허물 표본을 보여주거나 뱀 허물이 있는 곳에서 하면 더 효과적이다.

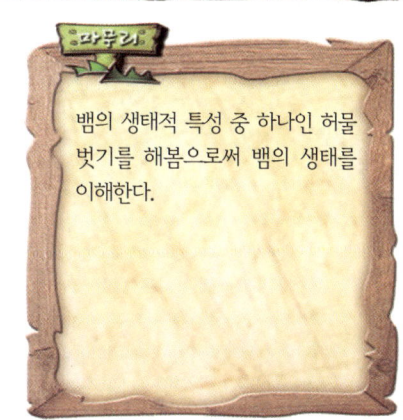

뱀의 생태적 특성 중 하나인 허물 벗기를 해봄으로써 뱀의 생태를 이해한다.

생태 상식 45 ☞ 163쪽

3-5-12 숨은 개구리 찾기

목적 : 개구리의 보호색에 대해 이해한다.
대상 : 7세 이상
장소 : 어느 곳이나

1. 두 모둠으로 나누고, 청개구리를 그린 종이를 나눠준다.

2. 숲속 어디에 숨길지 정한다.
   - 청개구리가 나무도 잘 타지?
   - 바위에 숨길까?

3. 숨길 장소와 같은 색으로 칠한다.

4. 가위로 오린다.

5. 청개구리를 숨긴다.

6. 숨길 때는 땅에 묻거나 낙엽으로 덮지 말고 자연물 주변에 둔다.
   - 여기에 둘까?

7. 다른 모둠 개구리를 찾는다.
   - 여깄다!
   - 이 근처 같은데…

8. 마무리한다.
   - 청개구리는 보호색이 발달해서 장소에 따라 몸빛을 바꾼단다.

진행을 위한 팁
- 개구리 그림을 각자 그리게 하는 것도 좋다.
- 종이는 너무 얇지 않은 것으로 한다.
- 테이프를 이용해서 나무줄기에 붙여도 재미있다.

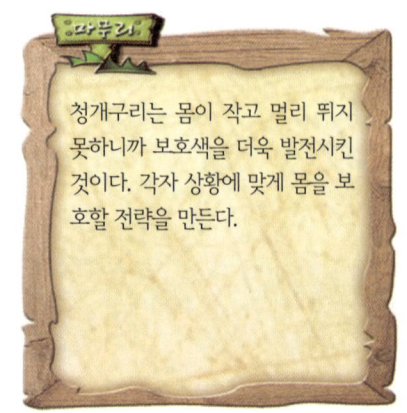

마무리

청개구리는 몸이 작고 멀리 뛰지 못하니까 보호색을 더욱 발전시킨 것이다. 각자 상황에 맞게 몸을 보호할 전략을 만든다.

생태 상식 46 ☞ 163쪽

3-5-13 두꺼비의 알 낳기

목적: 두꺼비의 습성을 알아보고, 인간과 두꺼비의 관계를 이해한다.
대상: 초등학생 이상
장소: 어느 곳이나

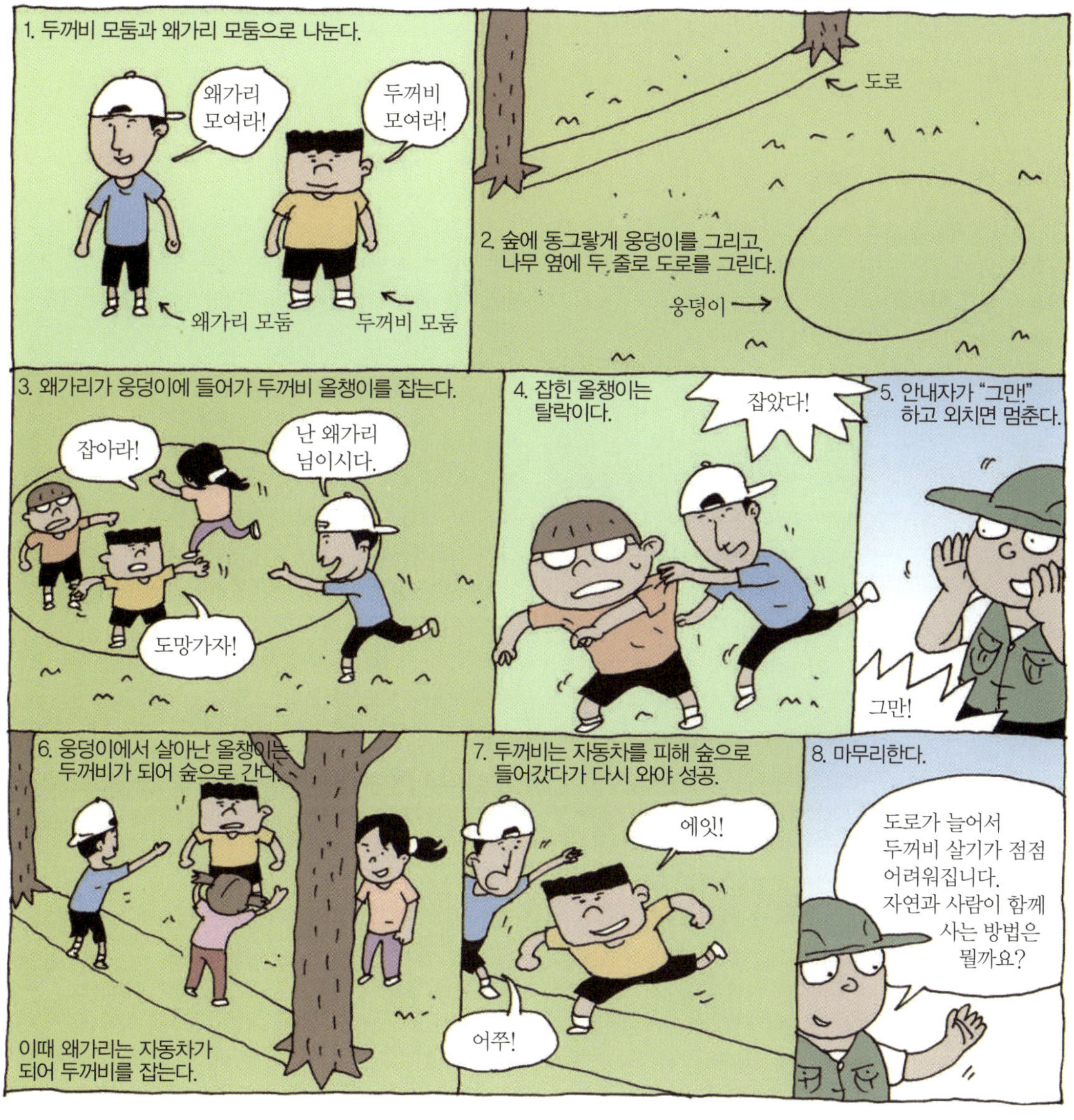

1. 두꺼비 모둠과 왜가리 모둠으로 나눈다.
2. 숲에 동그랗게 웅덩이를 그리고, 나무 옆에 두 줄로 도로를 그린다.
3. 왜가리가 웅덩이에 들어가 두꺼비 올챙이를 잡는다.
4. 잡힌 올챙이는 탈락이다.
5. 안내자가 "그만!" 하고 외치면 멈춘다.
6. 웅덩이에서 살아난 올챙이는 두꺼비가 되어 숲으로 간다. 이때 왜가리는 자동차가 되어 두꺼비를 잡는다.
7. 두꺼비는 자동차를 피해 숲으로 들어갔다가 다시 와야 성공.
8. 마무리한다.

진행을 위한 팁
- 왜가리가 올챙이를 너무 많이 잡지 않도록 적당한 시간에 "그만!" 하고 외쳐야 한다. 왜가리 때문에 두꺼비 개체가 줄었다고 오해하면 안 된다.
- 습지는 끈이나 자연물로 바닥에 동그라미를 그려놓는다.
- 습지의 크기와 자동차 숫자를 줄이거나 늘려보고, 어떤 차이가 있는지 알아본다.
- 두꺼비의 생태에 대해 설명해주고, 인간과 두꺼비가 공존하는 방법은 무엇이 있는지 얘기해본다.

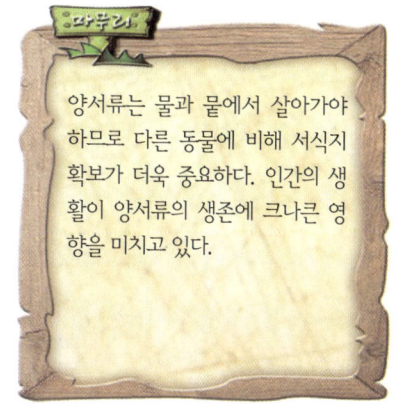

양서류는 물과 뭍에서 살아가야 하므로 다른 동물에 비해 서식지 확보가 더욱 중요하다. 인간의 생활이 양서류의 생존에 크나큰 영향을 미치고 있다.

생태상식 39) 양서류의 겨울잠

양서류가 겨울잠을 자는 까닭은 크게 세 가지다.
 첫째, 변온동물이므로 기온이 내려가면 체온도 내려가 활동할 수 없기 때문이다.
 둘째, 먹이가 되는 곤충이 없기 때문이다.
 셋째, 추워지면 피부의 물기가 얼거나 건조해져서 호흡에 문제가 생기기 때문이다.
 주변 온도가 영하로 떨어져도 영하로 떨어지지 않는 땅속에서 죽은 것처럼 잔다. 심장 박동이 멈춰 피는 돌지 않고 신경만 살아 있으며 신진대사는 1%만 이루어지지만, 생식 기능은 성숙한다. 봄이 되면 바로 알을 낳기 위해서다.
 간혹 영하로 떨어져도 얼지 않는데, 몸속에 당분이 아주 많아 어는점이 낮기 때문이다. 개구리 피 1ℓ에 당분이 45g이나 된다고 한다. 인간은 당분이 4g만 있어도 당뇨에 걸린다.

생태상식 40) 뱀이 없어지면?

베트남의 어느 지역에서 뱀을 다 잡았더니 이듬해 농작물의 소출이 3분의 1이나 줄었다고 한다. 바로 설치류 때문이다. 뱀 한 마리는 1년에 알을 20~80개 낳고, 쥐를 100마리 잡아먹는다. 그런 뱀이 사라지니 쥐의 개체가 늘어 농작물에 피해를 준 것이다.
 옛날 어느 왕이 자신이 좋아하는 버찌를 참새가 먹자 참새를 모두 잡으라고 명령했다. 그랬더니 벚나무에 해충이 끓어 버찌를 전보다 못 먹었다고 한다. 이처럼 생태계의 균형이 깨지면 그 피해가 고스란히 인간에게 돌아간다. 생김새만 보고 징그럽다거나 무섭다고 선입관을 갖지 말고, 뱀의 생태적 지위를 다시 한 번 생각해보자.

생태상식 41) 도마뱀의 꼬리 끊기

도마뱀은 위험하면 꼬리를 끊고 달아난다. 하지만 그 꼬리를 만들기 위해 또 에너지를 모아야 한다. 도마뱀 꼬리는 한 번 끊어지면 다시 자라지만 두 번 끊어지면 자라지 않는다.

생태상식 42) 햇볕을 쬐야 하는 뱀

인간을 포함한 포유류나 조류는 항상 체온이 일정하며, 체온을 유지하는 내부 기관이 있다. 그러나 파충류나 양서류는 체내에서 열을 만들 수 없기 때문에 외부의 열로 체온을 조절한다. 뱀은 먹이를 먹은 뒤엔 평상시 활동할 때보다 체온이 높아야 한다. 그러므로 먹이를 잡아먹은 뒤에는 더욱더 일광욕을 즐긴다.
 햇볕을 쬐지 않는다고 무조건 죽는 건 아니다. 뱀의 생존 온도는 8~35℃, 도마뱀은 10~35℃, 거북은 -15~35℃다.

생태상식 43) 개구리는 어떻게 봄이 온 걸 알고 깨어날까?

개구리는 겨울잠을 자는 동안 신진대사조차 거의 하지 않는다는데, 어떻게 겨울잠에서 깨어날까?
 아직도 명확하게 밝혀내지 못하고 있으나 대부분 땅속에서 온도를 느끼고 깨어난다고 한다. 어쩌면 겨울잠을 자기 시작하면서부터 어느 시점에, 어느 온도에 깨어나야겠다고 프로그래밍을 해두었는지도 모른다. 생체리듬을 계절 변화에 적응시킨 놀라운 능력을 보여주는 것이다. 인간은 아직도 냉동 인간을 개발하지 못하는데, 개구리 한 마리가 위대한 과학기술을 내세우는 인간을 겸손하게 만든다.

생태상식 44) 피부가 항상 촉촉한 도롱뇽

허파가 없는 도롱뇽은 피부로 호흡하기 때문에 피부가 마르면 안 된다. 그래서 낮에는 나뭇가지나 그늘에 숨었다가 밤이 되면 움직인다.
 양서류의 피부는 항상 촉촉해야 한다. 그렇지 않으면 산소가 양서류의 피부를 통과하기 어려워 질식하고 만다.

생태상식 45) 허물을 벗는 파충류

양서류와 달리 파충류는 허물을 벗는다. 몸을 싸고 있는 비늘 때문인데, 이 비늘은 물고기처럼 낱장이 아니라 전체가 하나로 되어 있다. 몸이 성장하면 거기에 따라 허물을 벗어야 한다. 허물을 제때 벗지 못하면 죽기도 한다.

허물을 벗을 때는 바위나 나뭇가지 틈에 몸을 비비며 코부터 몇 초 안에 벗는데, 건강한 뱀은 허물이 한 개다. 허물을 잘못 벗으면 비늘이 딱딱해져서 더 이상 성장할 수 없고, 호흡이나 물질대사 등 생리작용에 문제가 발생하여 죽는다. 허물 벗는 횟수는 뱀에 따라 다르지만, 어린 뱀은 성장이 빨라 1년에 15번 정도 벗는다.

생태상식 46) 작지만 큰 청개구리

개구리들은 보호색을 띤다. 자기가 주로 사는 지역에 맞는 몸빛을 하고 있다. 특히 청개구리는 주변 환경에 따라 몸빛을 바꿀 수 있다. 개구리 중에 유일하게 나무를 타는 청개구리는 몸집은 가장 작지만 소리는 가장 크다.

3-6

새

새는 생태계에서 어떤 역할을 할까? 우선 곤충의 개체 수를 조절한다. 새는 주로 곤충을 먹는다. 새가 먹어 치우지 않는다면 지구는 온통 곤충들의 차지가 될 것이다.

또 식물의 번식을 도와준다. 어치처럼 도토리를 땅에 묻거나, 배설을 통해서 혹은 부리나 몸에 씨앗을 붙이고 갔다가 떨어뜨려서 번식을 도와준다. 특히 배설을 통해 번식하는 경우 과육이 붙어 있는 상태보다 발아율이 좋다고 한다.

계수나무는 직박구리 배설물에서 나온 씨앗을 심었을 경우 100% 발아했는데, 그냥 뒀을 경우 하나도 발아하지 않았다고 한다. 일반적으로 새의 몸을 통과하여 뿌려질 경우 큰키나무(교목)는 35%, 떨기나무(관목)는 76%의 발아율을 보였다고 한다. 이것만으로도 새가 숲을 가꾸는 데 큰 몫을 한다고 볼 수 있다.

3-6-1 귀를 기울이면

목적: 숲에 들어서며 조용히 귀 기울이면 많은 소리를 들을 수 있다는 것을 알려준다.
대상: 초등학생 이상
장소: 어느 곳이나

1. 모두 둘러앉는다.
2. 종이와 펜을 나눠준다. 눈을 감고 들리는 소리를 적어보게 한다.
3. 적은 종이를 옆 사람에게 돌린다.
4. 다른 사람은 무슨 소리를 들었는지 살펴보고 다시 들어본다.
5. 내 종이가 돌아오면 적지 못한 소리를 마저 적는다.

진행을 위한 팁

- 모든 사람이 종이를 돌려보기에 인원이 너무 많으면 옆으로 두세 명만 돌려보고 자기 것을 돌려받는다.
- 이 놀이의 포인트는 다른 사람의 쪽지를 보고 자기가 듣지 못한 소리를 찾아내는 것이다. 나는 듣지 못한 소리를 옆 사람은 들었다면 조용히 집중해서 그 소리를 듣고 싶어할 것이다. 그런 지점을 자극해주는 놀이다.

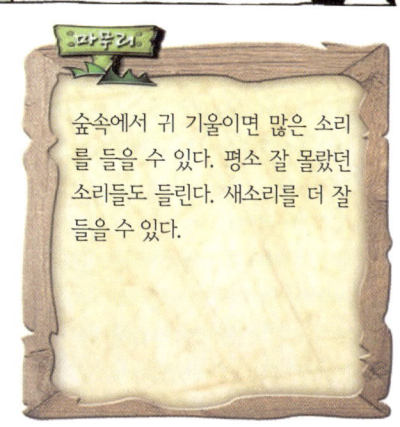

숲속에서 귀 기울이면 많은 소리를 들을 수 있다. 평소 잘 몰랐던 소리들도 들린다. 새소리를 더 잘 들을 수 있다.

3-6-2 나를 믿어

목적: 새들도 말을 한다는 것을 이해한다.
대상: 초등학생 이상
장소: 어느 곳이나

1. 둘씩 짝을 짓는다.
"짝을 지어 놀아볼까?"

2. 새 중에서 하나를 고른다.
"자기가 고른 새소리로 말을 만들어봐."

3. 출발점과 반환점을 알려준다.
"저기 보이는 나무를 돌아오는 거다."
"돌아오란다."

4. 한 사람은 눈을 가리고, 눈을 가리지 않은 사람이 새소리로 안내한다.
"빨리 돌아온 사람이 이긴다."
"파이팅!"
"헐!"

5. 미리 정한 새소리로 길을 안내한다.
"짹짹!"
"짹짹은 앞으로."
"부~엉? 옆으론가?"
"부~엉!"

6. 마무리한다.
"새소리로 안내해보니 어때?"
"조금 어렵지만 할 만해요."
"새들도 우리처럼 대화를 한단다."

진행을 위한 팁
- 나무가 우거진 곳에서 진행한다. 실내에서 진행할 경우 놀이를 하지 않는 인원은 나무, 바위 등 장애물이 된다.
- 반드시 눈 가린 사람 뒤에서 안내하고, 손을 대거나 사람의 말을 해선 안 된다는 규칙을 정해서 진행한다.
- 장애물에 한 번씩 닿을 때마다 감점하는 방식으로 점수에 차등을 주면서 진행해도 재미있다.

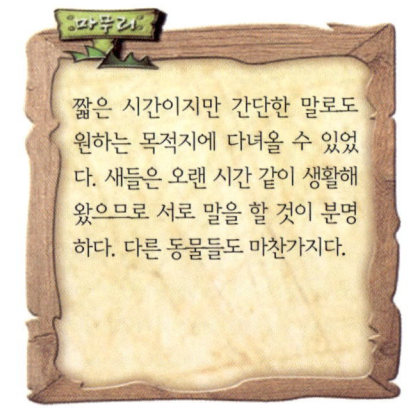

짧은 시간이지만 간단한 말로도 원하는 목적지에 다녀올 수 있었다. 새들은 오랜 시간 같이 생활해 왔으므로 서로 말을 할 것이 분명하다. 다른 동물들도 마찬가지다.

3-6-3 짝의 소리를 찾아라

목적: 새의 노랫소리가 아름다운 까닭을 알아본다.
대상: 초등학생 이상
장소: 어느 곳이나

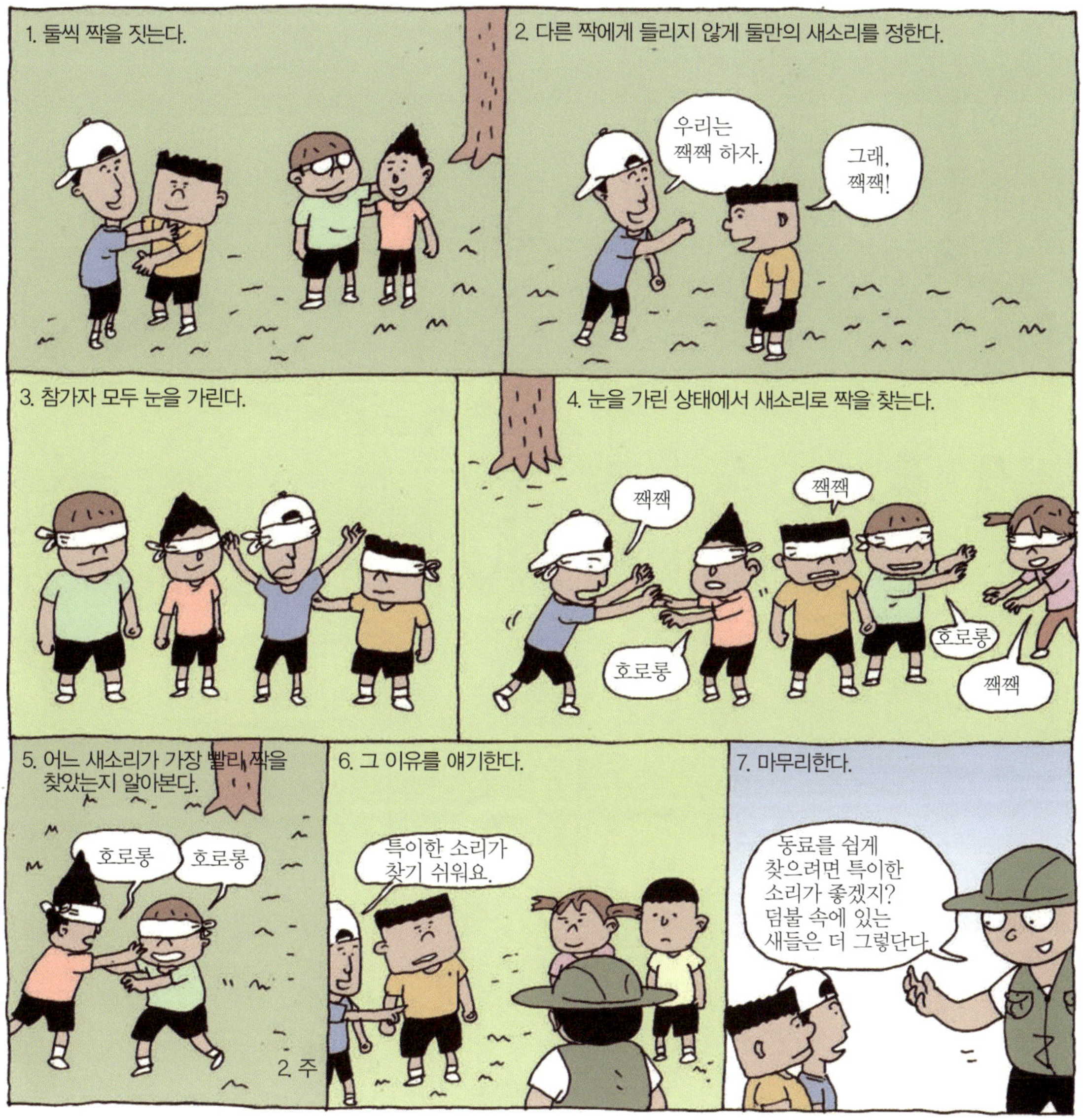

1. 둘씩 짝을 짓는다.
2. 다른 짝에게 들리지 않게 둘만의 새소리를 정한다.
3. 참가자 모두 눈을 가린다.
4. 눈을 가린 상태에서 새소리로 짝을 찾는다.
5. 어느 새소리가 가장 빨리 짝을 찾았는지 알아본다.
6. 그 이유를 얘기한다.
7. 마무리한다.

진행을 위한 팁
- 인원이 많을 경우 일부만 진행하고, 나머지는 밖에서 위험한 곳으로 이동하지 않도록 지켜본다.
- 짝을 찾은 쪽과 그렇지 않은 쪽은 왜 그렇게 됐는지 의견을 꼭 물어본다.
- 큰 새보다 작은 새들의 노랫소리가 특이하고 아름다운 까닭을 설명해준다.

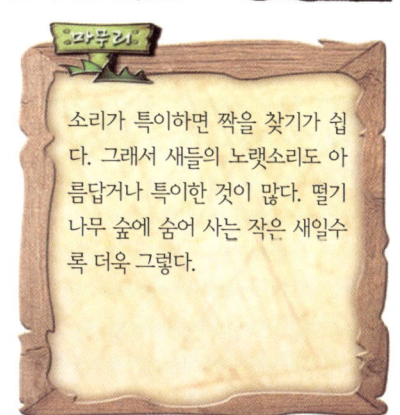

마무리

소리가 특이하면 짝을 찾기가 쉽다. 그래서 새들의 노랫소리도 아름답거나 특이한 것이 많다. 떨기나무 숲에 숨어 사는 작은 새일수록 더욱 그렇다.

생태 상식 47 179쪽

3-6-4 딱따구리의 벌레 잡기

목적: 딱따구리가 되어 벌레 잡기 놀이를 해봄으로써 딱따구리의 생태를 이해한다.
대상: 7세 이상
장소: 어느 곳이나

1. 각자 딱따구리가 되어본다.
   - 딱따구리다!
   - 저 소린?
   - 우리도 딱따구리가 돼서 먹이 사냥을 해볼까?
   - 어떻게요?

2. 불투명한 페트병과 대나무 꼬치를 준비한다.
   - 이중 하나에는 떡이 있어. 꼬치로 두드려서 어느 것인지 알아맞히는 놀이야.

3. 눈을 감고 꼬치로 두드려서 떡이 든 병을 찾는다.
   - 통!
   - 틀려라!

5. 떡을 찾으면 꼬치로 꺼내 먹는다.
   - 나와라!

5. 이야기를 나누고 마무리한다.
   - 딱따구리는 벌레가 있는지 두드려보고 알아낸다.
   - 신기한 녀석이네…

진행을 위한 팁
- 페트병 주변을 종이로 바르거나 해서 안이 보이지 않으면 딱따구리는 눈을 가릴 필요가 없다.
- 게임을 마친 딱따구리가 다음 딱따구리를 위해 페트병에 음식을 넣는다.
- 모둠을 나눠 진행할 경우 상대방 모둠에서 음식을 넣는다. 이때 같은 편에서 음식이 들어 있는 페트병의 위치를 알려주지 않는다.
- 드러밍에 대해 보충 설명을 한다.

마무리

딱따구리도 벌레 한 마리를 잡기 위해 자신만의 전략을 사용한다.

생태 상식 48 ☞ 179쪽

3-6-5 뻐꾸기 알을 찾아라

목적: 알 찾기 놀이를 통해 탁란에 대해 이해한다.
대상: 초등학생 이상
장소: 어느 곳이나

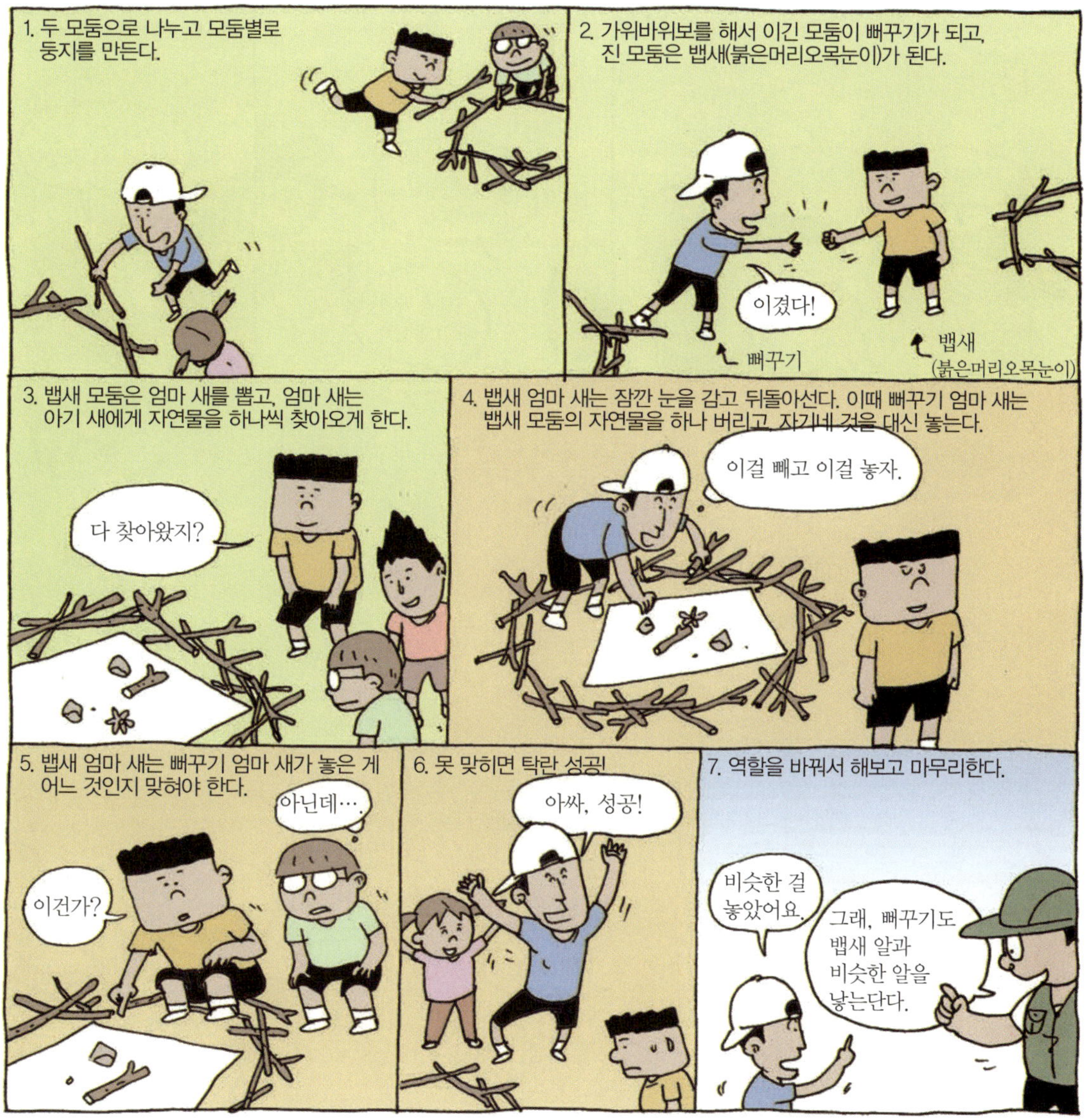

1. 두 모둠으로 나누고 모둠별로 둥지를 만든다.
2. 가위바위보를 해서 이긴 모둠이 뻐꾸기가 되고, 진 모둠은 뱁새(붉은머리오목눈이)가 된다.
3. 뱁새 모둠은 엄마 새를 뽑고, 엄마 새는 아기 새에게 자연물을 하나씩 찾아오게 한다.
4. 뱁새 엄마 새는 잠깐 눈을 감고 뒤돌아선다. 이때 뻐꾸기 엄마 새는 뱁새 모둠의 자연물을 하나 버리고 자기 것을 대신 놓는다.
5. 뱁새 엄마 새는 뻐꾸기 엄마 새가 놓은 게 어느 것인지 맞혀야 한다.
6. 못 맞히면 탁란 성공
7. 역할을 바꿔서 해보고 마무리한다.

진행을 위한 팁

- 뱁새 엄마 새가 물건을 찾을 때 모둠원들이 알려주지 않도록 주의를 준다.
- 뻐꾸기 엄마 새가 물건을 바꿔놓을 때 어떻게 하면 들키지 않을 수 있는지 생각하고 하도록 이야기해준다.
- 실제 성공률은 그리 높지 않지만, 숲에선 이런 일이 일어나고 있음을 알려준다.

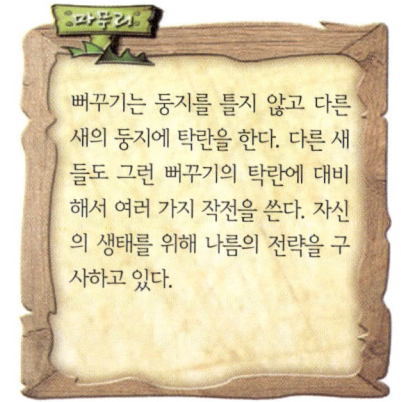

마무리

뻐꾸기는 둥지를 틀지 않고 다른 새의 둥지에 탁란을 한다. 다른 새들도 그런 뻐꾸기의 탁란에 대비해서 여러 가지 작전을 쓴다. 자신의 생태를 위해 나름의 전략을 구사하고 있다.

3-6-6 매를 피하라

목적: 포식자를 피해 체격이 작아진 새의 전략을 이해한다.
대상: 7세 이상
장소: 돌멩이가 많은 곳

1. 각자 돌멩이를 하나씩 줍는다.

   "매다!"
   "매는 저렇게 높은 데서도 잘 보이나요?"
   "새들은 눈이 아주 좋단다."
   "매가 돼서 사냥을 해볼까?"

2. 바닥에 크기가 다른 돌로 탑을 쌓고 각 돌에 점수를 매긴다.

   100점 / 50점 / 10점

3. 주운 돌을 던져 돌탑을 맞힌다.

4. 누가 높은 점수를 얻는지 알아보는 놀이다.

   "얍! 10점!"

5. 의견을 나누고 마무리한다.

   "작은 돌은 맞히기 어려워요."
   "매도 작은 새 사냥이 어렵단다."

진행을 위한 팁

- 아이들이 돌팔매를 하고 싶어하는 경우가 많다. 숲에서 에너지를 분출할 수 있게 만든 놀이다.
- 거리는 참가자에 따라 달리할 수 있다. 어릴수록 가깝게 하는 게 좋다.
- 돌팔매를 하는 동안 앞쪽으로 나가지 않도록 주의를 준다. 돌팔매가 끝난 뒤 자기 돌을 주우러 갈 수 있게 진행한다.

마무리

작은 것이 불리한 것만은 아니다. 세상에 존재하는 것들은 모두 존재 이유가 있다.

생태 상식 50 ☞ 179쪽

3-6-7 새가 심은 나무

목적: 새와 식물의 관계를 이해한다.
대상: 7세 이상
장소: 어느 곳이나

진행을 위한 팁

- 새가 심은 것으로 보이는 나무가 있을 때 진행하면 좋다.
- 씨앗이 멀리 갈 수 있었던 이유가 무엇인지 질문한다. 더 멀리 가려면 어떻게 해야 좋을지도 물어보고 이야기해본다.
- 새에게 먹혀서 멀리 가는 열매에는 어느 것들이 있는지 물어본다.
- 안내자가 신호할 때 씨앗이 밖으로 나오게 하는 방법으로 진행해도 된다. 참가자가 유아라면 나올 시기를 모를 수도 있으므로 신호를 주고 그때 나오게 한다.
- 열매 모둠을 둘로 나눠서 어느 모둠이 멀리 가는지 알아보는 놀이로 진행해도 좋다. 이때 열매들은 새가 지나가면 멀리 이동하기 위해 서로 먹히려고 부르는 상황이 된다.

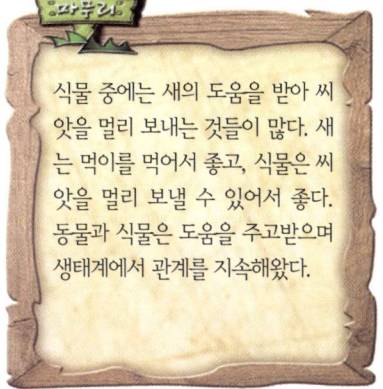

식물 중에는 새의 도움을 받아 씨앗을 멀리 보내는 것들이 많다. 새는 먹이를 먹어서 좋고, 식물은 씨앗을 멀리 보낼 수 있어서 좋다. 동물과 식물은 도움을 주고받으며 생태계에서 관계를 지속해왔다.

3-6-8 붉은배새매다

목적: 숲속 생태계에서 맹금류가 차지하는 생태적 지위를 이해한다.
대상: 7세 이상
장소: 어느 곳이나

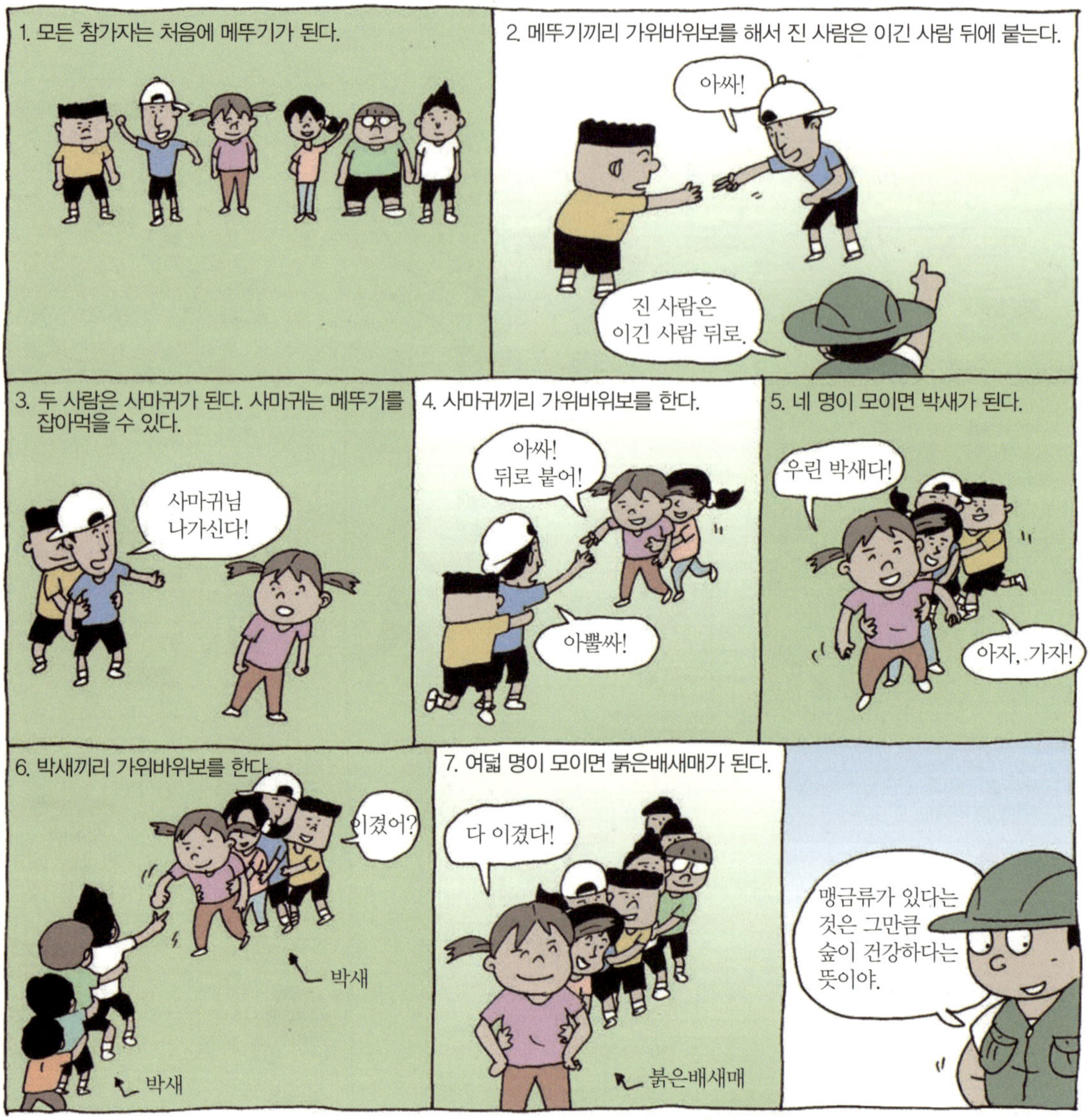

1. 모든 참가자는 처음에 메뚜기가 된다.
2. 메뚜기끼리 가위바위보를 해서 진 사람은 이긴 사람 뒤에 붙는다.
3. 두 사람은 사마귀가 된다. 사마귀는 메뚜기를 잡아먹을 수 있다.
4. 사마귀끼리 가위바위보를 한다.
5. 네 명이 모이면 박새가 된다.
6. 박새끼리 가위바위보를 한다.
7. 여덟 명이 모이면 붉은배새매가 된다.

진행을 위한 팁

- 전체 인원에 따라 상황을 달리해도 된다.
  (예 : 1명 – 풀, 2명 – 메뚜기, 4명 – 사마귀, 8명 – 박새, 16명 – 붉은배새매)
- 반드시 네 명이 모여야 박새가 되는 것은 아니다. 네 명 이상 모이면 박새다. 즉 다섯, 여섯, 일곱 명이 모여도 박새다.
- 맨 마지막에 매가 두 마리가 나오면 꼬리잡기로 유도해서 진행해도 재미있다.
- 메뚜기–개구리–뱀–오소리–호랑이 등 야생동물의 먹이사슬 놀이로 해도 좋다.

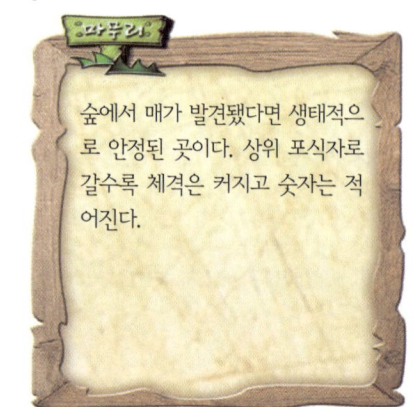

마무리

숲에서 매가 발견됐다면 생태적으로 안정된 곳이다. 상위 포식자로 갈수록 체격은 커지고 숫자는 적어진다.

생태 상식 51 ☞ 179쪽

3-6-9 부엉이와 들쥐

목적 : 포식자와 피식자는 둘 다 청각이 뛰어나야 상대방에게 들키지 않을 수 있다. 관계성 놀이를 통해 숲의 생태계를 이해한다.
대상 : 초등학생 이상
장소 : 자연물이 바닥에 많은 곳

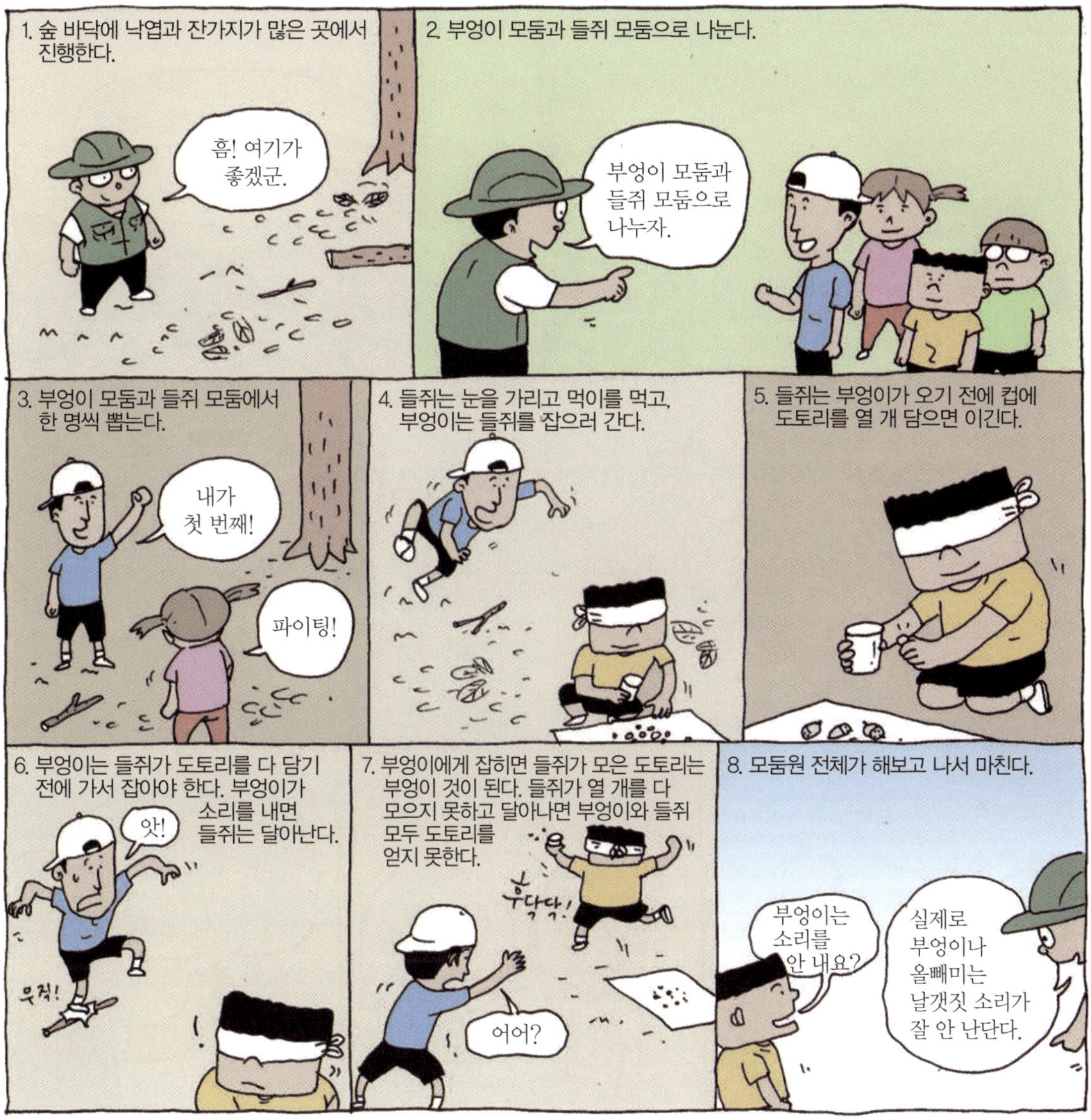

1. 숲 바닥에 낙엽과 잔가지가 많은 곳에서 진행한다.
2. 부엉이 모둠과 들쥐 모둠으로 나눈다.
3. 부엉이 모둠과 들쥐 모둠에서 한 명씩 뽑는다.
4. 들쥐는 눈을 가리고 먹이를 먹고, 부엉이는 들쥐를 잡으러 간다.
5. 들쥐는 부엉이가 오기 전에 컵에 도토리를 열 개 담으면 이긴다.
6. 부엉이는 들쥐가 도토리를 다 담기 전에 가서 잡아야 한다. 부엉이가 소리를 내면 들쥐는 달아난다.
7. 부엉이에게 잡히면 들쥐가 모은 도토리는 부엉이 것이 된다. 들쥐가 열 개를 다 모으지 못하고 달아나면 부엉이와 들쥐 모두 도토리를 얻지 못한다.
8. 모둠원 전체가 해보고 나서 마친다.

진행을 위한 팁

- 컵에 담은 도토리는 들쥐가 잡히지 않으면 들쥐의 것이 되고, 부엉이가 들쥐를 잡으면 부엉이 것이 된다. 두 모둠으로 나눠 어느 모둠이 도토리를 많이 모았는지 겨루는 놀이다.
- 소리가 들리지 않았는데 들쥐가 도망갈 수도 있다. 하지만 그 경우 들쥐는 굶는다. 도토리 열 개를 담는 과제를 준 것도 그 때문이다.
- 들쥐는 부엉이의 소리를 들었다고 해도 가까이 있는 게 아니라면 도토리 열 개를 모을 때까지 담는 게 좋다.
- 들쥐가 도토리를 담을 때 소리를 내면 그 소리에 묻혀 부엉이가 오는 소리를 들을 수 없다. 그러므로 조심조심 담아야 한다.

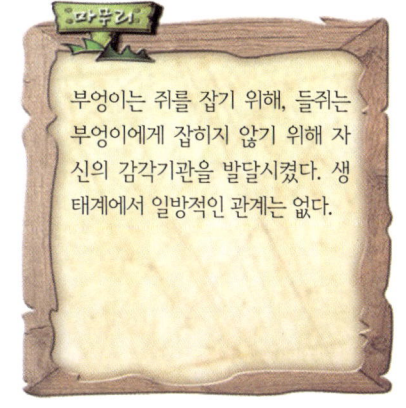

마무리

부엉이는 쥐를 잡기 위해, 들쥐는 부엉이에게 잡히지 않기 위해 자신의 감각기관을 발달시켰다. 생태계에서 일방적인 관계는 없다.

3-6-10 암컷에게 잘 보이자

목적: 새는 수컷이 더 아름답고 멋진 까닭을 알아본다.
대상: 7세 이상
장소: 어느 곳이나

1. 여자가 암컷 새가 된다.
   - 오늘은 여학생이 세 명이네!
   - 왜요?

2. 가장 마음에 드는 수컷 새를 고르는 놀이다.
   - 암컷 새가 수컷 새를 선택하는 놀이를 할 거야.

3. 선택의 기준을 한 가지씩 얘기한다.
   - 누가 가장 키가 커 보일까?
   - 키 큰 새가 좋아요.

4. 수컷 새들은 암컷 새의 기준에 맞춰 행동한다.

5. 암컷 새는 기준에 가장 잘 맞는 수컷 새를 고른다.
   - 너로 할게.
   - 히히 나? 고마워

6. 다른 암컷 새들도 각자 기준을 들어보고 놀이를 계속한다.
   - 전 노래 잘하는 새가 좋아요.

7. 마무리한다.
   - 새는 수컷이 더 화려하거나 특이한 행동을 하는데, 암컷의 마음에 들기 위해서란다.

진행을 위한 팁

- 예민한 사춘기 아이들은 성과 관련된 놀이를 꺼릴 수 있다. 그런 경우엔 남자 아이 중에서도 암컷 새 역할을 할 사람을 뽑는 게 좋다.
- 이상형을 뽑을 때 이왕이면 본인이 새라고 생각하고 정하도록 한다. 너무나 인간적인 기준이 되면 놀이의 흥미가 떨어질 수도 있다.
- 남녀에 상관없이 뽑힌 사람이 다음 이상형을 선택하게 한다.

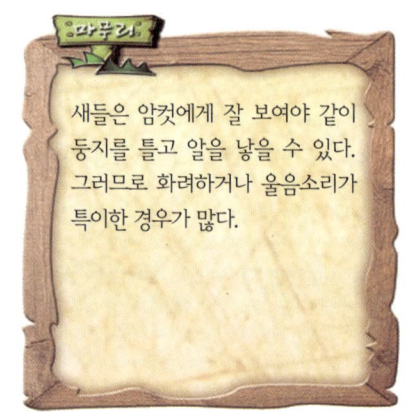

마무리

새들은 암컷에게 잘 보여야 같이 둥지를 틀고 알을 낳을 수 있다. 그러므로 화려하거나 울음소리가 특이한 경우가 많다.

3-6-11 크낙새를 살리자

목적: 큰 나무에 둥지를 트는 크낙새의 생태를 이해하고, 사라진 원인도 알아본다.
대상: 7세 이상
장소: 어느 곳이나

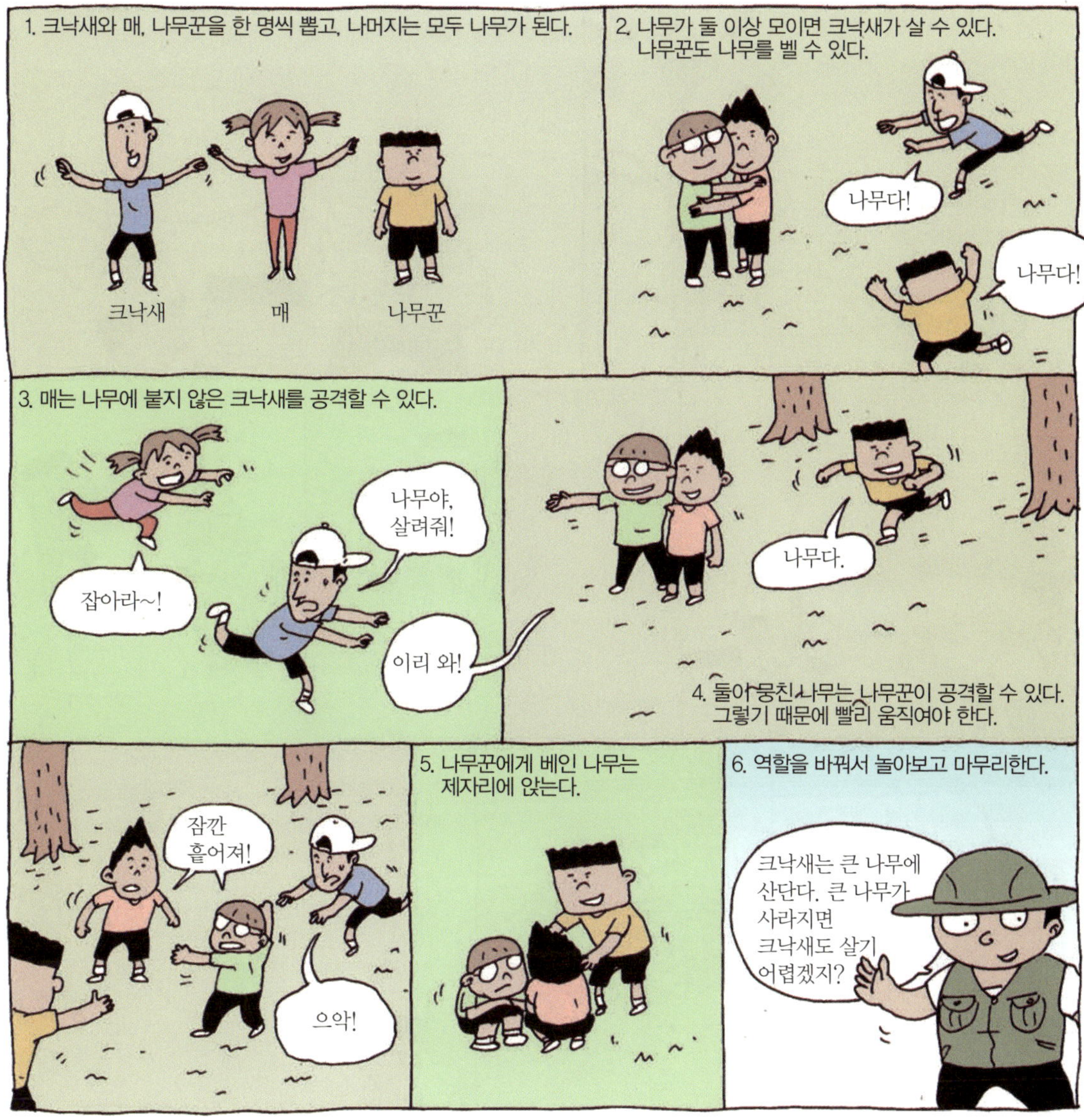

1. 크낙새와 매, 나무꾼을 한 명씩 뽑고, 나머지는 모두 나무가 된다.
2. 나무가 둘 이상 모이면 크낙새가 살 수 있다. 나무꾼도 나무를 벨 수 있다.
3. 매는 나무에 붙지 않은 크낙새를 공격할 수 있다.
4. 둘이 뭉친 나무는 나무꾼이 공격할 수 있다. 그렇기 때문에 빨리 움직여야 한다.
5. 나무꾼에게 베인 나무는 제자리에 앉는다.
6. 역할을 바꿔서 놀아보고 마무리한다.

진행을 위한 팁

- 나무 역할을 하는 사람들이 중요하다. 흩어지고 뭉치기를 빨리 해야 한다.
- 나무에 붙은 크낙새는 매의 위협에서 안전하다. 매는 나무에 붙은 크낙새를 강제로 잡아채지 못한다.
- 인원에 따라 각 구성원의 비율을 조정할 수 있다.

마무리

나무가 크게 자라기까지는 오랜 시간이 필요하다. 그동안 병충해도 이겨야 하고, 사람의 손길과 산불도 피해야 한다. 큰 나무에는 무수한 생명이 깃들어 산다. 특히 큰 나무만 고집하는 크낙새가 희귀한 데는 나무가 사람의 손길을 피하지 못한 까닭이 가장 크다.

생태 상식 53 180쪽

3-6-12 까치의 집 짓기

목적: 둥지를 지어봄으로써 새의 마음을 이해한다.
대상: 7세 이상
장소: 자연물이 많은 곳

진행을 위한 팁
- 모둠 전체가 들어갈 둥지를 만들기 어렵다면 한두 사람이 들어갈 둥지를 만들어도 된다.
- 너무 높게 쌓아서 실제 둥지처럼 짓지 않아도 된다. 둘레에 나뭇가지를 놓기만 해도 둥지라고 부르고 놀이를 이어갈 수 있다.

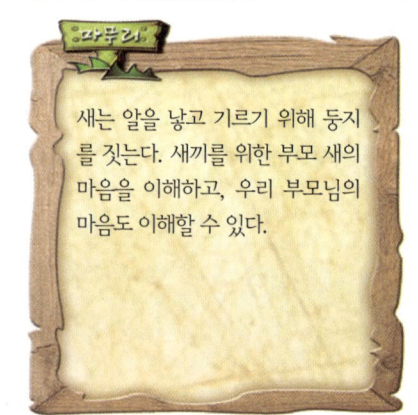

새는 알을 낳고 기르기 위해 둥지를 짓는다. 새끼를 위한 부모 새의 마음을 이해하고, 우리 부모님의 마음도 이해할 수 있다.

생태 상식 54 ☞ 180쪽

3-6-13 얼른 자라라

목적: 새가 알을 낳고 기르는 과정을 이해한다.
대상: 7세 이상
장소: 자연물이 많은 곳

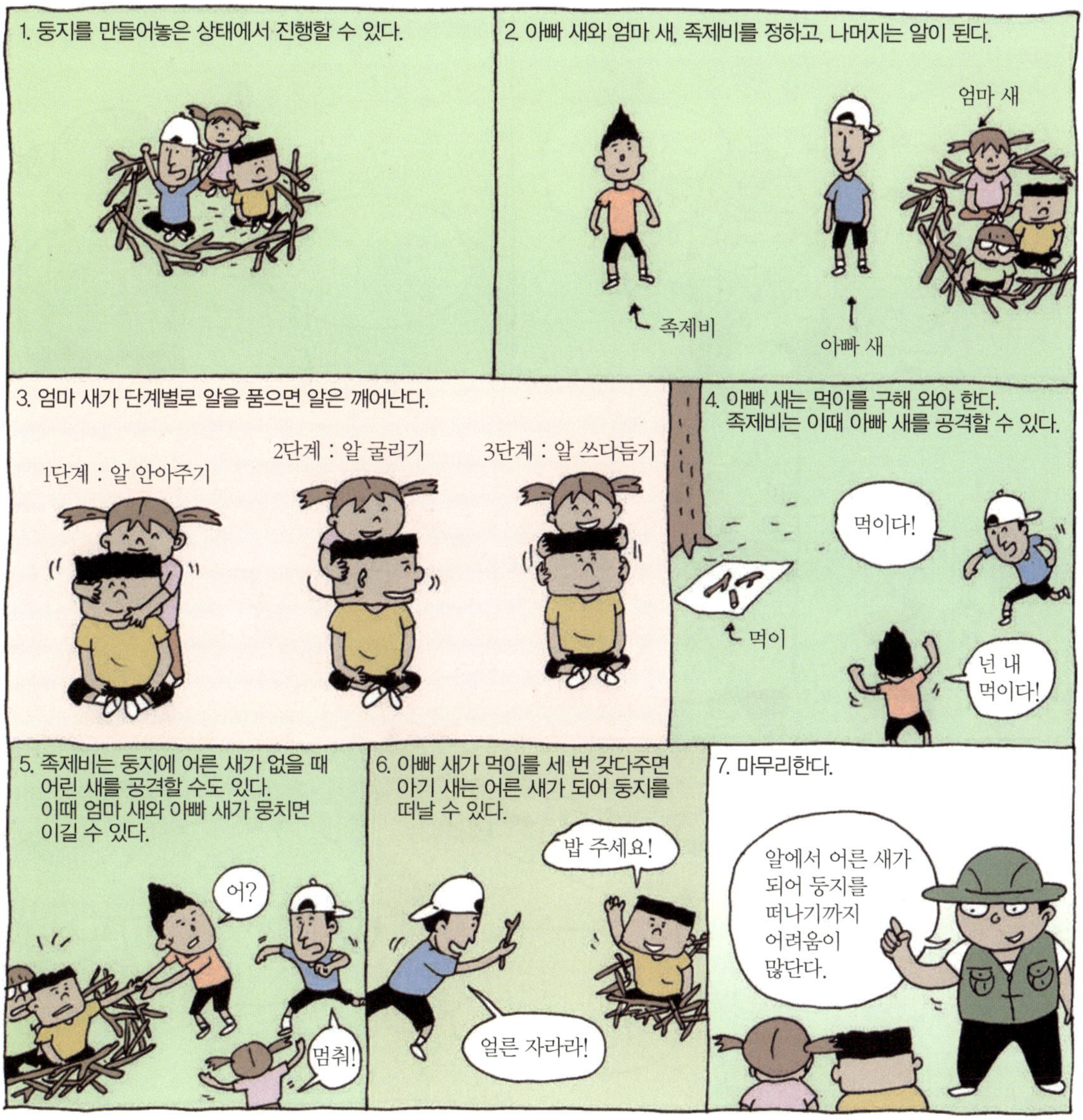

1. 둥지를 만들어놓은 상태에서 진행할 수 있다.
2. 아빠 새와 엄마 새, 족제비를 정하고, 나머지는 알이 된다.
3. 엄마 새가 단계별로 알을 품으면 알은 깨어난다.
   - 1단계: 알 안아주기
   - 2단계: 알 굴리기
   - 3단계: 알 쓰다듬기
4. 아빠 새는 먹이를 구해 와야 한다. 족제비는 이때 아빠 새를 공격할 수 있다.
5. 족제비는 둥지에 어른 새가 없을 때 어린 새를 공격할 수도 있다. 이때 엄마 새와 아빠 새가 뭉치면 이길 수 있다.
6. 아빠 새가 먹이를 세 번 갖다주면 아기 새는 어른 새가 되어 둥지를 떠날 수 있다.
7. 마무리한다.

진행을 위한 팁
- 인원에 맞게 각 역할의 비율을 조정할 수 있다.
- 알을 깨기 전 3단계는 상황에 따라 4단계로 늘리거나 2단계로 줄일 수 있다.
  (예: 2단계 - 알 안아주기, 알 굴리기
       4단계 - 알 안아주기, 알 굴리기, 알 쓰다듬기, 알 사랑해주기(이마에 뽀뽀하기)).
- 천적이 있기 때문에 엄마 새와 아빠 새 중 한 마리는 둥지를 지키고 한 마리가 먹이 사냥을 간다. 주로 아빠 새가 가는 것으로 한다.
- 천적이 둥지에 나타났다가 엄마 새와 아빠 새가 뭉치면 꼼짝 못하고 도망간다. 한 마리만 있을 땐 아기 새를 잡아먹기 위해 둥지를 떠나지 않고 괴롭힌다.

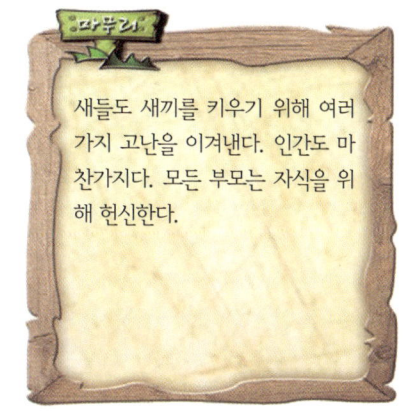

새들도 새끼를 키우기 위해 여러 가지 고난을 이겨낸다. 인간도 마찬가지다. 모든 부모는 자식을 위해 헌신한다.

3-6-14 누구의 깃털일까?

목적: 깃털을 통해 새의 모습을 구체화해본다.
대상: 7세 이상
장소: 어느 곳이나

1. 함께 숲에서 깃털을 찾아본다.
 - 깃털이다!
 - 근데 누구 깃털일까?
 - 숲을 잘 살피면 깃털을 주울 수 있단다.

2. 의외로 숲에는 깃털이 많다.
 - 아싸!
 - 요기에도 있네.

3. 깃털을 주워 오면 종이를 한 장씩 나눠준다.
 - 이 종이에 깃털의 주인인 새를 그려보자.

4. 새 그림에 어울리는 부위에 깃털을 붙여본다.

5. 그림을 전시한다.
 - 야! 이건 새도, 깃털 위치도 맞는 거 같다.

6. 마무리한다.
 - 깃털은 새마다 다르고, 몸의 부위에 따라서도 다르단다.

진행을 위한 팁
- 숲속에 다니면 의외로 깃털을 많이 주울 수 있다. 새들은 1년에 한 번씩 털갈이를 하기 때문이다.
- 그림을 그릴 땐 완벽하지 않아도 된다. 대략 어느 새일 것이라고 추측하도록 유도하는 것이다.
- 어느 새인지 명확히 알지 못해도 좋다. 깃털 하나로 새를 짐작하기는 어렵기 때문이다. 다만 깃털을 전체적인 시각에서 바라보게 하려는 의도다.

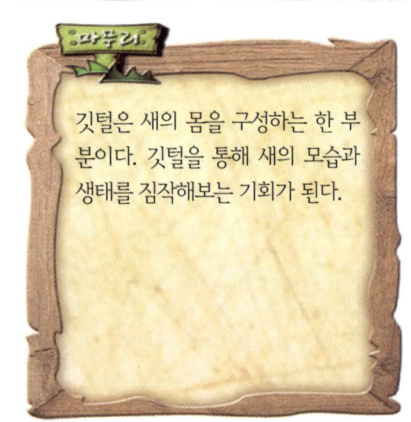

마무리

깃털은 새의 몸을 구성하는 한 부분이다. 깃털을 통해 새의 모습과 생태를 짐작해보는 기회가 된다.

생태상식 47 작은 새가 노래를 잘한다

작은 새들은 왜 소리가 크고 아름다우며 다양할까? 그것은 떨기나무 덤불에서 살다 보니 자기 종족의 모습을 보지 않고도 의사소통을 해야 하기 때문이다.

잘 보이지 않는 상태에서 짝을 찾으려면 평범하거나 작은 소리 대신 튀는 소리로 울어야 한다. 따라서 떨기나무 숲에 사는 작은 새들의 노랫소리는 아름답다.

생태상식 48 숲속의 드러머, 딱따구리

숲에 가면 가끔 '딱따그르' 하는 제법 큰 소리를 들을 수 있다. 딱따구리가 나무를 쪼는 소리다. 이 소리를 영어로는 '드러밍', 한자말로는 탁목(啄木)이라 하며, 딱따구리를 탁목이라고 부르기도 한다.

딱따구리가 나무를 쪼는 것은 진동을 통해 안에 벌레가 있는지 없는지 알아내기 위해서다. 벌레가 있는 것을 확인하면 나무를 파내고 갈고리가 달린 긴 혀(8cm)로 잡아먹는다. 나무에 수직으로 달라붙기 좋게 위아래로 날카로운 발톱이 한 쌍씩 있으며, 나무와 수평으로 고정할 수 있게 꼬리는 매우 단단하다.

둥지를 만들 때는 수컷이 여러 나무에 작은 구멍을 뚫어놓으면 암컷이 그중 한 군데를 고른다. 이후에 같이 구멍을 크게 뚫고 둥지를 튼다. 둥지는 비와 눈, 햇빛이 바로 드는 곳을 피하고, 뱀이나 족제비 등 천적이 찾기 어려운 곳을 고른다. 딱따구리는 한 번 쓴 둥지는 다시 쓰지 않는데, 다른 새들이 이것을 자기들의 둥지로 이용한다.

생태상식 49 뻐꾸기의 탁란

뻐꾸기는 알 낳을 때가 되면 둥지를 틀고 알을 낳아 품는 게 아니라 붉은머리오목눈이의 둥지를 유심히 살핀다. 그러다가 붉은머리오목눈이가 둥지를 비운 사이 알 하나를 버리고 얼른 자기 알을 하나 낳는다. 붉은머리오목눈이가 이를 눈치 채지 못하고 알을 품으면 뻐꾸기 새끼는 다른 알보다 먼저 깨어나 다른 알을 둥지 밖으로 밀어내고 먹이를 독차지한다.

뻐꾸기의 이런 얌체 짓을 탁란이라 하는데, 성공률은 30% 정도로 그리 높지 않다. 붉은머리오목눈이도 뻐꾸기의 탁란을 막기 위해 나름대로 애를 쓰기 때문이다. 둥지에 뻐꾸기가 알 낳은 것을 눈치 채면 아예 둥지를 떠나기도 하고, 뻐꾸기 알과 구별하기 위해 파란 알 대신 하얀 알을 낳기도 한다.

생태상식 50 새의 시력

다이빙해서 물고기를 잡아먹는 가마우지, 날아다니면서 모기를 잡아먹는 제비. 새들은 사람보다 시력이 좋다. 사람의 시신경 세포는 20만 개인 데 비해 새들은 150만 개나 된다고 한다. 산술적으로도 대략 7.5배나 좋은 셈이다.

매나 독수리와 같은 맹금류의 시력은 더 좋다. 1500m 상공에서도 땅에 있는 먹이를 발견하고 잡아채는 정도다. 매의 눈에 띄지 않고 잘 숨을 수 있도록 새들은 몸을 더 작게 만들었을 것이다.

생태상식 51 새가 없어진다면?

작은 새가 없어진다면 곤충이 번성해서 식물은 다 죽을지도 모른다. 새 한 마리가 1년 동안 먹는 곤충이 8만 마리 정도 된다고 한다.

초식 곤충(메뚜기, 나비)이 1차 소비자, 육식 곤충(사마귀, 잠자리)이 2차 소비자, 육식 곤충을 먹는 작은 새(박새, 노랑때까치), 작은 새를 먹는 붉은배새매나 수리부엉이.

이렇듯 생물량 피라미드가 자연스럽게 형성되는 게 건강한 숲의 구조다. 어느 숲에서 붉은배새매를 봤다면 건강한 숲이라고 이해하면 된다. 야생 조류를 보호하는 것이 자연보호의 정점이라고 해도 과언이 아니다.

생태상식 52 부엉이 귀는 짝짝이

밤에 사냥을 하는 부엉이는 귀가 짝짝이다. 오른쪽 귀와 왼쪽 귀가 비대칭인데 소리로 먹이의 위치를 정확히 알아낸다. 들쥐도 귀가 밝지만, 부엉이는 깃털이 부드러워 날갯짓하는데 소리가 나지 않기 때문에 부엉이의 먹이가 된다.

야생에선 포식자와 피식자가 비슷한 양상을 띨 때가 많다. 영양도 달리기를 잘하고 치타도 달리기를 잘한다. 보호색을 띤 곤충을 잡아먹기 위해 사마귀는 위장색을 띤다. 그렇게 먹고 먹히는 관계에서 자기 모습을 발전시키는 것이다.

생태상식 53 클락클락 크낙새

크낙새는 '클락클락' 하고 울어서 크낙새라고 한다. 크낙새는 둘레가 2m 이상 되는 나무에 둥지를 튼다. 그런 큰 나무가 사라졌기 때문에 크낙새도 보기 힘든 새가 되었다. 간혹 까막딱따구리를 보고 크낙새를 보았다고 하는 경우가 있다. 둘은 비슷하지만 다른 새다.

생태상식 54 까치집 짓는 법

까치는 나무에 물이 오르기 전인 3월경에 둥지를 짓는다. 둥지는 주로 10m 안팎의 높이에 줄기가 두세 갈래로 갈라진 나무에 짓는다. 사람이나 다른 동물이 다가가기 어려운 지점이다. 주변의 나무에서 둥지 틀 재료를 구하는데, 주로 아까시나무 가지가 많다고 한다. 새들은 둥지를 지을 때 살아 있는 가지를 꺾는 게 아니라 말라 죽은 가지를 구하며, 암수 구별 없이 같이 일한다. 둥지에 들어간 나뭇가지는 1000개가 넘는다고 한다. 꼭 필요한 부분만 주변의 재료로 지으니 새집이야말로 진정한 생태 건축이다.

생태상식 55 새들의 자식 사랑

우리가 밤이 되면 집에서 잠을 자듯 새도 둥지에서 자는 것으로 생각하기 쉽다. 하지만 새는 알을 낳고 새끼를 키울 때를 빼고는 늘 한뎃잠을 잔다. 둥지는 새들이 잠을 자거나 쉬는 보금자리가 아니라 오로지 알을 낳고 새끼를 키우기 위한 공간이다.

그런 둥지를 만드는 데 소모되는 에너지는 상당하다. 둥지 하나를 만들기 위해 1000번이 넘는 비행을 한다. 알도 암수가 번갈아 품고, 알을 품지 않는 새는 먹이를 물어 나른다. 암수 중 한 마리가 죽으면 남은 새는 굶어가면서 알을 품는다. 알에서 새끼가 깨어난 뒤에도 스스로 먹이를 찾아 날아다닐 때까지는 어미 새들이 먹이를 물어 나른다.

비행이 새에게 에너지를 가장 많이 소모하게 하는 행동인데, 새는 새끼를 위해 엄청난 에너지를 소모하는 셈이다. 하긴 새끼를 위해 에너지를 대부분 쏟는 생물이 어디 새뿐이겠는가?

3-7

토양과 토양 속 생물

지상의 모든 생명은 흙에서 태어나 흙으로 돌아간다고 할 만큼 흙은 생물학적으로 아주 중요하다. 식물이 뿌리 내리는 곳이며, 물의 여과기 역할을 하는 흙 속에는 수많은 미생물이 살고 있다. 좋은 흙 1ha에는 지렁이 1000kg, 절지동물 1000kg, 원생동물 150kg, 조류 150kg, 박테리아 1700kg, 균류 2700kg이 산다고 한다.

흙 속 미생물은 유기물을 분해하고, 식물 성장에 필요한 영양분을 저장·재순환시키며, 흙을 만들고 비옥하게 하며, 물을 여과·정화하고, 오염 물질을 순화하여 독성을 없애며, 식물의 기생충과 병원균을 조절하고, 인간에게 가장 중요한 항생 물질을 만들며, 탄소와 온실 가스의 행로에 관여하여 지구의 대기와 기후 상태에 영향을 미친다.

사람이 도시 문명을 일으켜 시멘트와 아스팔트로 흙을 덮어 죽인 반면, 보잘것없는 미생물들은 흙을 일구며 흙을 살리고 있다.

3-7-1 흙은 어디에서 왔을까?

목적: 바위가 풍화작용에 의해 흙이 되는 과정을 이해한다.
대상: 7세 이상
장소: 어느 곳이나

1. 바위 모둠과 비바람 모둠으로 나눈다.
   - 흙은 어떻게 만들어져요?
   - 우리 모둠을 나눠 놀이로 알아볼까?

2. 바위 모둠은 한데 뭉쳐 있고, 그 둘레에 비바람 모둠이 흩어져 있다.
   - 바위

3. 시작 신호를 하면 비바람은 바위 모둠을 한 명씩 떼어낸다.
   - 이리 와!
   - 싫어!

4. 모둠에서 떨어진 바위는 탈락된다.

5. 탈락된 바위는 자리에 앉는다. 바위가 모두 떨어질 때까지 진행한다.
   - 힘내라, 힘!

6. 마무리한다.
   - 단단한 바위가 비바람에 깎이고 가늘어져서 결국 흙이 된단다.

진행을 위한 팁
- 비바람 모둠이 바위를 떼어낼 때 꼬집거나 상처가 나지 않도록 주의한다.
- 다소 격렬한 놀이가 될 수 있으므로 위험 요소가 있으면 제거한 뒤 진행한다.
- 화강암 등 주변 산의 돌이 부서져 모래가 되고 있는 곳에서 진행하면 좋다.
- 바위는 비바람뿐만 아니라 물에 얼었다 녹는 것이 반복되면서 부서져 차차 흙이 되기도 한다.

아무리 단단한 바위라도 시간이 흐르면 언젠가 흙이 될 수 있다.

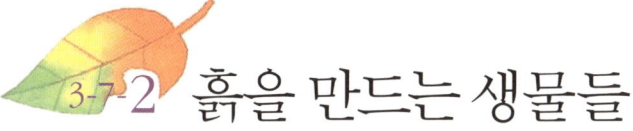

3-7-2 흙을 만드는 생물들

목적: 여러 곤충이나 땅속 생물들이 서로 협력해서 건강한 흙을 만드는 것을 이해한다.
대상: 7세 이상
장소: 낙엽이 있는 곳

1. 가위와 상자를 준비한다.
2. 나뭇잎으로 흙을 만들어보자고 한다.
   - 나뭇잎으로 흙을 만들 수 있을까?
3. 옆으로 나란히 선다.
4. 가위와 나뭇잎을 받은 사람은 무조건 반으로 자른다.
5. 다음 사람은 상자 안의 나뭇잎을 또 반으로 자른다.
   - 반으로 자르는 거야 식은 죽 먹기지.
6. 옆으로 가면서 과정을 반복한다.
7. 끝으로 갈수록 흙에 가까워지는 것을 알 수 있다.
   - 수많은 곤충과 버섯 같은 숲의 생물들이 나뭇잎을 흙으로 만든단다.

진행을 위한 팁
- 모둠별로 진행하지 않고 일렬로 서서 한 사람씩 해도 된다.
- 인원이 많을 경우 나뭇잎 조각을 기다리다 보면 뒷사람은 지루할 수 있다. 이때 다른 나뭇잎을 구해서 뒤부터 잘라 앞으로 와도 된다.

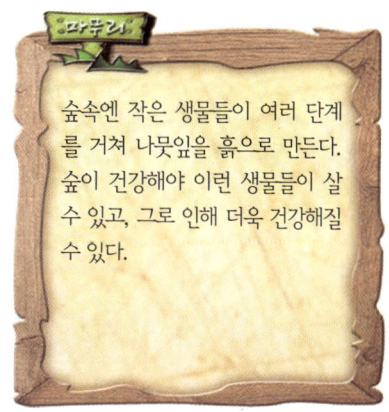

마무리

숲속엔 작은 생물들이 여러 단계를 거쳐 나뭇잎을 흙으로 만든다. 숲이 건강해야 이런 생물들이 살 수 있고, 그로 인해 더욱 건강해질 수 있다.

3-7-3 흙아, 고마워

목적: 생물들은 대부분 흙의 신세를 지고 산다는 것을 이해한다.
대상: 7세 이상
장소: 어느 곳이나

1. 숲에서 출발점과 도착점을 정해놓는다.
   - "흙을 밟지 않고 다닐 수 있을까?"
   - "여기가 출발선이다."

2. 도착점까지 흙을 밟지 않고 갈 수 있는지 해본다.
   - "어떻게 갔냐?"
   - "저기까지 어떻게 뛰지?"
   - "거의 다 왔다."
   - 출발점 / 도착점

3. 발이 땅바닥에 닿으면 탈락이다.
   - "엄마야!"

4. 이야기를 나누고 마무리한다.
   - "지구상에 사는 동물들은 대부분 흙의 신세를 지고 산단다. 흙에게 고마워해야겠지?"

진행을 위한 팁
- 출발점과 도착점에 있는 나무에 종이테이프를 감아 표시해도 좋다. 종이테이프를 감지 않을 경우 다른 방식으로 표시만 해두면 된다.
- 쓰러진 나무나 바위 등 땅을 밟지 않고도 이동할 수 있는 자연물이 적당히 분포하면 좋으나, 그렇지 않을 경우 몇 개는 중간에 놔두고 한다.
- 중간에 너무 어려우면 한 명을 뽑아 업거나 안아서 옮겨준다.

흙을 밟지 않고 가기 어렵듯이 지구상에 95%가 넘는 동물이 흙의 신세를 지고 산다.

3-7-4 비다! 해다!

목적: 흙을 만드는 지렁이에 대해 알아본다.
대상: 7세 이상
장소: 자연물이 많은 곳

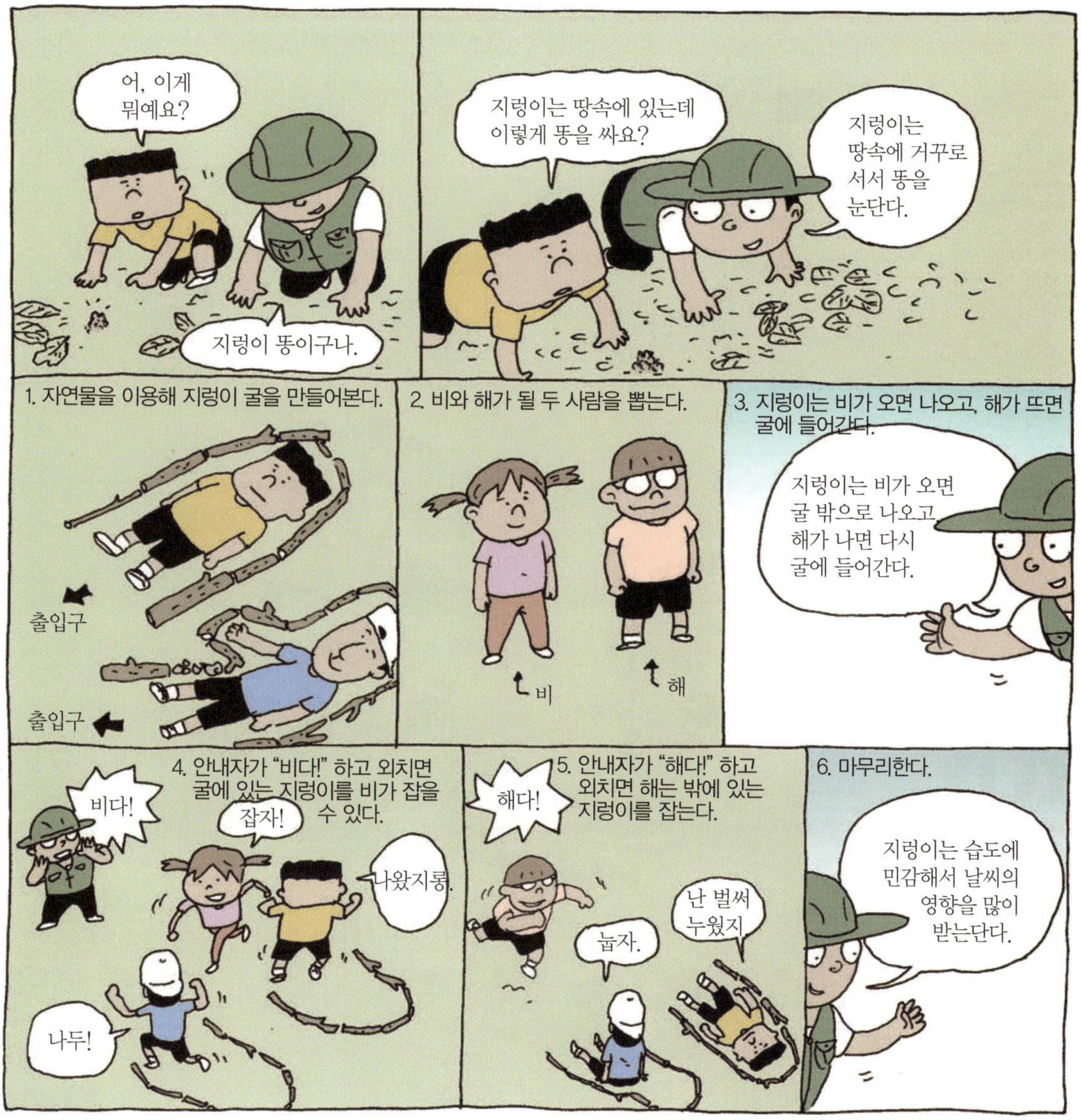

진행을 위한 팁
- 숲에 가면 아이들에게 바닥에 눕거나 낙엽을 덮게 하고 싶을 때가 있다. 놀이를 진행하면서 자연스럽게 할 수 있다.
- 약간 경사진 곳에 거꾸로 집을 짓게 하면 바로 일어나기 어려워서 더 재미있다.

토양을 비옥하게 해주는 지렁이는 땅속에서 많은 시간을 보내 습기나 빛에 민감하다.

3-7-5 버섯아, 버섯아

목적 : 눈에 보이지 않지만 숲속엔 수많은 버섯 포자들이 있다는 것을 이해한다.
대상 : 7세 이상
장소 : 어느 곳이나

1. 버섯 노래를 배워본다(다른 노래를 해도 된다).

   "버섯아 버섯아 망태버섯아 네가 이 세상의 제일이라면 너의 포자를 찾아보아라!"

   와! 버섯이다. 어디서 왔을까?

2. 술래를 뽑아 버섯 역할을 하게 한다.

   버섯은 이 포자를 갖고 있다가 퍼뜨리는 거야.

   공(포자)

3. 다른 참가자들은 손을 뒤로 하고 버섯을 둘러싼다.

4. 버섯은 포자를 한 사람에게 주고 그것이 어디까지 갔는지 알아맞히는 놀이다.

5. 틀리면 계속 버섯 역할을 해야 한다.

   여기! 여긴데!

6. 마무리한다.

   우리 눈에는 보이지 않지만 수많은 버섯 포자들이 숲속을 날아다닌단다.

진행을 위한 팁
- 술래는 버섯, 나머지 인원은 파리라고 해도 된다.
- 버섯 관련 노래가 아니라도 길지 않은 노래로 정해서 부르고, 노래가 끝날 때 동작을 멈추고 포자가 어디 있는지 맞히면 된다.

마무리

버섯에서 퍼진 포자는 바람이나 새, 파리 등 숲속 친구들의 도움으로 멀리멀리 간다.

생태 상식 57 188쪽

3-7-6 송이와 소나무

목적: 버섯과 나무의 공생 관계를 이해한다.
대상: 7세 이상
장소: 나무가 있는 곳

진행을 위한 팁
- 나무를 중심으로 각자 움직이는 것보다 여럿이 길게 한 줄로 서서 움직이는 게 훨씬 유리하다.
- 송이가 소나무에 댄 손을 떼거나 잡은 손을 놓친 상태에서 무기 양분을 잡아도 소용없다.

마무리

초기 식물은 뿌리가 몸을 지탱하는 역할을 하고, 물이나 양분을 흡수하는 기능은 적었을 것이다. 그것을 도와준 게 버섯 무리였을 것이라고 한다. 현재까지도 그 관계가 지속되어 버섯은 땅속의 물이나 무기 양분을 빨아들이고, 식물은 버섯에게 포도당을 준다.

생태 상식 56) 지렁이 이야기

지렁이는 수많은 마디로 연결된 환형동물로, 3500종이 넘는다. 머리 쪽에 감각기관이 몰려 있지만 눈, 코, 귀는 없다. 대신 피부에 빛을 느끼는 세포가 있어 어두운 곳을 찾아 움직인다. 암수한몸이지만 자체 수정은 하지 못하고, 비가 오면 서로 몸을 스치며 지나가는 것으로 짝짓기를 한다.

외국에서는 지렁이 개체를 따져 땅값을 결정한다고 한다. 지렁이가 많으면 그만큼 땅이 기름져 작물이 잘 되고, 지렁이가 적으면 땅이 척박해 작물이 잘 되지 않기 때문이다. 흔히 지렁이가 죽은 땅을 살릴 수 있다고 하는데, 그것은 썩은 물질을 잘 먹는 독특한 식성 때문이다. 흙과 함께 지렁이의 몸속에 들어간 썩은 유기물은 소화액과 장속에 있는 균에 의해 분해된 다음 작고 끈적끈적한 덩어리 모양으로 배설된다. 이 배설물은 땅을 기름지게 하는 양분이 된다.

지렁이가 땅을 살리는 또 다른 까닭은 땅을 파는 능력 때문이다. 지렁이는 최대 7m까지 땅속을 파고 들어가며, 처음 들어간 곳과 다른 길로 나오기 때문에 땅속에 물과 공기가 스며들게 한다. 땅속에 사는 많은 생물들에게 물과 공기를 제공하는 것이다.

생태 상식 57) 버섯의 포자

우리 눈에 보이지 않지만 숲속에는 수많은 버섯 포자들이 날아다닌다. 버섯 하나에서 나오는 포자는 수백억 개다. 잔나비걸상버섯은 포자가 다 날아가는 데만 6개월 이상 걸린다고 한다. 버섯은 바람뿐만 아니라 다람쥐의 달리기에도, 파리의 날갯짓에도 포자를 날려 번식한다.

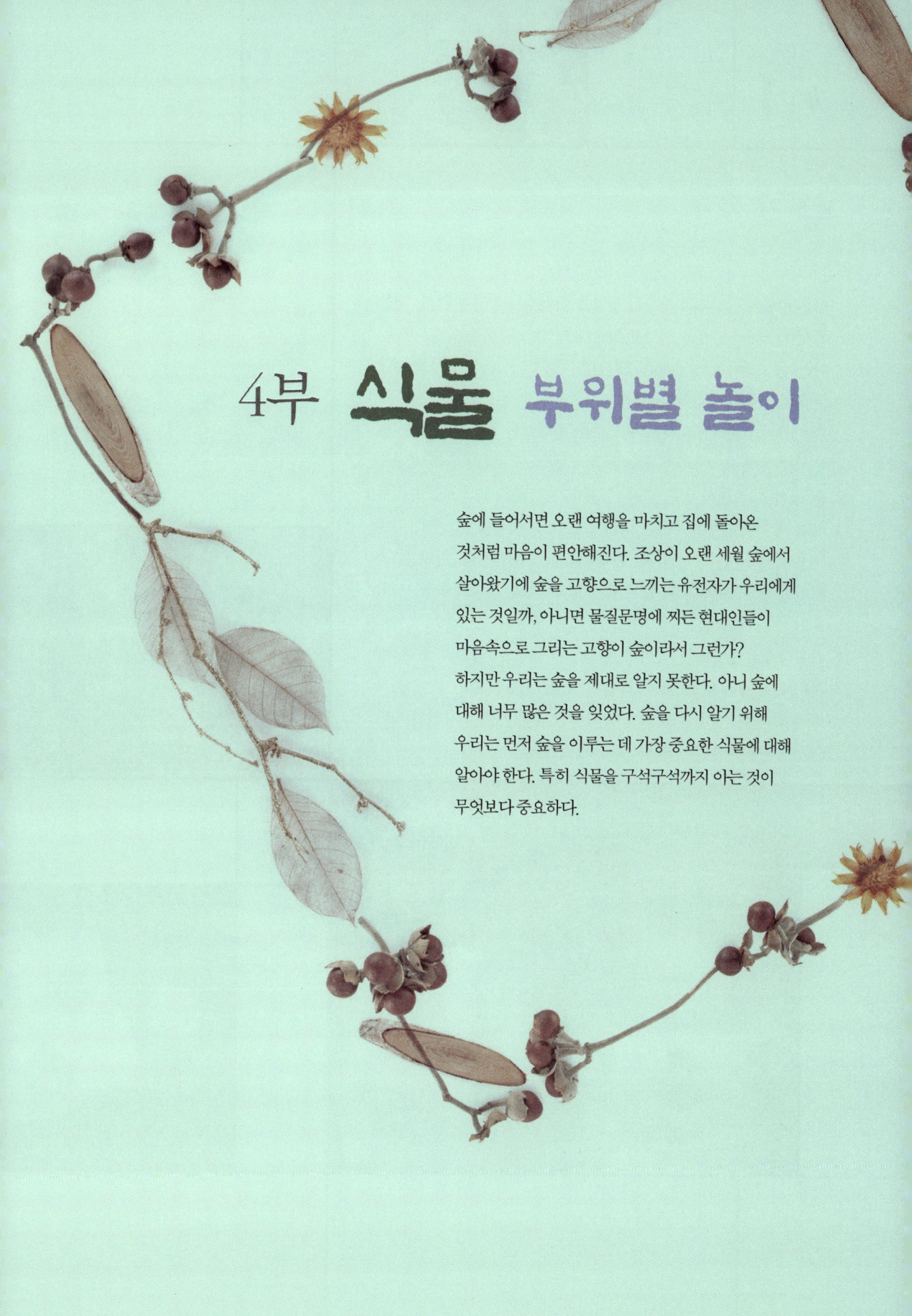

4부 식물 부위별 놀이

숲에 들어서면 오랜 여행을 마치고 집에 돌아온 것처럼 마음이 편안해진다. 조상이 오랜 세월 숲에서 살아왔기에 숲을 고향으로 느끼는 유전자가 우리에게 있는 것일까, 아니면 물질문명에 찌든 현대인들이 마음속으로 그리는 고향이 숲이라서 그런가? 하지만 우리는 숲을 제대로 알지 못한다. 아니 숲에 대해 너무 많은 것을 잊었다. 숲을 다시 알기 위해 우리는 먼저 숲을 이루는 데 가장 중요한 식물에 대해 알아야 한다. 특히 식물을 구석구석까지 아는 것이 무엇보다 중요하다.

4-1

잎

다른 생물의 생명으로 자기의 생명을 이어가는 동물과 달리, 식물은 무기물에서 양분을 취하고 빛을 받아 스스로 이를 합성하여 살아간다. 그리하여 생태계의 출발점을 이룬다. 이러한 일들을 해내는 식물의 주된 기관이 잎이다.

잎은 크게 잎몸과 잎자루로 구성된다. 광합성을 하는 동안 잎은 빛을 최대한 받고 이산화탄소도 가급적 많이 흡수하기 위해 표면적을 넓힌다. 그래서 잎은 넓다. 엽록소가 햇빛을 효과적으로 흡수하기 때문에 빛이 투과하는 거리가 짧다. 그래서 잎은 얇다. 잎에 자루가 있는 까닭은 잎이 잘 움직이게 하기 위해서다. 잎이 잘 움직이면 이산화탄소를 더 많이 흡수할 수 있고, 벌레도 쫓을 수 있으며, 여름철엔 잎의 열을 식혀 증산량도 줄일 수 있다.

식물의 잎은 참으로 다양하다. 바늘잎과 넓은잎, 겹잎과 홑잎, 결각이 있는 것과 없는 것, 거치(톱니)가 있는 것과 없는 것, 가시가 있는 것과 없는 것…. 잎 모양이 다양한 것은 저마다 자신이 처한 환경에 적응하려는 노력에서 비롯된 것이다.

4-1-1 나뭇잎아, 힘내!

목적: 광합성을 하는 잎의 기능을 이해한다.
대상: 7세 이상
장소: 통나무나 계단이 있는 곳

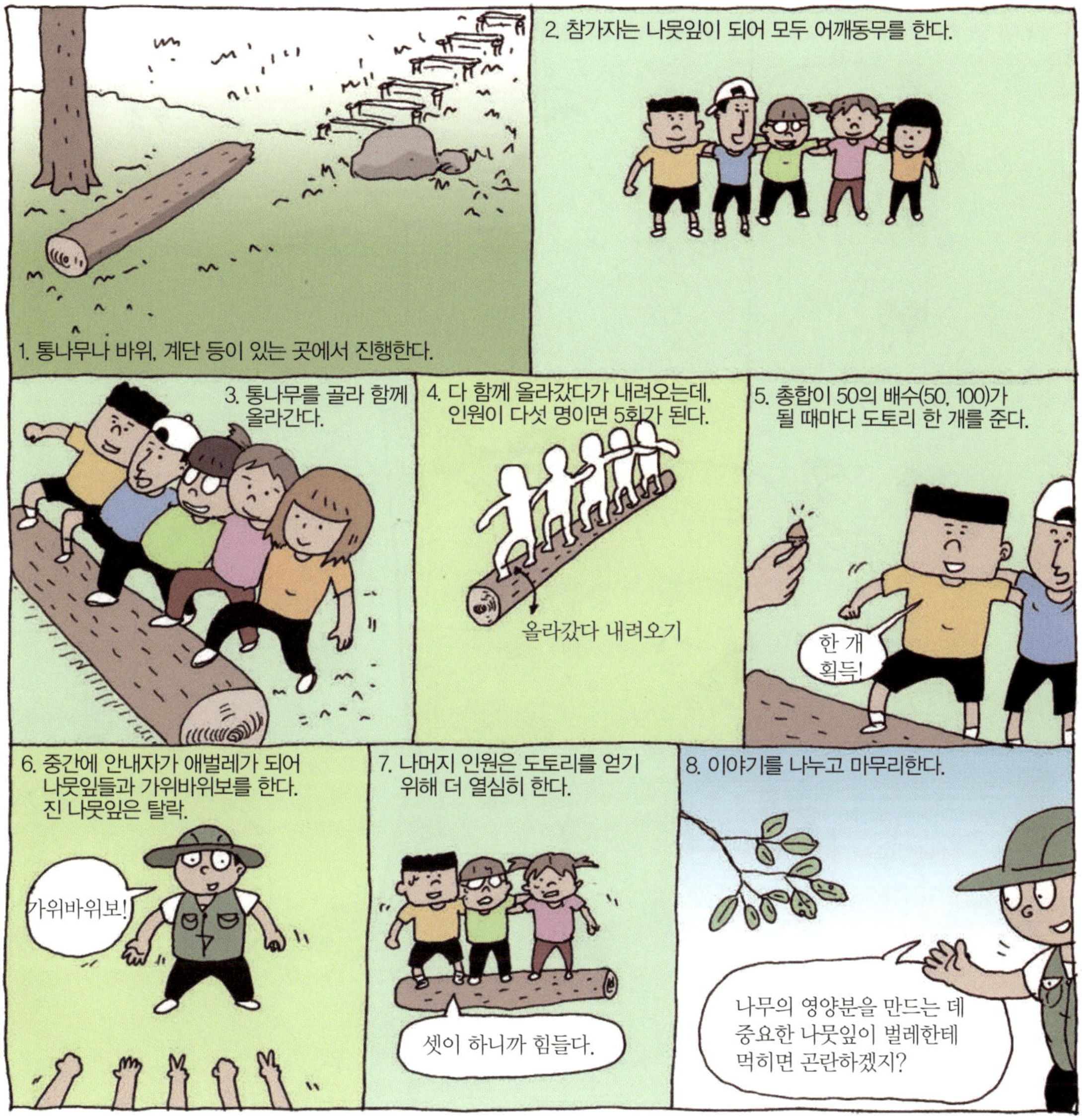

1. 통나무나 바위, 계단 등이 있는 곳에서 진행한다.
2. 참가자는 나뭇잎이 되어 모두 어깨동무를 한다.
3. 통나무를 골라 함께 올라간다.
4. 다 함께 올라갔다가 내려오는데, 인원이 다섯 명이면 5회가 된다.
5. 총합이 50의 배수(50, 100)가 될 때마다 도토리 한 개를 준다.
6. 중간에 안내자가 애벌레가 되어 나뭇잎들과 가위바위보를 한다. 진 나뭇잎은 탈락.
7. 나머지 인원은 도토리를 얻기 위해 더 열심히 한다.
8. 이야기를 나누고 마무리한다.

진행을 위한 팁

- 가위바위보는 애벌레(안내자)의 공격이다. 애벌레에게 진 나뭇잎(참가자)은 나가고, 이기거나 비긴 나뭇잎만 남는다. 그래서 나뭇잎이 줄면 더 많은 횟수를 일해야 도토리를 얻을 수 있다.
- 모둠 간의 단결력이나 땀 흘릴 필요가 있을 때, 계단 같은 코스를 극복해야 할 때 이용하면 좋은 프로그램이다.
- 인원에 따라 도토리를 주는 횟수를 조절할 수 있다.

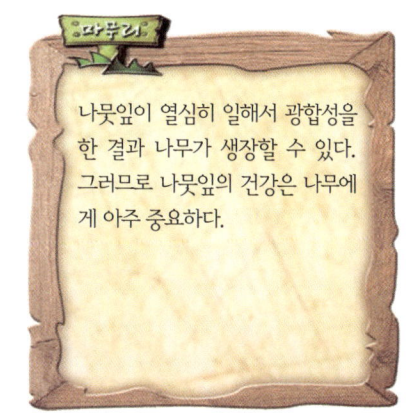

마무리

나뭇잎이 열심히 일해서 광합성을 한 결과 나무가 생장할 수 있다. 그러므로 나뭇잎의 건강은 나무에게 아주 중요하다.

생태 상식 58, 59 ☞ 205쪽

4-1-2 단풍잎 숨바꼭질

목적: 자연에 존재하는 여러 가지 색깔을 찾아보고, 다양한 색상이 존재하는 자연을 느낀다.
대상: 7세 이상
장소: 나무가 많은 곳

1. 술래를 정한다. — "난 만날 술래야."
2. 술래는 색깔 찾기 할 것을 정해준다. — "자기 셔츠!"
3. 정해진 색깔과 같은 자연물을 찾는다. — "내 옷과 같은 색이…", "어디에 있나?"
4. 술래에게 자기 옷 색과 자연물의 색을 비교해서 보여준다. — "난 노란 은행잎.", "난 단풍잎."
5. 같은 색을 찾지 못했을 때는 — "난 못 찾았는데…."
6. 도망쳐야 한다. — "잡아라!"
7. 잡히면 술래가 된다. — "잡았다!"
8. 마무리한다. — "자연 속에는 우리가 아는 색깔이 모두 숨어 있단다."

진행을 위한 팁

- 윗도리, 바지 등 입고 있는 것을 하기 어려우면 색깔 카드를 미리 준비하는 것도 좋다. 여러 가지 색 카드를 준비해 나눠줘도 된다.
- 술래가 한 가지 색을 말하는 것도 방법이다. 같은 색이 자연 속에 얼마나 많은지 알아본다.
- 여러 가지 색깔이 있는 옷은 한 가지 색만 선택한다.
- 자연물 하나에도 여러 가지 색이 존재할 수 있다. 따라서 옷과 비슷한 색깔을 찾는 것은 생각보다 어렵지 않다.
- 술래에게는 숨바꼭질처럼 뒤로 돌아 '무궁화꽃이 피었습니다'를 외치게 해서 여유를 둔다.

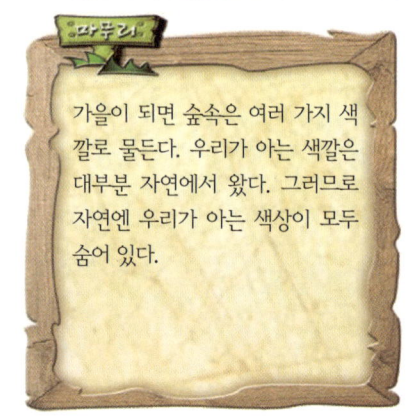

마무리

가을이 되면 숲속은 여러 가지 색깔로 물든다. 우리가 아는 색깔은 대부분 자연에서 왔다. 그러므로 자연엔 우리가 아는 색상이 모두 숨어 있다.

4-1-3 낙엽 탐정

목적: 나뭇잎의 생김새 차이를 알고, 낙엽이 어디에서 왔는지 추적하며 숲의 모습을 짐작해본다.
대상: 7세 이상
장소: 낙엽이 많은 곳

1. 모둠을 둘로 나누고, 낙엽이 많은 곳에서 모둠별로 흰 천을 한 장씩 바닥에 깔고 진행한다.

2. 일정한 시간 안에 여러가지 낙엽을 줍는다.
   - 가급적 겹치지 않게 여러 종을 모아야 한다.

3. 자기가 찾아온 낙엽을 상대 모둠에 제시한다.
   - 이렇게 생긴 거 없지?

4. 이때 같은 낙엽을 제시하면 점수를 얻는다.
   - 히히! 여기 있지롱~.

5. 같은 낙엽이 없다면 제시한 모둠이 점수를 얻는다.
   - 이렇게 생긴 건 없지?

6. 모두 마친 후 낙엽의 주인을 찾아본다.
   - 여기에서 왔나 보다.

7. 마무리한다.
   - 낙엽의 주인을 찾다 보니 숲에 어떤 나무들이 있는지 알았지?

진행을 위한 팁

- 같은 낙엽인데 찢어져서 모양이 다르게 보이는 것은 같은 나뭇잎이다. 그런 부분은 안내자가 조정해준다.
- 바람이 강하게 불 때는 낙엽을 각자 손에 들고 진행한다.
- 낙엽이 지는 까닭과 낙엽의 역할까지 설명해주면 좋다.
- 나뭇잎 퍼즐로 이어서 진행할 수 있다.

마무리
나뭇잎의 모양은 모두 다르기 때문에 낙엽만으로도 숲속에 어떤 나무가 존재하는지 알 수 있다.

생태 상식 60 ☞ 206쪽

4부 · 식물 부위별 놀이 | **193**

4-1-4 다른 나뭇잎 찾기

목적: 관찰력을 키우고, 나무에 따라 잎이 다르다는 것을 알려준다.
대상: 7세 이상
장소: 낙엽이 많은 곳

1. 여러 종류의 낙엽이 많은 곳에서 하는 게 좋다.
   - 와! 신난다.
   - 푹신푹신하다!

2. 두 모둠으로 나눈다.
   - 두 모둠으로 나눠 낙엽 놀이를 해보자.

3. 모둠별로 보자기를 하나씩 나눠주고 나뭇잎을 모으게 한다.
   - 여러 종류를 모은 모둠이 이기는 거야.

4. 보자기 위에 모두 다른 낙엽을 모아야 한다.
   - 이건 동그래.
   - 엄청 크지?

5. 어느 모둠이 낙엽을 여러 종류 모았는지 점검해본다.
   - 이 둘은 색이 달라도 같은 거야.

6. 여러 종류의 나뭇잎을 찾은 쪽이 이기는 놀이다
   - 열두 가지 모은 모둠 승!

7. 마무리한다.
   - 나뭇잎이 열두 가지라면 나무도 최소한 열두 종류는 있겠지?

진행을 위한 팁

- 낙엽을 찾을 장소와 찾는 시간은 미리 공지해주는 게 좋다. 장소에 제한을 두지 않으면 멀리 가기 때문이다.
- 바람이 불 때는 보자기나 나뭇잎이 날아갈 수 있으므로, 집게를 준비해서 나뭇잎을 끈에 달아본다. 이때도 다른 나뭇잎을 찾아와야 줄에 걸어준다. 같은 나뭇잎을 찾은 사람은 돌아가서 다시 찾는다.

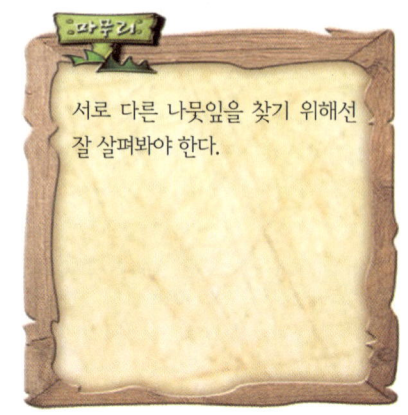

서로 다른 나뭇잎을 찾기 위해선 잘 살펴봐야 한다.

4-1-5 나뭇잎 짝 찾기

목적: 관찰력을 키운다.
대상: 7세 이상
장소: 낙엽이 많은 곳

1. '다른 나뭇잎 찾기'를 한 상태에서 진행할 수 있는 놀이다.

2. 자기 모둠에 있는 나뭇잎과 짝이 되는 나뭇잎을 상대 모둠에서 가지고 온다.

   "상대 모둠에서 가져와 짝을 맞추는 거야."

3. 각 모둠 1번이 먼저 출발해 상대 모둠에서 나뭇잎을 고른다.

   "우리 단풍잎 있었지?"

4. 1번이 갖고 오면 2번이 출발한다.

   "단풍잎!"

5. 이렇게 마지막까지 하고 나서 짝이 많은 모둠이 이긴다.

   "네 쌍 승!"

6. 마무리한다.

   "같은 잎을 가져오려면 자세히 관찰해야 한답니다."

진행을 위한 팁
- 각 모둠원의 번호를 미리 정하고, 번호 순서대로 나와서 릴레이를 한다.
- 한 종류의 나뭇잎에만 집착하지 않도록 유도한다.

마무리

내 나뭇잎과 같은 것을 찾아야 하기 때문에 관찰력이 중요하다.

4-1-6 나뭇잎 가위바위보

목적: 나뭇잎을 자세히 살펴보고 특징을 이해한다.
대상: 7세 이상
장소: 낙엽이 많은 곳

1. '다른 나뭇잎 찾기'를 한 상태에서 진행할 수 있는 놀이다.
2. 모둠 안에서 1번부터 끝까지 순서를 정한다.

   1번. 2번. 3번 끝.

3. 각 모둠이 찾은 나뭇잎을 잘 살펴보다가 안내자가 말한 것을 찾아본다.
4. 안내자는 가위바위보 할 나뭇잎 특성을 말해준다.

   가장 큰 이파리!

5. 특성에 가장 잘 맞는 잎을 찾는다.

   이건가? 이게 더!

6. 각 모둠 1번은 뒤돌아서 찾은 잎으로 가위바위보 한다.

   가위바위보!

7. 특성에 가까운 나뭇잎이 승리. 다른 특성을 이야기하면서 가위바위보를 더 해본다.

진행을 위한 팁

- 가위바위보 내용은 다양하게 할 수 있다. 가장 큰 나뭇잎, 가장 작은 나뭇잎, 구멍이 가장 많은 나뭇잎, 손가락 모양 나뭇잎 등.
- 안내자가 미리 정해준 내용을 모둠원들이 상의해서 나뭇잎 고를 시간을 준다.
- 예쁜 나뭇잎 등 판단 기준이 애매한 것은 과제로 내주지 않는다.
- 놀이를 몇 번 진행한 후 참가자 안에서 과제 내주기를 정해 자체적으로 진행하도록 한다.

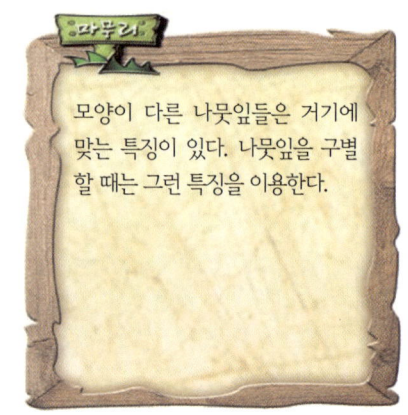

마무리

모양이 다른 나뭇잎들은 거기에 맞는 특징이 있다. 나뭇잎을 구별할 때는 그런 특징을 이용한다.

4-1-7 나뭇잎 퍼즐

목적: 나뭇잎을 자세히 관찰한다.
대상: 6세 이상
장소: 낙엽이 많은 곳

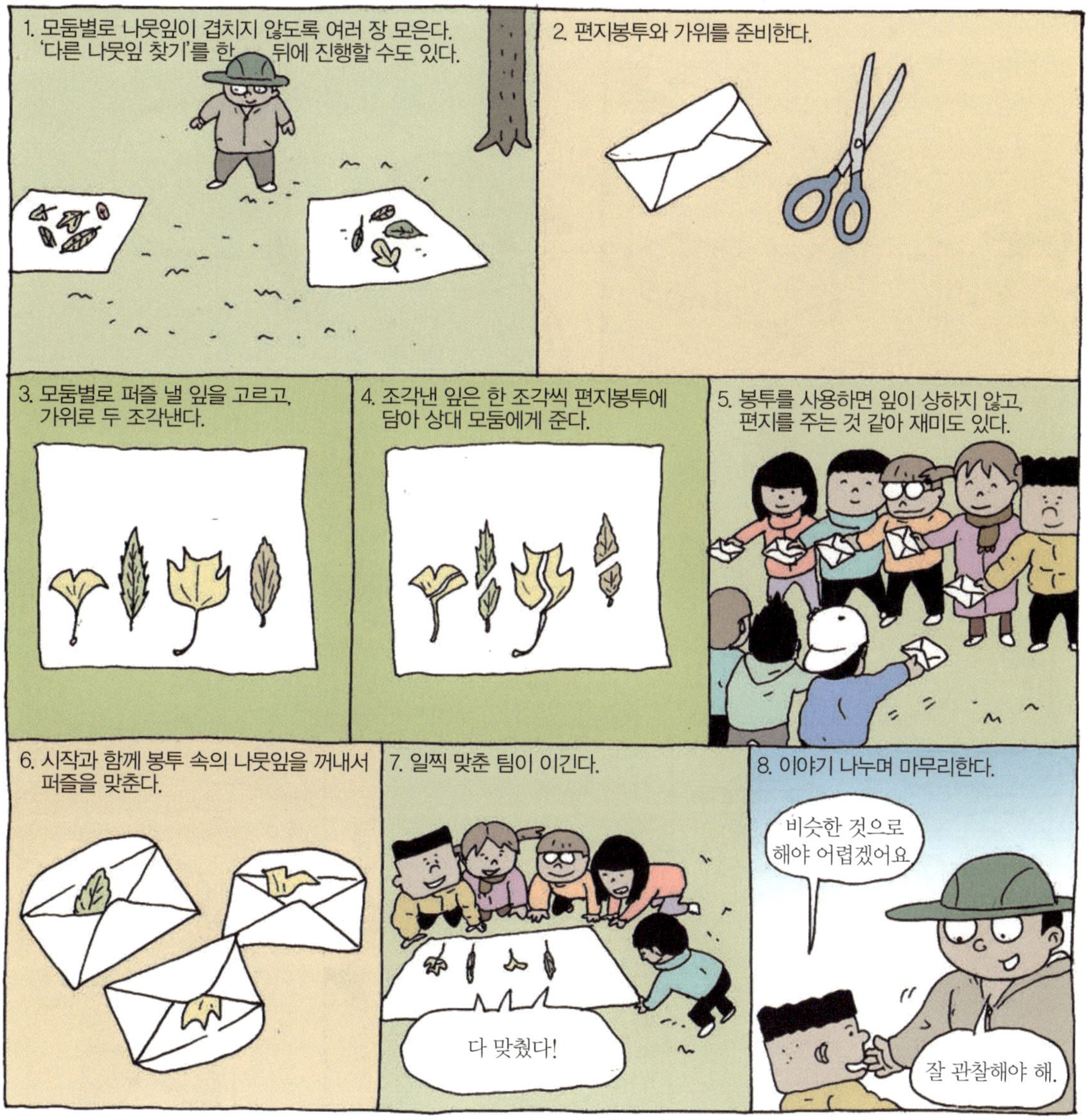

1. 모둠별로 나뭇잎이 겹치지 않도록 여러 장 모은다. '다른 나뭇잎 찾기'를 한 뒤에 진행할 수도 있다.
2. 편지봉투와 가위를 준비한다.
3. 모둠별로 퍼즐 낼 잎을 고르고, 가위로 두 조각낸다.
4. 조각낸 잎은 한 조각씩 편지봉투에 담아 상대 모둠에게 준다.
5. 봉투를 사용하면 잎이 상하지 않고, 편지를 주는 것 같아 재미도 있다.
6. 시작과 함께 봉투 속의 나뭇잎을 꺼내서 퍼즐을 맞춘다.
7. 일찍 맞춘 팀이 이긴다.
8. 이야기 나누며 마무리한다.

진행을 위한 팁

- 보통 수업은 스무 명 기준이므로 두 모둠으로 나누면 열 명이 되고, 이때 나뭇잎은 다섯 종류면 된다. 맞추기 어려울 것 같은 나뭇잎을 다섯 장 골라서 퍼즐용으로 사용한다.
- 상대방이 맞추기 어렵게 하려면 비슷한 나뭇잎들로 구성하고, 동일한 모양으로 자른다. 그런 내용은 안내자가 미리 알려주지 말고 아이들이 유추할 수 있도록 유도한다.
- 봉투에 넣는 이유는 나뭇잎이 파손되는 것을 막기 위해서다. 놀이의 재미도 더할 수 있다.

마무리

퍼즐을 잘 맞추려면 잎맥이나 전체 형태를 잘 관찰해야 한다.

4-1-8 나뭇잎 훌라

목적: 나뭇잎을 이용해 관찰력과 순발력을 기른다.
대상: 7세 이상
장소: 나뭇잎이 많은 곳

1. '다른 나뭇잎 찾기'를 진행한 뒤에 할 수 있는 놀이이다. 놀이 전에 잎의 개수는 양쪽 모둠이 같게 한다.

2. 가위바위보로 먼저 시작할 모둠을 뽑는다. 안내자가 주변에 있는 나뭇잎을 주워 테이블(벤치, 바위, 천)에 올려놓는다.

   "자! 이긴 모둠 1번부터 시작한다. 이것과 같은 잎을 찾아야 해."

3. 못 내면 다른 모둠으로 기회가 넘어간다.

   "이것과 같은 잎이 있으면 가져와서 낼 수 있어."

4. 같은 잎이 있을 경우 다른 잎도 함께 낼 수 있다.

   "벚나무 잎 내고, 단풍잎!"

5. 다른 모둠은 앞 모둠이 낸 것과 같은 잎을 내야 한다.

   "단풍잎 내고, 목련 잎!"

6. 번호 순서대로 진행하고, 모둠이 가진 잎을 모두 내면 이긴다.

   "네 차례야!"

7. 같은 잎이 없으면 쉬고, 상대 모둠부터 새로 시작한다.

   "잉? 없네!" "아싸!"

8. 마무리한다.

   "같은 잎을 찾으려면 관찰을 잘해야 한단다."

진행을 위한 팁
- 안내자가 처음 잎을 내놓을 땐 두 모둠에 모두 있는 것을 내놓는다.
- 중간에 두 모둠 모두 내놓을 나뭇잎이 없을 때는 다시 안내자가 주변에서 하나를 주워 테이블에 놓고 시작한다.

관찰을 잘해서 특징을 발견하면 같은 나뭇잎을 찾을 수 있다.

4-1-9 무지개를 완성하라

목적: 숲속 색깔을 찾느라 분주하게 움직이다가 숲속 식물에게도 관심을 갖는다.
대상: 6세 이상
장소: 단풍이 든 나뭇잎이 많은 곳

진행을 위한 팁
- 이왕이면 가을에 하는 것이 좋다.
- 무지개 전체를 완성하지 못해도 상관없다. 일부가 남으면 왜 그 색깔은 없었는지 알아보면서 숲에 대해 더 알 수 있다.
- 특정 색깔이 왜 많거나 적은지 얘기해본다.

마무리

지금 숲속에 이렇게 다양한 색깔이 있다.

4부 · 식물 부위별 놀이 | 199

4-1-10 내 나뭇잎을 찾아라

목적: 나뭇잎의 엄마 나무를 찾기 위해 어떻게 질문하고 유추해야 하는지 알아본다.
대상: 7세 이상
장소: 여러 종류의 나무가 있는 곳

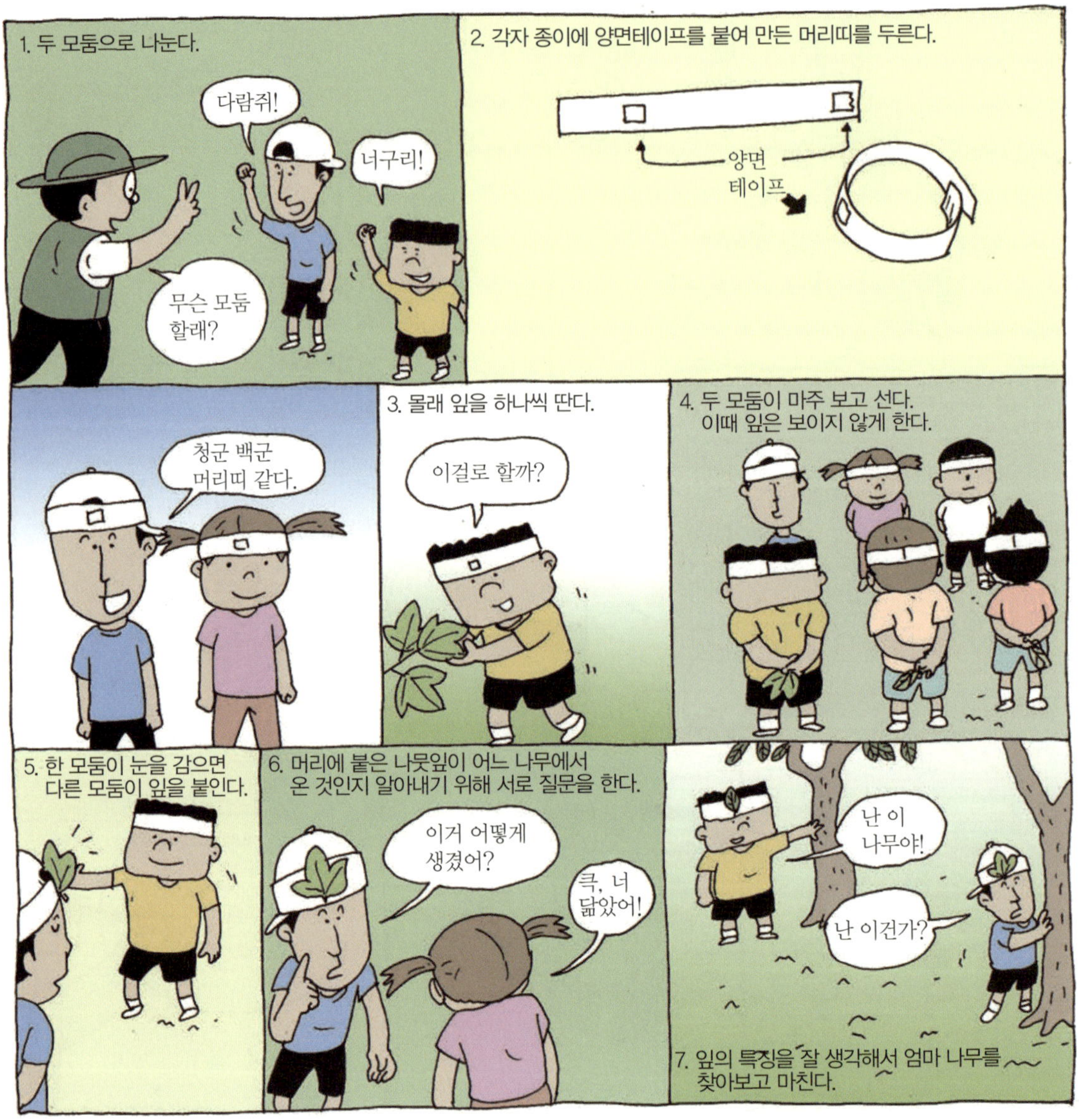

1. 두 모둠으로 나눈다.
2. 각자 종이에 양면테이프를 붙여 만든 머리띠를 두른다.
3. 몰래 잎을 하나씩 딴다.
4. 두 모둠이 마주 보고 선다. 이때 잎은 보이지 않게 한다.
5. 한 모둠이 눈을 감으면 다른 모둠이 잎을 붙인다.
6. 머리에 붙은 나뭇잎이 어느 나무에서 온 것인지 알아내기 위해 서로 질문을 한다.
7. 잎의 특징을 잘 생각해서 엄마 나무를 찾아보고 마친다.

진행을 위한 팁
- 자기 이마에 붙은 잎을 떼서 보지 않도록 한다.
- 나뭇잎의 이름이나 엄마 나무를 알려주지 말고, 생김새에 대한 힌트만 주게 한다.
- 잎을 한 번 따면 바꿀 수 없다. 마지막에 머리띠를 벗어서 정답을 확인하고 어느 모둠이 많이 맞혔는지 알아본다.

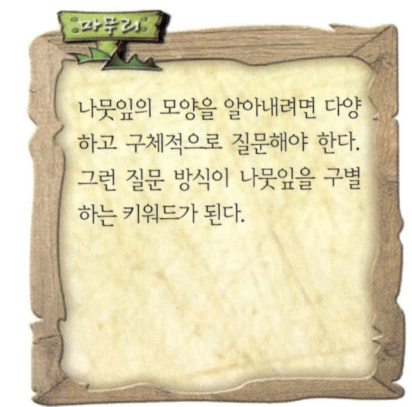

나뭇잎의 모양을 알아내려면 다양하고 구체적으로 질문해야 한다. 그런 질문 방식이 나뭇잎을 구별하는 키워드가 된다.

4-1-11 단풍 색이 다른 원인

목적 : 다양한 단풍 색이 나오는 원인을 알아본다.
대상 : 7세 이상
장소 : 어느 곳이나

1. 안내자가 말하는 숫자에 맞게 뭉치는 놀이를 한다.

   "이건 벚나무 잎이야. 작으니까 적은 인원이 모여."
   "이건 색이 왜 달라요?"

2. 작은 나뭇잎은 적은 인원이, 큰 나뭇잎에는 많은 인원이 모이는 방식으로 진행한다.

   "벚나무 잎이 되자, 세 명!"
   "큰 목련 잎이 되자, 다섯 명!"
   "다섯 명 모여!"

3. 놀이를 적당히 하다가 멈추고, 단풍 색이 다른 원인을 이야기해준다.

   "여자가 안토시아닌이라면 잎의 색깔이 약간 붉겠지?"

4. 놀이를 계속하며 인원의 구성비에 따라 어떤 색깔이 될지 알아본다.

   "느티나무 잎이 되자, 세 명!"

5. 마무리한다.

   "색소의 양에 따라 잎의 색이 달라진단다."

진행을 위한 팁

- 옷 색깔 대신 다른 것으로 결정해도 된다.
  (예 : 성별 – 남자는 카로티노이드, 여자는 안토시아닌)
- 카드를 미리 나눠주고 진행해도 좋다.
  (예 : 노란색 카드[카로티노이드], 빨간색 카드[안토시아닌])
- 뭉치지 못한 사람은 낙엽이 되었다고 한다.
- 주변의 단풍잎을 찾아서 색깔을 비교해도 재미있다.

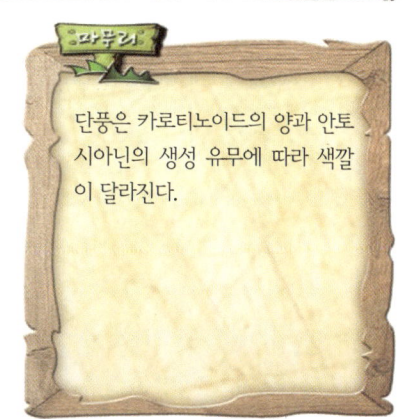

마무리

단풍은 카로티노이드의 양과 안토시아닌의 생성 유무에 따라 색깔이 달라진다.

4-1-12 단풍 모자이크

목적 : 여러 가지 색 단풍잎을 이용해서 공작 활동을 해본다.
대상 : 6세 이상
장소 : 단풍 든 나뭇잎이 많은 곳

- 단풍이 환상적이야!
- 단풍으로 멋진 전시회를 해볼까?
- 좋아요!

1. 종이에 연필로만 그림을 그린다.
2. 여러 가지 단풍잎을 줍거나 따서 가위로 작게 자른다. 싹둑 싹둑!
3. 그림에 풀칠을 하고 색에 맞게 골라서 붙인다.
4. 전시를 해서 다른 친구들 작품도 감상한다.
5. 마무리한다.

나무의 종류에 따라 단풍이 드는 색깔도 조금씩 달라. 그래서 풍경이 더욱 아름답단다.

진행을 위한 팁
- 모자이크는 시간이 오래 걸리므로 단순한 그림을 그리는 게 좋다. 가위로 모양에 맞게 잘라서 붙여도 상관없다.
- 제작한 것을 집에 가져가서 시간이 지나도록 관찰하면 수분이 더욱 증발하여 낙엽으로 변할 것이다. 이후에도 계속된 관찰을 유도할 수 있다.
- 자연물을 이용해서도 예술 작품이 탄생할 수 있다는 것을 느끼게 해주고, 다양한 미술 기법에 대한 상상력을 심어준다.

마무리

다양한 색깔을 이용해서 작품을 만들 수 있는 이유는 여러 가지 단풍이 있기 때문이다. 단풍은 나무 종류에 따라 다양하게 만들어진다.

4-1-13 나뭇잎 글짓기

목적: 나뭇잎을 이용해 글짓기를 해봄으로써 창의력을 기른다.
대상: 초등학생 이상
장소: 나뭇잎이 많은 곳

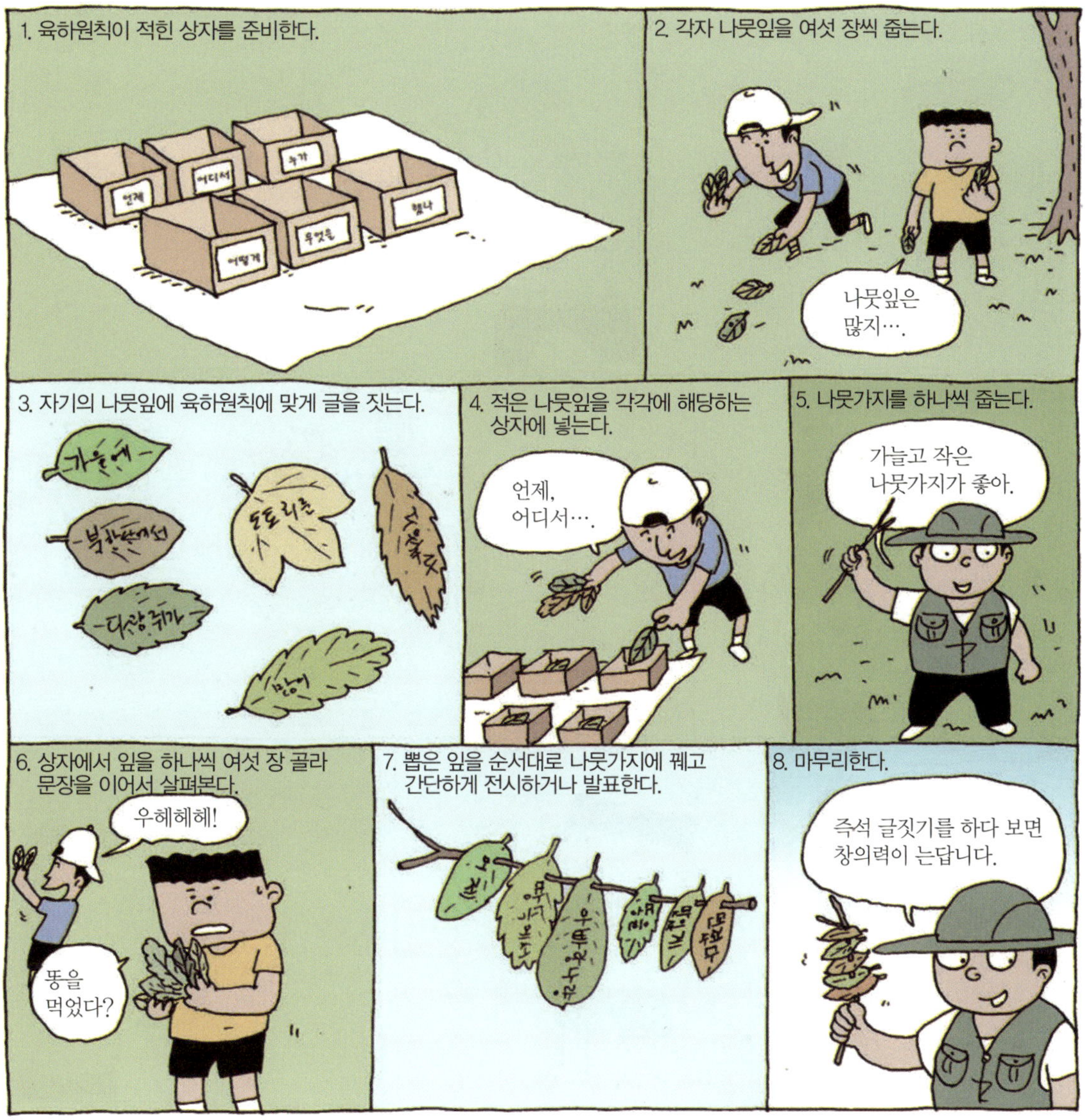

1. 육하원칙이 적힌 상자를 준비한다.
2. 각자 나뭇잎을 여섯 장씩 줍는다.
3. 자기의 나뭇잎에 육하원칙에 맞게 글을 짓는다.
4. 적은 나뭇잎을 각각에 해당하는 상자에 넣는다.
5. 나뭇가지를 하나씩 줍는다.
6. 상자에서 잎을 하나씩 여섯 장 골라 문장을 이어서 살펴본다.
7. 뽑은 잎을 순서대로 나뭇가지에 꿰고 간단하게 전시하거나 발표한다.
8. 마무리한다.

진행을 위한 팁

- 나뭇잎에 글씨가 써지도록 수정액이나 물감을 이용한다.
- 너무 마른 낙엽은 잘 부서지므로 떨어진 지 얼마 안 된 단풍잎이 좋다.
- 나뭇잎을 꿸 나뭇가지는 너무 굵지 않은 것으로 한다.

즉흥 글짓기는 창의력을 자극하고, 다른 사람의 글과 섞여 있을 때 생긴 재미는 분위기를 고조시킨다.

4-1-14 같은 냄새를 찾아라

목적: 나뭇잎의 타감 작용으로 독특한 향이 있음을 이해한다.
대상: 7세 이상
장소: 숲속

1. 상자를 하나 준비한다.

2. 향이 나는 잎(생강나무, 산초나무)을 한 장 준비한다.
   "좀 문질러야 향이 더 잘 나지…."

3. 상자에 잎을 넣고 뚜껑을 닫는다.

4. 눈을 감고 한 명씩 냄새를 맡게 한다.
   "냄새를 잘 기억해야 해."

5. 같은 잎이 어느 것인지 냄새를 맡아서 찾아본다.

6. 잎을 손가락으로 문지르면 향이 더 진하게 난다.

7. 같은 냄새가 나는 잎을 찾으면 맞는지 확인한다.
   "이 향기가 맞는 거 같은데…."

8. 마무리한다.
   "식물은 자신을 보호하기 위해서 냄새가 나는 물질을 만들어낸단다."

진행을 위한 팁
- 같은 방법으로 맛을 보고 찾아낼 수도 있다.
  (예 : 쑥이나 찔레 순 등)
- 상자 안을 들여다보지 않도록 미리 주의를 준다.
- 정답을 알았다고 큰 소리로 외치거나 친구들에게 알려주지 않도록 한다.

마무리
식물은 자신을 보호하기 위해 타감 작용을 한다. 잎에서 강한 향이 나는 것은 그런 작용 중 하나다.

생태 상식 62 ☞ 207쪽

생태상식 58. 광합성이란?

광합성은 뿌리에서 빨아들인 물과 잎에서 받아들인 이산화탄소를 원료로 햇빛 에너지를 받아 탄수화물을 만드는 작용이다. 다시 말해 빛을 받아 물과 이산화탄소로 탄수화물을 합성한다고 해서 광합성이다. 그 부산물로 산소가 생긴다. 이를 비유해서 설명하면 다음과 같다.

- 공장 : 잎의 엽록소
- 원료 : 물, 이산화탄소
- 제품 : 탄수화물, 산소
- 에너지(연료) : 햇빛

이렇게 만들어진 양분(탄수화물)은 생장에 쓰이고, 남는 것은 뿌리나 열매, 줄기 등에 저장된다. 산소는 숨구멍을 통하여 공기 중으로 배출된다. 따라서 햇볕이 많이 쬐는 날 숲 속에 가면 공기 중에 산소가 많아 기분이 상쾌해진다.

녹색식물은 광합성을 통해 에너지를 만듦으로써 지구 생태계에서 먹이연쇄를 통해 모든 생물이 에너지를 얻을 수 있도록 해준다. 따라서 식물의 광합성이야말로 육상 생태계에서 차지하는 비중은 절대적이다.

생태상식 59. 광합성에 영향을 주는 요인

① 햇빛의 양

식물은 어둠 속에선 호흡만 하며 CO_2를 방출하는데, 서서히 햇빛이 늘어나면 광합성을 시작하며 CO_2를 흡수한다. 어느 지점에 달하면 방출되는 CO_2 양과 흡수하는 CO_2 양이 일치하는데, 이때를 광보상점이라고 한다. 적어도 광보상점 이상의 햇빛이 있어야 식물이 살아갈 수 있다.

광보상점은 빛이 증가하면 비례하여 증가하다가 어느 지점에 오면 아무리 빛이 증가해도 광합성 양이 증가하지 않는 포화상태에 이른다. 이 지점을 광포화점이라고 한다. 식물들은 지역과 종에 따라 적절하게 햇빛을 이용한다.

② 온도

광합성은 두 단계에 거쳐 일어난다. 태양의 전자기에너지를 받아들여 에너지로 만드는 광반응과 그 에너지를 기반으로 탄소를 고정화하는 암반응으로 나뉜다. 광반응은 온도의 영향을 적게 받지만, 암반응은 온도의 영향을 많이 받는다. 나무의 광합성은 0~40℃ 범위에서 일어난다고 할 수 있다. 온대 지방의 나무는 15~25℃에서, 고산성 수목은 −6℃에서도 가능하며 15℃에서 최적을 이룬다. 열대 식물은 30~35℃에서 최대치를 볼 수 있다. 그렇다고 온도가 높아질수록 광합성 양이 무한정 늘어나는 것은 아니다. 온도가 올라가면 호흡량도 많아지기 때문이다.

③ 수분

수분이 과다하거나 부족하면 광합성에 영향을 받을 수 있다. 수분 부족은 잎 면적을 감소시키고, 기공을 폐쇄시키고, 원형질 분리까지 일으킬 수 있다.

④ 이산화탄소

녹색식물은 일반적으로 대기 중의 CO_2 농도가 증가하면 광합성 양도 증가한다. 현재 대기 중의 CO_2 농도는 350ppm이라고 한다. 매년 증가 추세니 현재는 더 높다고 볼 수 있다. 농도를 1000ppm까지 상승시켜 생장량을 두 배로 늘린 사례가 있다고 하나, 대기 중의 CO_2 농도가 높아지는 것이 무조건 좋은 것은 아니다. 일반적으로 600ppm 이상에서는 생산량이 증가하지 않는다. 식물 생장량에 해당하는 수치일 뿐, 대기 상태나 기후 변화 등 현재의 균형이 깨지면 예기치 않은 기상 이변이 생길 수 있다.

⑤ 시간

하루 중 햇빛의 양과 온도, 수분의 상태가 가장 적절한 정오에 왕성하고, 계절적으로는 수종에 따라 다르다. 활엽수는 변화가 크다. 고정 생장을 하는 종은 이른 봄에 최대치에 달하고, 자유 생장을 하는 종은 늦여름에 최대치에 달한다. 침엽수는 −5℃가 되어도 광합성을 하는 종이 있으며, 겨울에도 잎을 달고 있는 경우가 많으므로 −10℃로 내려가지 않는 한 계속 광합성을 한다고 봐도 된다.

생태상식 60 낙엽이란?

나뭇잎은 활엽수든 침엽수든 일정한 수명이 있다. 그 수명을 다하고 떨어지는 것이 낙엽이다. 낙엽수는 대개 가을에 집중되고, 상록수는 1년 내내 조금씩 떨어진다.

나무는 잎을 떨어뜨릴 때 잎에 있는 유용한 물질을 모두 줄기 쪽으로 흡수하고, 식물체 몸속의 쓸모없는 물질을 잎으로 이동시킨다. 식물에게 잎을 떨어뜨리는 것은 노폐물을 배출하는 의미도 있다.

잎이 떨어지는 것은 잎이 상처를 입거나 가뭄, 가을의 낮 길이 단축 등 기후의 계절적 변화에 적응한 결과다. 상처를 입거나 낮 길이가 짧아지면 탈리(脫離)를 조절하는 호르몬 옥신과 에틸렌의 생산량이 달라진다. 그 결과 탈리대 안에 분리층이 형성되고, 이 분리층은 분열조직 세포들로 구성된다. 분열조직 세포들은 세포벽이 얇아서 약하다. 분리층에 분열이 시작되면 세포벽은 효소에 의해 분해되고, 분리층을 따라 그 아래에 보호층이 형성된다. 탈리는 식물체의 일부를 자연적으로 떨어지게 하고, 상처를 입었거나 죽어가는 잎을 제거하는 작용을 하기 때문에 식물체에게 중요하다.

●이층(떨켜)이란?

잎이 잘 떨어질 수 있도록 잎자루의 끝부분에 생기는 특수한 조직이다. 낙엽이 지고 나면 생기는 상처를 보호해준다. 이 층(離層)이 완성되면 수분이나 영양분이 오가지 못한다.

●엽흔이란?

낙엽이 지고 나면 잎자루가 붙어 있던 자리에 자국이 남는다. 이 흔적을 잎이 진 흔적이라 하여 엽흔(葉痕)이라고 한다. 엽흔 안에는 관다발의 흔적(管束痕)도 같이 남는다. 이 흔적들은 나무의 종류에 따라 모양이 다르기 때문에 겨울철 나무를 구별하는 키워드가 되기도 한다.

●낙엽이 지지 않는 나무

침엽수 중에는 가을이 되어도 잎을 떨어뜨리지 않는 것이 있다. 그들은 어떻게 추위와 건조를 잘 견딜까?

잎 면적이 좁은 침엽수는 증발량이 적으므로 수분 손실량이 많지 않다. 또 잎에 당도를 높여 내한성을 증대했으므로 추운 겨울에도 잎이 잘 얼지 않는다. 에너지 손실을 줄이고 소량의 햇빛이라도 이용하여 에너지를 획득하려는 의도에서 잎을 떨어뜨리지 않는 것이다. 잎을 떨어뜨리거나 떨어뜨리지 않거나 두 경우 모두 에너지를 효율적으로 이용하려는 전략이라고 할 수 있다.

생태상식 61 단풍이란?

나뭇잎에는 초록색 색소 클로로필이 많이 들어 있다. 그래서 평소 잎이 녹색으로 보이는 것이다.

나무는 사계절이 뚜렷한 온대 지방에서는 주로 가을에, 건기와 우기가 뚜렷한 열대에서는 건기에 잎을 떨어뜨린다. 추위와 건조한 환경에서 자신의 몸을 보호하기 위해 잎을 떨어뜨리고 휴면에 들어가는 것이다. 잎이 떨어지기 전에 수명이 다하여 활동이 둔해지면 세포 안의 내용물은 차례로 질소나 칼륨으로 분해되고, 재활용을 위해 겨울눈이나 뿌리에 저장된다. 잎이 지기 전에 여러 가지 색깔로 잎이 물드는 것을 단풍이라고 한다.

*여러 가지 단풍
- 빨간색 단풍 – 클로로필이 분해되면 카로티노이드가 나타나 황색이 되고, 동시에 떨켜가 생기면 잎맥을 흐르지 못한 당분에서 붉은 색소 안토시아닌이 만들어지고, 잎은 표면 → 중앙 → 밑의 순서로 붉게 변한다.
- 노란색 단풍 – 안토시아닌이 만들어지지 않는 잎은 엽록체 안에 있던 카로티노이드가 발현되어 노랗게 물든다. 황

색 카로티노이드 색소는 녹색 잎에 포함되어 있으나 클로로필에 비해 8분의 1 정도에 불과하다. 분해되는 속도가 클로로필보다 느리기 때문에 잎이 노란색을 띤다.
· 갈색 단풍 – 낙엽이 갈색이 되는 것은 타닌이라는 갈색 색소가 겉으로 드러나기 때문이다.

안토시아닌의 형성 유무와 카로티노이드의 양에 따라 여러 가지 색 단풍이 만들어지는 것이다.

생태상식 62 타감 작용이란?

모든 생태계가 그렇듯이 식물 세계에서도 치열한 생존 경쟁이 일어난다. 그래서 나타나는 현상이 타감 작용(allelopathy)이다. 타감 작용은 식물들이 자기 보호를 위해 본능적으로 다른 식물들이 잘 자라지 못하게 하는 화학 물질을 내뿜는 것을 말한다. 그 예로 단풍나무는 가을이면 안토시아닌이 포함된 낙엽을 땅에 떨어뜨려 주변 식물의 발아를 억제한다. 소나무도 페놀성 물질을 내뿜어 소나무 밑에는 다른 식물이 자라지 못한다. 그러나 소나무와 성질이 비슷한 옻나무와 철쭉은 소나무가 발산하는 페놀성 물질의 영향을 받지 않고 잘 자란다.

타감 작용은 식물과 동물 사이에서도 일어난다. 예를 들어 들소나 사슴, 곤충은 질소를 섭취하기 위해 초목을 먹는데, 식물 중에는 타닌이나 알칼로이드 같은 페놀류 독소와 질소를 섞어서 먹기 어려운 맛을 만들어내기도 한다. 동물들이 식물의 타감 작용을 이용하는 경우도 있다. 그 예로 박주가리는 새에게 독이 되는 테르펜류의 성분이 있는데, 왕나비의 애벌레는 이 박주가리를 먹어 새에게서 자신을 보호한다.

예부터 사람들은 식물의 타감 작용을 이해하고 이용했다. 타감 작용을 일으키는 성분은 대개 독성이 있는데, 이 성분을 적당량 사용하면 치료제로 활용 가능하기 때문이다. 그 예로 담배 잎에 많은 니코틴은 옴 치료약으로 개발됐으며, 더 강하게 조제하여 간질 치료제로 쓰인다. 의약 분야에서는 현재도 이에 대한 연구가 활발하게 진행되고 있다.

줄기

식물의 몸을 쉽게 잎과 줄기, 뿌리로 나누면서도 우리는 상대적으로 줄기의 기능은 무시하기 쉽다.

줄기의 기능은 잎이 달린 가지를 지탱하고 식물체를 지지하며, 어린 가지에선 광합성도 하고, 물질을 저장하거나 수송하는 역할을 한다. 줄기가 원통 모양인 것도 잎을 만드는 물질을 최소로 소비하여 최대의 수송 통로를 만들기 위해서다.

줄기는 잎이 햇빛에 최대한 노출되게 하여 광합성 양이 최대가 될 수 있도록 골격 작용을 해준다. 이를 정아우세 현상이라고 하는데, 끝눈에서 나온 가지가 길게 자라도록 하는 현상이다. 이 현상으로 나무 모양이 원추형을 띠는데, 햇빛을 가장 많이 받을 수 있는 구조다.

식물은 우리가 흔히 보는 기둥처럼 생긴 줄기 외에도 여러 줄기를 만들어냈다. 영양 물질을 저장해주는 감자나 선인장의 줄기, 기어오르기 위해 줄기를 덩굴손으로 변형시킨 포도나 완두, 옆으로 뻗어갈 수 있는 딸기의 줄기, 자신을 보호하기 위해 가시를 만들어내는 찔레꽃…. 변형된 줄기는 식물들이 자라기 어려운 환경에서도 적응하기 위한 생존 전략이다.

4-2-1 무슨 나무일까?

목적: 몸으로 나무 흉내를 내봄으로써 나무의 모양을 파악하고, 줄기의 형태를 인식하며, 그 특징을 얘기해본다.
대상: 7세 이상
장소: 나무가 많은 곳

1. 나무가 많은 곳에서 진행한다.
   - 나무가 참 다양하네요.
2. 각자 맘에 드는 나무를 고른다.
   - 숲에서 맘에 드는 나무를 하나씩 골라봐.
   - 네.
3. 숲속에 다니면서 마음에 드는 나무를 골라 잘 봐둔다.
   - 난 여기.
   - 저기 가보자.
4. 나무의 외형을 꼼꼼히 살핀다.
   - 참 특이하게 생겼다. 나처럼!
5. 나무 흉내를 내고 맞힌다.
   - 이건 뭘까?
   - 조기 있는데.
   - 뭐지? 특이하네.
   - 그건 저 나무!
6. 마무리한다.
   - 나무 흉내를 내다 보면 나무와 한결 친해진 느낌이 듭니다.

진행을 위한 팁
- 모둠별로 진행할 경우 각 모둠에서 한 사람씩 흉내를 내고 상대 모둠이 그 나무를 찾아본다.
- 상대가 맞혔을 때 다른 나무라고 우기거나 둘러대지 않게 주의를 준다. 그런 경우 감점한다거나, 각자 정한 나무가 뭔지 안내자에게 미리 말하고 시작하도록 하는 것도 방법이다.
- 모둠 인원이 많으면 한 모둠 전체가 같은 나무를 흉내 내는 것도 재미있다.

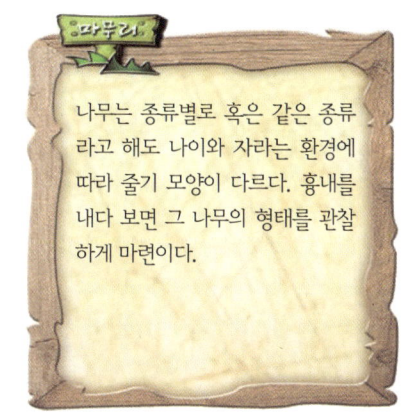

마무리
나무는 종류별로 혹은 같은 종류라고 해도 나이와 자라는 환경에 따라 줄기 모양이 다르다. 흉내를 내다 보면 그 나무의 형태를 관찰하게 마련이다.

생태 상식 63 ☞ 217쪽

4-2-2 나무를 안아봤나요?

목적: 나무 크기 재기 놀이를 통해 나무를 안아본다.
대상: 6세 이상
장소: 나무가 많은 곳

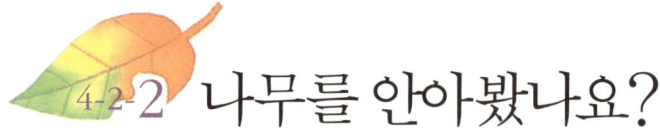

1. 나무의 굵기가 다양한 곳에서 진행한다.
   - 음, 굵직하군.
2. 숲에 들어서면 각자 맘에 드는 나무를 하나씩 고르게 한다.
   - 자기 맘에 드는 나무 한 그루를 골라보자.
   - 네.
3. 나무의 둘레를 몸으로 재본다.
   - 고른 나무의 둘레를 내 몸으로 잴 거야.
4. 안아서 잰 길이가 나무 둘레다.
   - 안았을 때 손끝이 닿은 지점을 잘 기억해야 해.
   - 누가 젤 굵은 나무를 찾나 보자.
5. 나무를 안고 온 사람은 자로 재서 길이를 알려준다.
   - 한 아름이 조금 안 되네?
   - 와, 80cm!
6. 마무리한다.
   - 자연스럽게 나무를 안아볼 수 있는 놀이입니다.

진행을 위한 팁
- 이후 자기의 한 아름과 딱 맞는 나무 찾기, 숲에서 가장 굵은 나무 찾기 등을 해도 재미있다.
- 나무를 안아본 느낌이 어떤지 공유한다.
- 나무에 오래 매달리기 등을 이어서 진행해도 좋다.

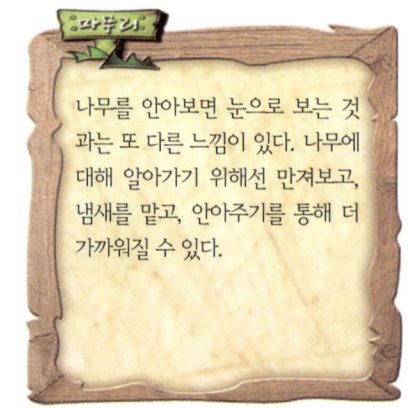

나무를 안아보면 눈으로 보는 것과는 또 다른 느낌이 있다. 나무에 대해 알아가기 위해선 만져보고, 냄새를 맡고, 안아주기를 통해 더 가까워질 수 있다.

4-2-3 나무들의 키 재기

목적 : 나무가 햇빛을 더 많이 받으려고 높이 자라는 것을 이해한다.
대상 : 7세 이상
장소 : 나뭇가지가 많은 곳

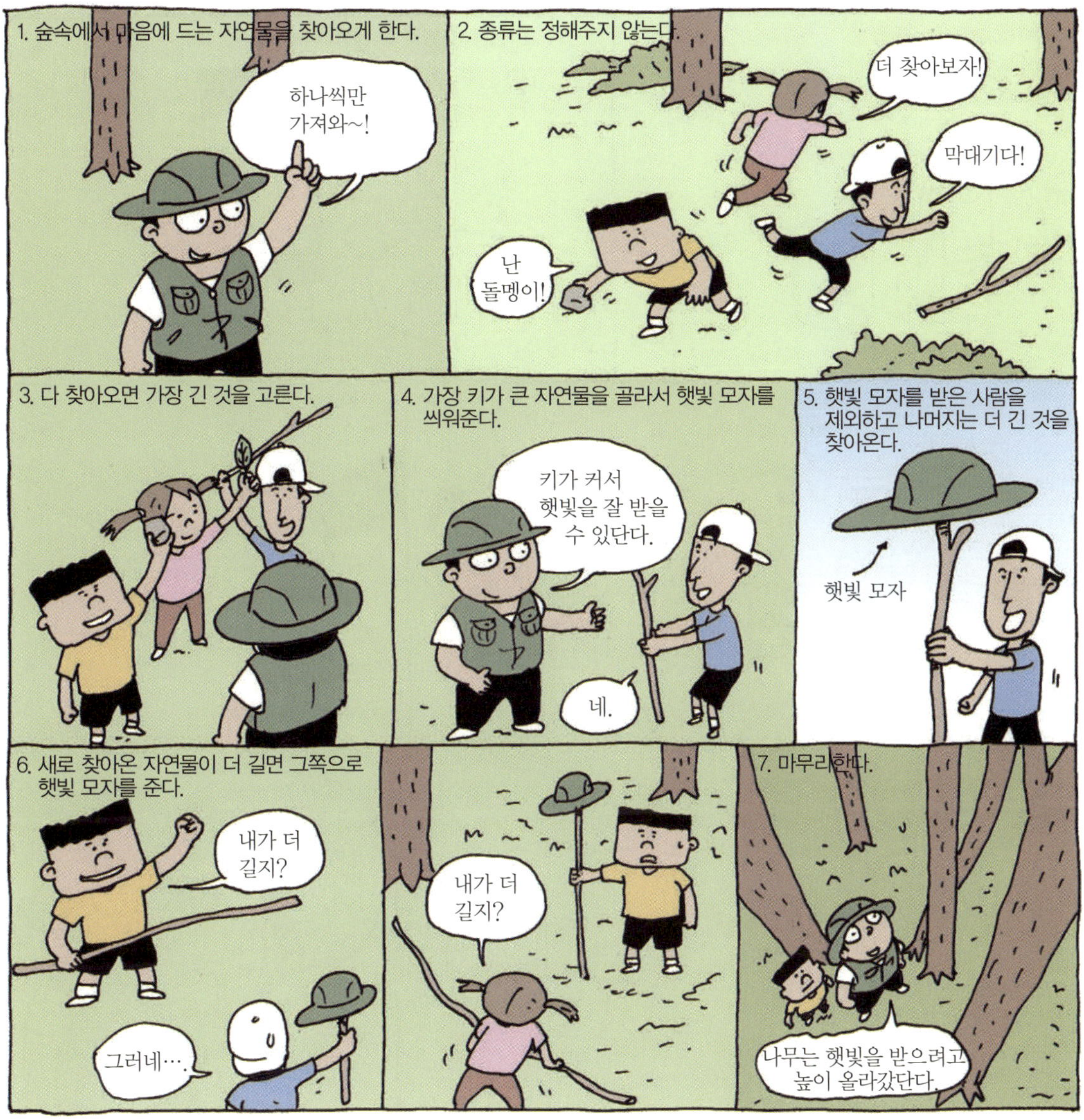

1. 숲속에서 마음에 드는 자연물을 찾아오게 한다.
2. 종류는 정해주지 않는다.
3. 다 찾아오면 가장 긴 것을 고른다.
4. 가장 키가 큰 자연물을 골라서 햇빛 모자를 씌워준다.
5. 햇빛 모자를 받은 사람을 제외하고 나머지는 더 긴 것을 찾아온다.
6. 새로 찾아온 자연물이 더 길면 그쪽으로 햇빛 모자를 준다.
7. 마무리한다.

진행을 위한 팁
- 햇빛 경쟁으로 키가 큰 나무 군락지에서 진행하면 좋다.
- 순번을 정할 필요가 있을 때 이 놀이를 통해 각자 찾아온 자연물로 키 재기를 해도 된다.

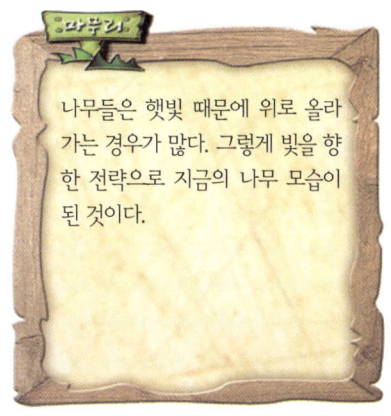

나무들은 햇빛 때문에 위로 올라가는 경우가 많다. 그렇게 빛을 향한 전략으로 지금의 나무 모습이 된 것이다.

4-2-4 물을 나르자

목적: 나무줄기가 물과 양분을 이동시키는 기능을 하는 것을 이해한다.
대상: 7세 이상
장소: 어느 곳이나

1. 물과 비커를 준비한다.
2. 각자 숲에서 나뭇잎을 한 장씩 줍는다.
   - 난 목련 잎!
3. 한 줄로 서고, 맨 마지막 사람은 비커를 든다.
   - 자, 물이다!
   - 조심!
   - 얼른 해.
4. 잎을 컵처럼 오므려서 물을 담고 옆 사람에게 전달한다.
5. 비커에 담는다. 일정 시간 동안 얼마나 많이 모으는지 알아본다.
6. 모둠을 나눠서 진행할 때는 비커를 두 개 준비한다.

- 잎으로 보낼 물과 잎이 만들어낸 양분을 이동시키는 곳이 나무의 줄기란다.

진행을 위한 팁
- 광합성과 증산작용이 한창인 여름에 하면 좋다.
- 하천이나 계곡이 있는 곳에서 진행하면 생수 대신 그 물을 이용한다.
- 잎의 기능과 연결해서 설명한다.

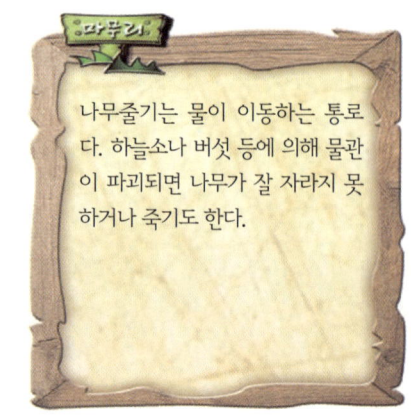

나무줄기는 물이 이동하는 통로다. 하늘소나 버섯 등에 의해 물관이 파괴되면 나무가 잘 자라지 못하거나 죽기도 한다.

뿌리

씨앗에서 새로 싹이 날 때 가장 먼저 나오는 게 뿌리다. 뿌리를 통해 양분을 섭취해야 자랄 수 있기 때문이다. 줄기가 잘린 나무라도 뿌리가 살아 있으면 새로운 가지를 낼 수 있지만, 뿌리가 죽으면 식물은 죽는다. 뿌리는 식물의 처음과 끝이다.

뿌리는 땅속에 감춰져서 제대로 볼 기회가 없다. 간혹 홍수나 폭풍에 쓰러졌을 때라야 그 모습을 볼 수 있다. 보이지 않는 부분이지만 윗부분의 화려한 수관(樹冠)처럼 아래에도 그만한 땅속수관이 있다. 뿌리가 없다면 멋진 나무의 모습도 없다. 땅 위의 가지가 햇빛을 찾아 모양이 형성됐다면, 땅속뿌리는 물과 양분을 찾아 뻗다 보니 그 모양이 된 것이다.

뿌리는 초기 식물의 가지에서 시작됐다고 한다. 원래는 뿌리가 없었는데 줄기가 뿌리 역할을 하게 되었다는 것이다. 그래서인지 구조와 기능이 줄기와 비슷하다. 뿌리의 역할은 나무가 똑바로 설 수 있도록 지탱해주는 것, 수분과 무기 양분을 흡수하는 것, 잎에서 만들어진 탄수화물을 저장하는 것이다.

4-3-1 아까시나무와 폭풍

목적: 나무마다 뿌리의 구조가 다르기 때문에 다르게 자란다는 것을 이해한다.
대상: 7세 이상
장소: 어느 곳이나

1. 아까시나무 모둠과 소나무 모둠으로 나눈다.
   - 소나무!
   - 난 아까시나무!

2. 섞어서 한 줄로 선다.

3. 폭풍을 한 명 뽑는다.
   - 네가 폭풍이야.
   - 네.

4. 폭풍은 나무들과 손뼉 치기를 한다.
   - 탁!

5. 이때 소나무는 두 발로 서고, 아까시나무는 한 발로 선다.
   - 소나무 아까시나무

6. 폭풍과 손뼉 치기를 해서 지면 자리에 앉는다.
   - 어~ 어~.

7. 여러 번 반복하고 어떤 결과가 나오는지 알아본다.

8. 마무리한다.
   - 아까시나무는 전멸이네.
   - 뿌리가 깊지 못해서 쓰러진 거란다.

진행을 위한 팁

- 아까시나무에 대해 그릇된 생각이 많다. 그중 하나가 뿌리를 옆으로만 뻗어 주변의 나무를 못살게 군다는 것이다. 하지만 이런 특징 때문에 나쁜 나무라고 할 수 없다는 것을 얘기해준다.
- 쓰러진 아까시나무 옆에서 진행하면 효과적이다.
- 폭풍을 한 사람만 할 게 아니라 돌아가면서 진행해도 좋다. 이때 쓰러진 나무는 그대로 있고, 살아 있는 나무만 폭풍 역할을 맡긴다. 일정한 시간이 지나 멈추고 관찰하면 아까시나무는 거의 모두 쓰러져서 자리에 앉아 있을 것이다.

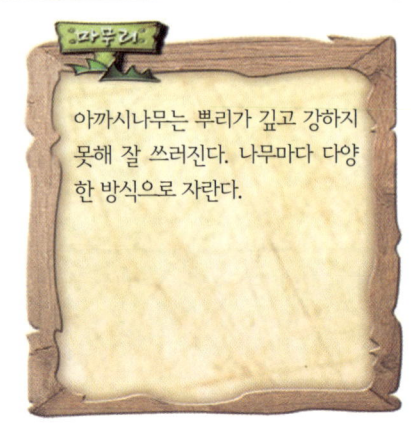

마무리

아까시나무는 뿌리가 깊고 강하지 못해 잘 쓰러진다. 나무마다 다양한 방식으로 자란다.

4-3-2 나무 세우기

목적: 뿌리의 역할에 대해 알아본다.
대상: 7세 이상
장소: 나뭇가지가 많은 곳

1. 나뭇가지가 많은 숲에서 진행한다.
2. 모든 참가자는 나뭇가지를 한 개씩 줍는다. "다들 나무를 하나씩 주워 와!"
3. 주운 나뭇가지로 나무를 세워보자고 한다. "주워 온 것으로만 세워야 해"
4. 자율적으로 의논해서 세운다.
5. 대개 이런 모양으로 세운다.
6. 다 세우면 한 명씩 나뭇가지를 뺀다. 이때 세운 나무가 쓰러지면 벌칙을 받는다.
7. 마무리한다. "뿌리가 튼튼해야 나무가 잘 설 수 있단다."

진행을 위한 팁
- 나무를 세우는 방법은 참가자가 스스로 생각하게 한다.
- 땅을 파거나 돌로 받치는 것이 아니라 주워 온 나무만 이용해서 세워야 한다.
- 나무 빼기 놀이를 할 때는 자신이 놓은 나뭇가지를 빼도 좋고, 쓰러지지 않도록 아무거나 빼도 된다. 모둠을 바꿔서 상대방 모둠의 나무를 빼도 재미있다.

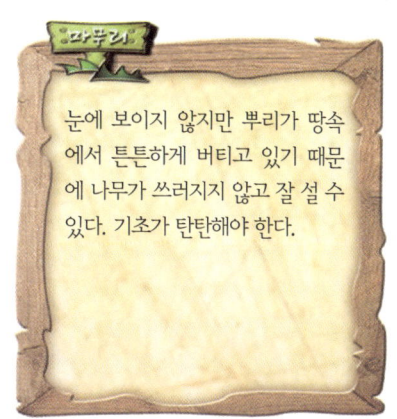

마무리
눈에 보이지 않지만 뿌리가 땅속에서 튼튼하게 버티고 있기 때문에 나무가 쓰러지지 않고 잘 설 수 있다. 기초가 탄탄해야 한다.

4-3-3 뿌리도 있다

- **목적**: 눈에 보이지는 않지만 뿌리도 소중하다는 것을 인식한다.
- **대상**: 7세 이상
- **장소**: 나뭇가지가 많은 곳

1. 나뭇가지가 많은 곳에서 한다.
   - "여기가 딱이다."

2. 나무 한 그루를 정하고 잘 관찰한다.
   - "저 나무를 잘 봐. 뭐 같아?"
   - "사슴 뿔!"

3. 자연물로 바닥에 나무 모양을 만들어보자고 한다.
   - "자연물로 저 나무를 바닥에 그려보자."
   - "이게 좋겠다."

4. 시작하기 전에 땅을 표시할 나무를 놓고 그 위에 만든다.
   - "여기가 땅이야. 이 위에 그려봐!"

5. 완성되면 거꾸로 보게 한다.
   - "다 했다!"
   - "이게 땅속이라고 생각해봐."
   - "나무가 땅속에?"

6. 마무리한다.
   - "보이지 않지만 땅속엔 땅 위 가지만큼 뿌리가 있단다."

진행을 위한 팁
- 실제 토사가 붕괴되어 뿌리가 노출된 지역에서 하면 효과적이다.
- 땅속에 나무 형태만큼 정확하게 뿌리가 있는 것은 아니다. 평균적으로 수관보다 1.5배 정도 크게 뿌리가 형성된다고 한다.
- 뿌리의 기능과 형태에 대해 간략히 설명을 이어가도 좋다.

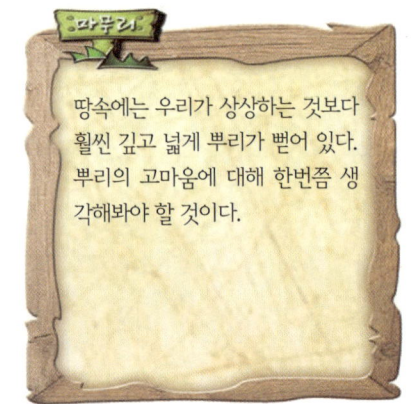

마무리

땅속에는 우리가 상상하는 것보다 훨씬 깊고 넓게 뿌리가 뻗어 있다. 뿌리의 고마움에 대해 한번쯤 생각해봐야 할 것이다.

생태 상식 65 ☞ 217쪽

생태상식 63 혼인목

숲에서 나무들을 관찰하다 보면 가까이 있는 나무끼리 맞닿는 쪽 가지를 뻗지 않고 자라는 경우가 있다. 멀리서 보면 두 나무가 한 그루처럼 보인다. 이런 나무를 '혼인목'이라 한다. 옆의 나무를 위해 자기 가지를 떨어뜨려 둘이 하나인 것처럼 살아가는 나무에서 혼인의 참 모습을 발견하고 붙인 이름이 아닌가 싶다.

혼인목이 아니라도 건물과 맞닿은 나무가 건물 쪽으로는 가지를 뻗지 않고 자란 모습이 자주 눈에 띈다. 이런 현상은 나무가 주변의 대상을 인지하고 있음을 말해준다고 할 수 있다.

생태상식 64 아까시나무

사람들이 아카시아라고 부르는 나무는 주로 아프리카나 오스트레일리아 등 더운 지역에서 자라는 아카시아속 식물이 아니라 북미 원산 아까시나무(Robinia pseudoacacia)다. 즉 우리나라에서 흔히 자라는 아까시나무를 아카시아라고 하면 틀린 이름을 부르는 것이다.

아까시나무를 미워하는 사람이 많다. 일본 사람이 국토를 황폐하게 만들고 헐벗은 산에 마구잡이로 외래종인 아까시나무를 심었다는 이유에서다. 또 아까시나무는 쓸모가 없고 주변의 나무를 괴롭히며, 심지어 무덤까지 파고 들어가는 나무라서 좋지 않다는 것이다. 하지만 그런 말은 근거가 없거나 천근성인 아까시나무의 특징일 뿐이다.

실제로 양봉업을 하는 사람들에겐 최고의 꿀밭이 식물이 아까시나무다. 이런 경제적인 가치는 물론 목재 또한 가구의 다리나 술통 등에 다양하게 쓰인다. 나무가 곧고 단단하기 때문에 시골에서는 지주목으로도 많이 사용됐다. 또 아까시나무는 콩과에 속해서 뿌리혹박테리아가 질소를 고정해주기 때문에 흙을 비옥하게 한다. 수명도 그리 길지 않아 땅을 비옥하게 하고, 곧 죽어 다른 나무들이 이후에 잘 살 수 있도록 터를 마련해주니, 미워하기보다 오히려 고마워해야 할 나무다.

생태상식 65 뿌리

나무의 뿌리는 눈에 보이지 않지만 땅 위로 자란 나무줄기만큼 땅속으로 뻗어 있다. 보통 나무줄기의 크기에 비례해서 뿌리도 넓게 퍼지는데, 대개 줄기보다 1.5~3배 넓게 퍼진다고 한다. 무게는 땅 위로 자란 줄기가 뿌리보다 5배 정도 무거우며, 건조한 지역에선 뿌리가 줄기보다 9배나 무겁다고 한다.

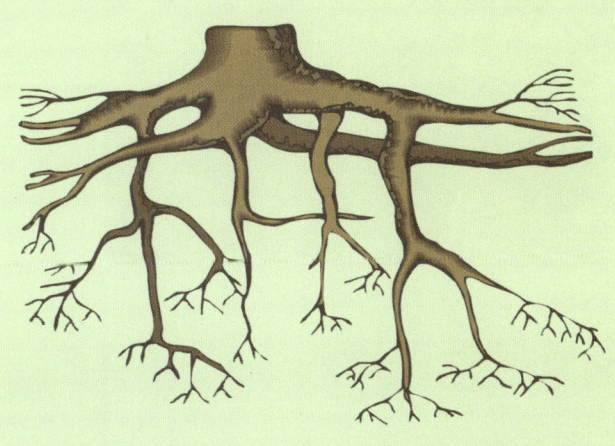

꽃

꽃은 식물의 생식기다. 그루 자체가 암수로 구분된 것도 있고, 한 그루에 암꽃과 수꽃이 같이 피는 것도 있으며, 꽃 한 송이에 암술과 수술이 따로 있는 것도 있다. 식물은 꽃을 가장 아름답게 치장한다. 사람을 위해서가 아니라 곤충을 유혹하기 위해서다.
향기가 필요한 곤충에겐 향기로 유혹하고, 색깔이 아름다워야 할 때는 색깔로 유혹하며, 꿀로도 유혹하고, 꿀이 어디 있는지 잘 모를까 봐 꿀샘 유도선을 만들기도 한다. 꽃가루받이를 직접 도와주는 것이 곤충들이기 때문이다. 벌과 나비뿐만 아니라 꽃무지, 무당벌레, 파리, 등에 심지어 모기도 꽃가루받이에 도움을 준다.
확실한 가루받이를 위해 매개체로 곤충을 택한 식물들이 대부분이지만, 건조하거나 추운 날씨 때문에 곤충의 활동이 적은 지역에선 꽃가루의 크기를 줄이고 숫자를 늘리는 방법을 택한 풍매화도 있고, 박쥐를 택한 꽃도 있으며, 물속에서 가루받이되는 것도 있고, 스스로 터뜨려서 가루받이되는 것들도 있다. 나름대로 환경에 적응하여 자신에 맞는 방법을 택한 결과라고 할 수 있다.

4-4-1 어느 게 좋을까?

목적: 생물의 암수 구분이 있는 원인을 이해하고, 딴꽃가루받이와 제꽃가루받이의 다른 점과 장단점을 알아본다.
대상: 초등학생 이상
장소: 어느 곳이나

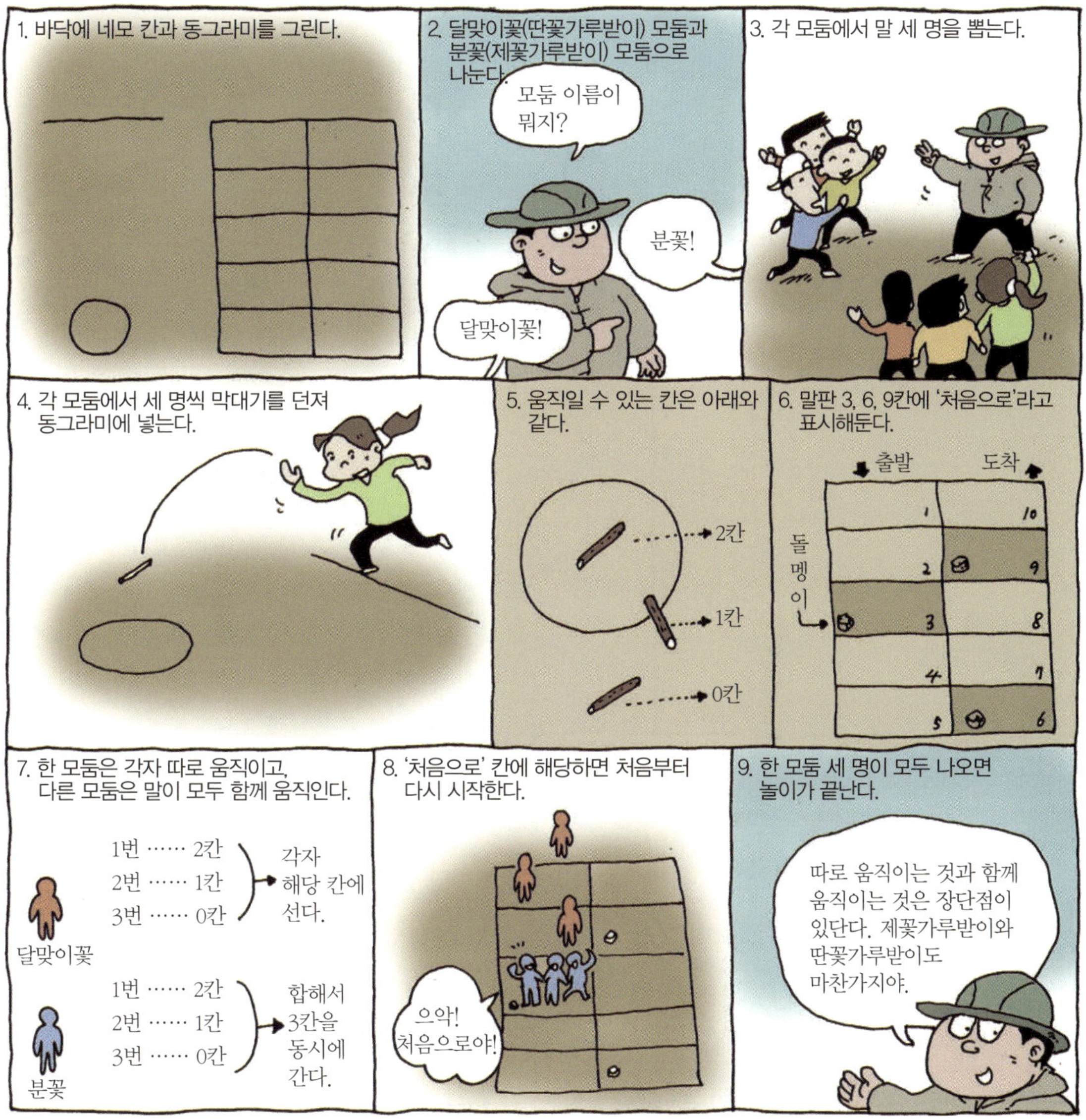

1. 바닥에 네모 칸과 동그라미를 그린다.
2. 달맞이꽃(딴꽃가루받이) 모둠과 분꽃(제꽃가루받이) 모둠으로 나눈다.
3. 각 모둠에서 말 세 명을 뽑는다.
4. 각 모둠에서 세 명씩 막대기를 던져 동그라미에 넣는다.
5. 움직일 수 있는 칸은 아래와 같다. → 2칸 / 1칸 / 0칸
6. 말판 3, 6, 9칸에 '처음으로'라고 표시해둔다.
7. 한 모둠은 각자 따로 움직이고, 다른 모둠은 말이 모두 함께 움직인다.
   - 달맞이꽃: 1번 … 2칸 / 2번 … 1칸 / 3번 … 0칸 → 각자 해당 칸에 선다.
   - 분꽃: 1번 … 2칸 / 2번 … 1칸 / 3번 … 0칸 → 합해서 3칸을 동시에 간다.
8. '처음으로' 칸에 해당하면 처음부터 다시 시작한다.
9. 한 모둠 세 명이 모두 나오면 놀이가 끝난다.

따로 움직이는 것과 함께 움직이는 것은 장단점이 있단다. 제꽃가루받이와 딴꽃가루받이도 마찬가지야.

진행을 위한 팁
- 말이 세 명보다 많아지면 칸도 10칸 이상으로 늘려야 놀이가 금방 끝나지 않는다.
- 말이 될 인원을 제외한 나머지 인원이 동그라미에 막대기 던져 넣기를 한다. 이후에 역할을 교대한다.
- 3, 6, 9칸엔 자연물을 이용해 '처음으로' 칸을 만드는데, 이는 갑자기 생길 수 있는 환경 변화를 뜻한다. 칸의 개수는 조절 가능하다.
- 말이 세 명일 땐 막대기 던지기를 세 명이 한다. 말의 숫자가 많아지면 그 숫자만큼 막대기 던지기를 한다. 두 모둠이 교대로 던지기를 해도 된다.
- 제꽃가루받이와 딴꽃가루받이가 고정적인 것은 아님을 알려줘야 한다.

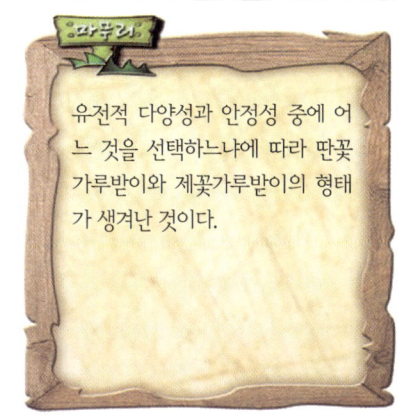

유전적 다양성과 안정성 중에 어느 것을 선택하느냐에 따라 딴꽃가루받이와 제꽃가루받이의 형태가 생겨난 것이다.

생태 상식 66 ☞ 226쪽

4-4-2 꽃과 곤충

목적 : 꽃의 모양과 곤충의 기능을 알아본다.
대상 : 초등학생 이상
장소 : 어느 곳이나

1. 꽃 모둠과 곤충 모둠으로 나눈다.
2. 모둠별 역할을 나눈다. (날개, 꽃가루, 곤충, 꿀)
3. 꽃 모둠은 꿀과 꽃가루를 준비한다.
   - 꿀(작은 고무공)
   - 꽃가루(나무집게)
4. 꽃가루는 꿀을 노리는 곤충의 몸에 집게(꽃가루)를 붙이고, 날개는 꽃가루가 곤충의 몸에 묻지 못하게 막는다.
   - "꿀, 거기 서!"
   - "어디 한번 잡아보시지"
   - "꽃가루를 묻힐 테다."
   - "그렇게는 안 될걸?"
5. 꽃가루를 묻히지 않고 꿀을 따면 곤충이 이기고, 꿀을 따기 전에 꽃가루가 묻으면 꽃이 이긴다.
   - "꿀 따기 성공!"
6. 마무리한다.
   - "꽃은 꿀을 미끼로 꽃가루를 곤충의 몸에 묻히려 하고, 곤충은 좀더 쉽게 꿀을 따기 위해 각자 몸을 발달시켰단다."

진행을 위한 팁
- 일정한 범위나 바닥에 원을 그려놓고 그 안에서만 움직이는 것도 좋다.
- 꽃가루는 곤충의 몸에 집게를 물려야 한다. 그냥 던지거나 호주머니에 넣지 않도록 한다.
- 곤충과 날개는 상대방이 오지 못하도록 피하거나 막을 수 있지만, 집게에는 손댈 수 없다.
- 몸싸움이 너무 거칠어지지 않도록 주의한다.
- 꽃가루들이 꿀을 싸고돌거나, 날개들이 곤충을 싸고돌지 않도록 한다.
- 놀이가 끝나는 방식을 미리 정한다.
  (예 : 꿀을 따 먹으면 놀이 끝, 꽃가루를 세 개 붙이면 놀이 끝)

마무리

꿀은 주지 않으면서 꽃가루를 곤충에게 묻히려 하는 꽃과 꽃가루를 묻히지 않고 꿀만 따고 싶어하는 곤충의 관계를 통해 각자의 형태와 기능에 변화가 생기고, 현재 우리가 보는 모습으로 진화했다.

4-4-3 벌을 부르자

목적: 한꺼번에 피어 화려함으로 곤충을 독차지하려는 전략을 구사하는 꽃에 대해 알아본다.
대상: 7세 이상
장소: 어느 곳이나

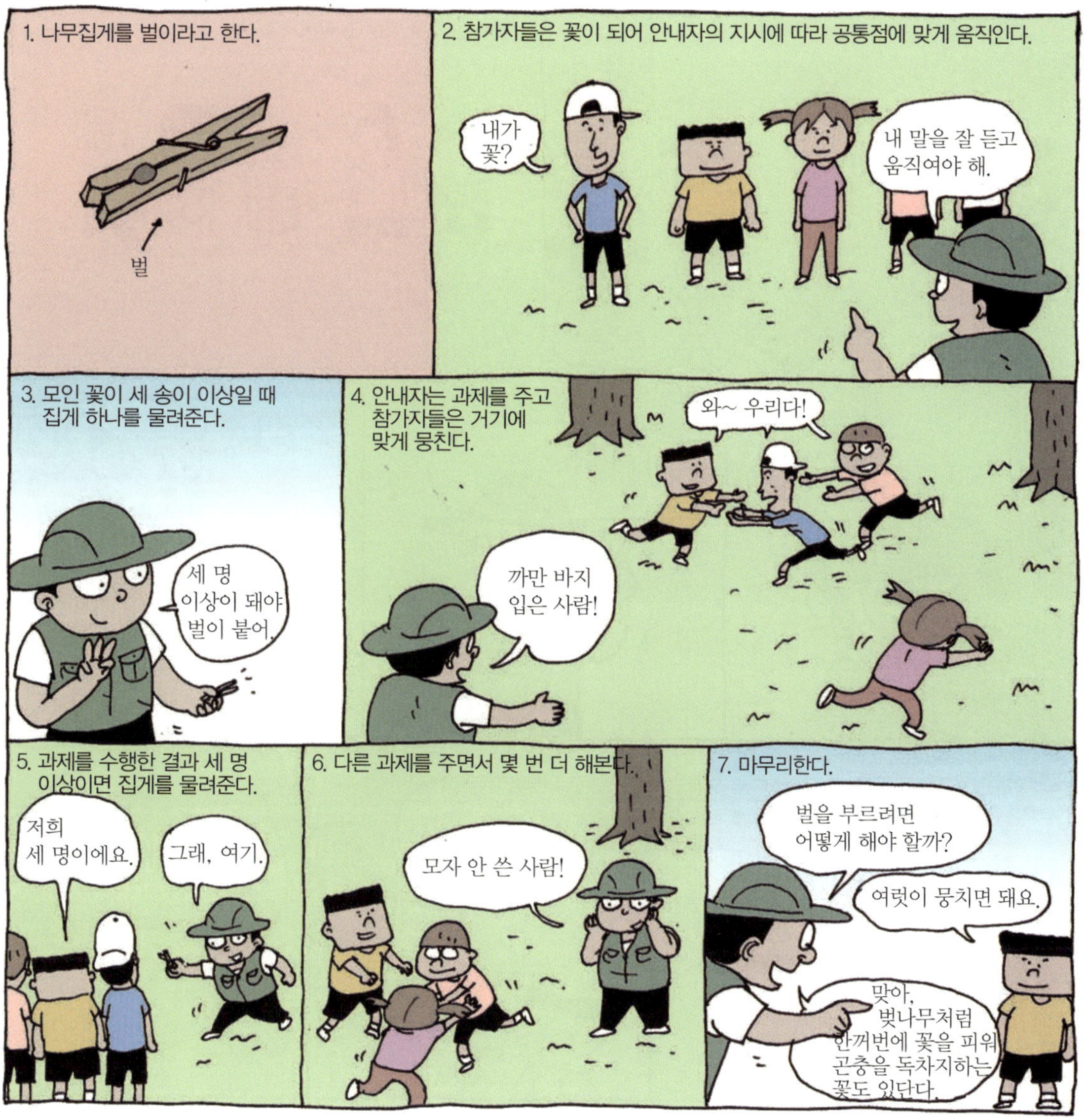

진행을 위한 팁

- 과제는 적은 숫자가 모일 수 있는 것에서 전체가 모일 수 있는 것으로 확대한다.
  (예: 옷 색깔 → 성별 → 학년 → 한국인)
- 인원에 따라 3이란 숫자가 너무 적은 것 같다면 5나 7 등 모이기 어려운 숫자로 바꿔도 좋다. 벌이 나무집게를 너무 많이, 자주 물려주면 놀이가 복잡하고 무뎌질 수 있기 때문이다.
- 집게 물리기 대신 벌의 숫자를 바꾸는 것도 방법이다. 여섯 마리 이상 모이면 벌 한 마리가 8자 춤을 추고, 여섯 마리 이상이면 벌 두 미리기 춤을 추는 식으로 진행한다.

벚꽃은 한꺼번에 피어서 동시에 벌을 불러들여 가루받이하려는 목적이 있다.

4-4-4 벌을 자주 오게 하려면

목적 : 벌을 오랜 시간 부르려고 하는 꽃들의 전략을 이해한다.
대상 : 7세 이상
장소 : 어느 곳이나

진행을 위한 팁

- 까치수영이나 등꽃, 칡꽃이 있는 곳에서 하면 더 효과적이다.
- 막대를 두드리거나 박수를 쳐서 신호를 보내는데, 꽃은 신호를 보낼 때만 일어났다 앉을 수 있다.
- 신호를 보낼 때는 꽃송이 숫자만큼 두드린다.
  (예 : 꽃이 열 명이면 열 번 두드리기. 열 번 두드리는 동안 벌은 몇 번 춤을 췄는지 알아보는 놀이다.)
- 열 번 춤을 추게 하려면 어떻게 해야 할지 의논하고, 마지막으로 열 번 춤을 출 기회를 준다.

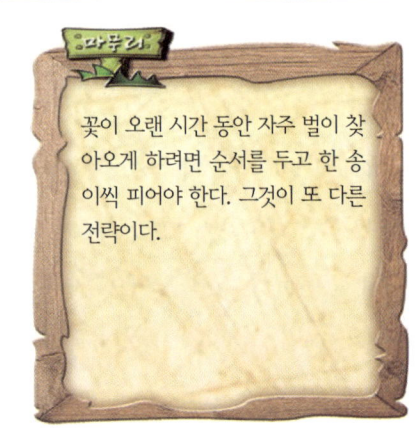

꽃이 오랜 시간 동안 자주 벌이 찾아오게 하려면 순서를 두고 한 송이씩 피어야 한다. 그것이 또 다른 전략이다.

생태 상식 68 ☞ 226쪽

4-4-5 나도 패션디자이너

목적: 사람들이 자연에서 많은 아이디어를 얻는다는 것을 이해한다.
대상: 초등학생 이상
장소: 다양한 꽃이 많이 핀 곳

1. 종이를 준비해서 둘로 나눈다.
2. 한 장에는 사람을 그린다.
3. 윗옷 부분만 칼로 오려낸다.
4. 나머지 한 장에는 꽃으로 예쁘게 꾸민다.
5. 오려낸 그림을 꽃으로 꾸민 종이 위에 겹친다.
6. 꾸밈판을 친구들과 바꿔가며 어떤 옷이 어울리는지 알아본다.
7. 전시를 통해 다른 친구들이 꾸민 옷도 살펴본다.

   "저게 내 거야."
8. 마무리한다.

   "예술가들도 자연에서 영감을 많이 얻는단다."

진행을 위한 팁
- 꽃이 많이 핀 곳에서는 꽃을 위주로 하고, 그렇지 않은 곳에서는 여타 자연물을 이용해 옷 디자인을 해본다.
- 윗도리 부분만 오리게 했으나, 여유가 있다면 아랫도리도 디자인한다.
- 전시한 상태에서 최고의 패션 감각을 뽐낸 작품을 선발해도 재미있다.

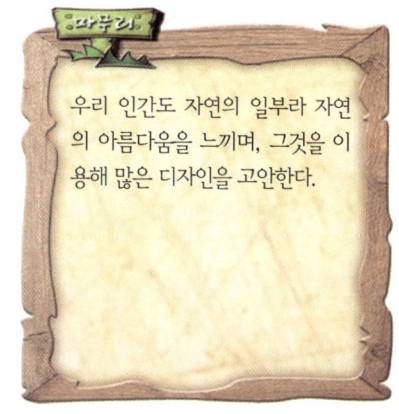

우리 인간도 자연의 일부라 자연의 아름다움을 느끼며, 그것을 이용해 많은 디자인을 고안한다.

4-4-6 같은 꽃을 찾아라

목적 : 곤충을 매개로 가루받이하는 것을 이해한다.
대상 : 초등학생 이상
장소 : 어느 곳이나

1. 꽃 모둠과 곤충 모둠으로 나눈다.
2. 곤충은 꽃과 꽃을 만나게 해준다.
   - "이 꽃 좀 만나봐!"
   - "그럴까?"
3. 두 꽃은 곤충이 "하나둘셋" 하고 외치면 동시에 손가락을 펼친다.
   - "자~, 하나둘셋!"
4. 펼친 손가락 숫자가 다르면 만남은 실패다.
   - "윽!"
   - "으, 실패다."
5. 펼치는 손가락의 숫자가 같을 때 행동은 아래와 같다.
   - 둘 다 하나일 때 : 인사하기
   - 둘 다 둘일 때 : 악수하기
   - 둘 다 셋일 때 : 안아주기
6. 손가락 숫자가 같으면 만남 성공!
   - "와, 성공!"
7. 마무리한다.
   - "몇 번 성공했니?"
   - "두 번이오."
   - "꽃가루를 묻혀도 같은 꽃을 찾아야 가루받이가 돼."

진행을 위한 팁
- 곤충과 꽃 모두 만남 성공 횟수가 많은 사람이 이긴다.
- 만남 성공 후 간단하게 표식이 될 만한 것을 옷에 붙인다.
  (예 : 나무집게 – 나중에 나무집게를 세면 성공 횟수를 알 수 있다.)
- 곤충 모둠은 꽃 모둠보다 적은 인원을 뽑아도 된다.
- 곤충은 적게 뽑고 꽃 모둠을 둘로 나누면 더 활기차게 진행할 수 있다.
- 참가자가 유아일 때는 곤충 모둠과 꽃 모둠으로 나누면 헷갈릴 수 있다. 이 경우 곤충의 소개를 받았다는 설정 아래 모두 꽃이 되어 손가락 가위, 바위, 보를 하고 놀이를 하는 게 좋다.
- 손가락 1개, 2개, 3개 대신 가위, 바위, 보로 바꿔도 좋다.

꽃은 곤충을 이용해서 가루받이를 성공했다.

생태 상식 69 ☞ 226쪽

4-4-7 꽃은 곤충을 위한 것

목적 : 아름답게 피는 꽃은 결국 곤충을 부르기 위한 것임을 이해한다.
대상 : 초등학생 이상
장소 : 자연물이 많은 곳

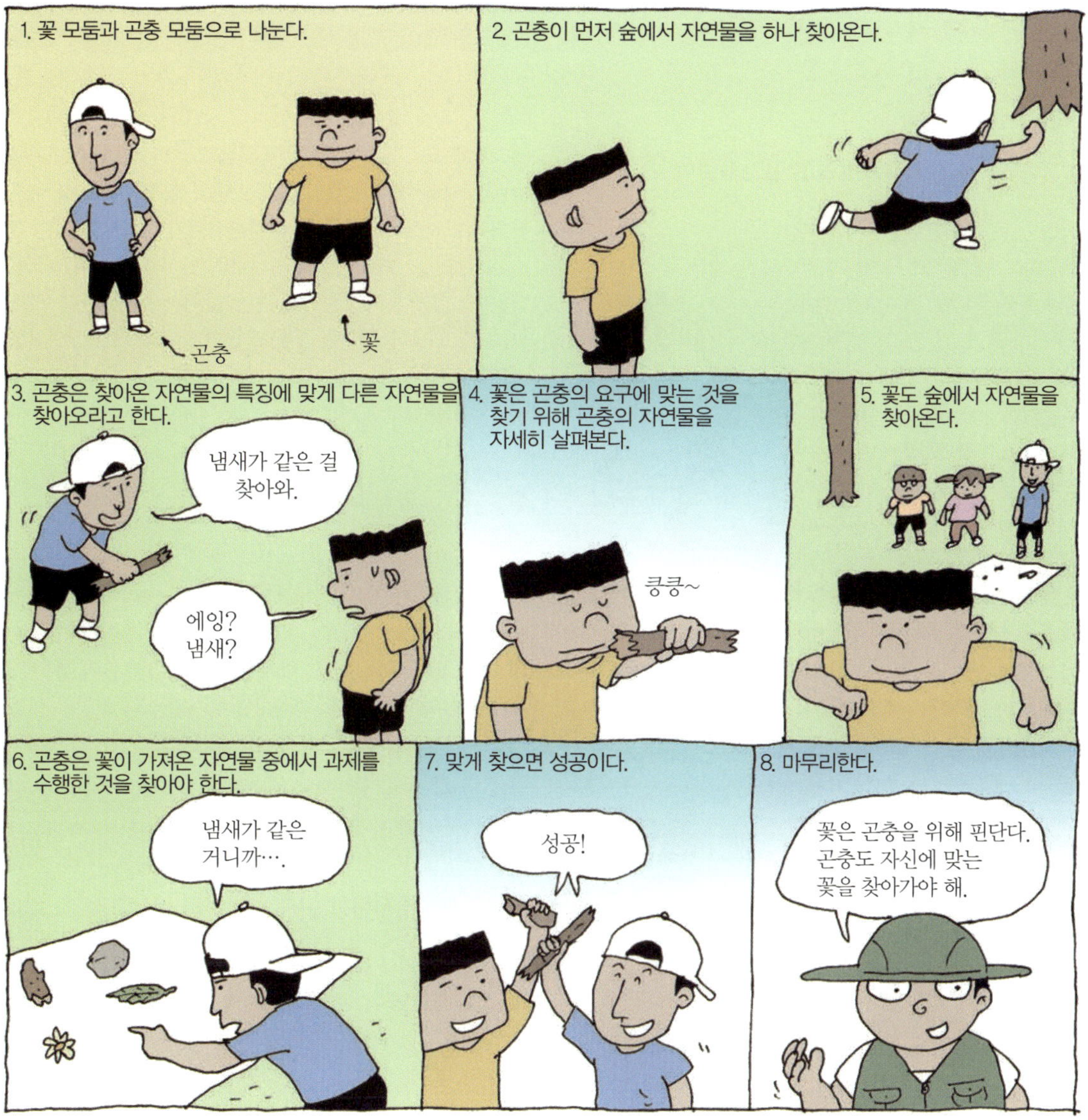

---

1. 꽃 모둠과 곤충 모둠으로 나눈다.
→ 곤충   → 꽃

2. 곤충이 먼저 숲에서 자연물을 하나 찾아온다.

3. 곤충은 찾아온 자연물의 특징에 맞게 다른 자연물을 찾아오라고 한다.
"냄새가 같은 걸 찾아와."
"에잉? 냄새?"

4. 꽃은 곤충의 요구에 맞는 것을 찾기 위해 곤충의 자연물을 자세히 살펴본다.
킁킁~

5. 꽃도 숲에서 자연물을 찾아온다.

6. 곤충은 꽃이 가져온 자연물 중에서 과제를 수행한 것을 찾아야 한다.
"냄새가 같은 거니까…"

7. 맞게 찾으면 성공이다.
"성공!"

8. 마무리한다.
"꽃은 곤충을 위해 핀단다. 곤충도 자신에 맞는 꽃을 찾아가야 해."

진행을 위한 팁

- 곤충이 꽃에게 실현 불가능한 과제는 내지 않도록 한다.
  (예 : 이것보다 100배 무거운 것)
- 꽃이 자연물을 찾아올 동안 곤충은 뒤로 돌거나 눈을 감고 있어야 한다. 그렇게 하기 어렵다면 꽃이 자연물을 뒤에 숨기거나 보이지 않게 가리고 가져온다.
- 꽃이 찾아온 자연물이 곤충이 지시한 것에 맞는지 알려면 자세히 들여다봐야 한다. 이는 곤충도 자신에게 맞는 꽃을 찾아가서 꿀을 따는 것을 나타낸다.

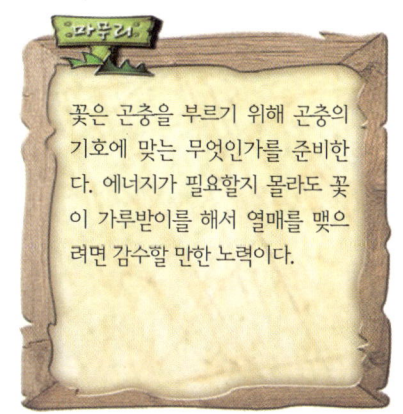

꽃은 곤충을 부르기 위해 곤충의 기호에 맞는 무엇인가를 준비한다. 에너지가 필요할지 몰라도 꽃이 가루받이를 해서 열매를 맺으려면 감수할 만한 노력이다.

생태 상식

생태 상식 66 제꽃가루받이와 딴꽃가루받이

식물은 동물과 달리 성 체제가 복잡하다. 암수한몸 암수한꽃이 80%, 암수한몸 암수딴꽃이 10%, 암수딴몸 암수딴꽃이 10% 정도다. 제꽃가루받이만 하는 식물이 있는가 하면, 제꽃가루받이와 딴꽃가루받이를 같이 하는 식물, 딴꽃가루받이만 하는 식물까지 다양하다. 대부분 유전적 다양성을 위해 딴꽃가루받이를 하지만, 암수한몸이면서 제꽃가루받이를 하는 식물도 꽤 많다. 그들은 왜 그러한 방법을 택했을까? 다양성을 위해선 동물이나 바람 등 매개체의 도움이 필요한데, 그들이 제대로 도와주지 않는다면 결국 자기 유전자를 남기지 못한다. 그런 위험을 감수하는 대신 그들은 다양성을 포기하고 자손을 쉽게, 많이 생산하는 방법을 택한 것이다.

* 제꽃가루받이 하는 꽃과 딴꽃가루받이 하는 꽃 비교

수분 방법	제꽃가루받이(자가수분)	딴꽃가루받이(타가수분)
꽃의 수	적다	많다
꽃자루의 길이	짧다	길다
꽃잎의 크기	작다	크다
꽃의 색깔	한 가지(한 가지 이상인 경우는 눈에 잘 띄지 않는 색깔)	한 가지 이상 눈에 잘 띄는 색깔
꽃의 향기	없다	있다
꿀샘	없다	있다
꿀샘 안내 표시	없다	있다
꽃가루의 수	적다	많다
밑씨의 수정	밑씨가 대부분 수정된다	많은 밑씨가 수정되지 않는다
열매의 성숙도	열매가 대부분 성숙한다	일부 열매가 성숙하지 않는다

생태 상식 67 꿀벌이 사라진다면?

곤충을 매개로 가루받이되는 작물이 우리 식생활에서 차지하는 비중이 3분의 1 이상이라 한다. 아몬드는 100%, 사과와 블루베리 등은 90%가 곤충에 의해 가루받이된다. 이 곤충 가운데 80%가 꿀벌이다.

그런데 요즘 꿀벌이 많이 줄었다고 한다. 기상 이변이나 휴대폰 사용 때문이라는 말도 있지만, 명확한 원인은 아직 밝혀지지 않았다. 하버드대 곤충생물학자 에드워드 윌슨 교수는 "우리는 그동안 꿀벌을 너무 당연하게 생각해왔다"며 "한 가닥 실에 우리의 미래를 거는 셈"이라고 경고한다. 산소가 그렇고 물이 그렇듯, 우린 꿀벌의 존재도 너무 당연시했다. 꿀벌이 사라진다면 과연 무슨 일이 벌어질까? 맛있는 꿀은 당연히 먹지 못할 테고.

생태 상식 68 까치수영의 전략

까치수영은 꽃차례 아랫부분부터 위로 가면서 순서를 두고 꽃이 핀다. 그런데 잘 살펴보면 꽃차례가 꼬리 모양으로 구부러졌고, 막 피어난 꽃이 항상 구부러진 곳의 가장 윗부분에 있는 것을 알 수 있다. 벌이나 나비가 와서 앉기 좋은 위치에 꽃이 피는 것이다. 벚꽃처럼 한꺼번에 피어 곤충을 불러 모으는 것이 아니라 적게 피더라도 오랜 시간 동안 곤충을 불러들이려는 전략이다. 까치수영은 '가늘고 긴' 번식 전략을 택한 셈이다.

생태 상식 69 부지런한 곤충

식물 중 바람이나 물의 힘을 빌려 가루받이를 하는 것은 20%도 안 된다고 한다. 곤충의 힘을 빌려 가루받이를 하는 것이 대부분이다. 가루받이가 되려면 꽃가루는 벌이나 나비에게 묻어서 이동해야 한다. 그렇다면 최종 목적지는 어디일까? 자기와 같은 종의 암술에 묻는 것이다.

벌이 꽃에 방문한다고 무조건 가루받이가 되는 것은 아니다. 자신과 같은 종의 꽃가루를 가져와야 가루받이가 되는데 그럴 확률은 높지 않다. 그런데도 어김없이 오이는 달리고, 토마토도 열린다. 곤충들이 얼마나 부지런히 다니면 그럴까?

생태 상식 **70** 식물에 따라 찾아오는 곤충이 다르다

꽃의 가루받이 매개 곤충을 벌과 나비만 생각하기 쉬우나 파리와 등에, 모기도 관여한다. 특히 고산 지방이나 극지방에선 벌보다 파리가 훨씬 큰 역할을 한다.

● **꽃의 색깔에 따라 찾아오는 곤충**

곤충마다 좋아하는 색이 다르며, 사람의 눈에는 보이지 않는 자외선을 통해 꽃을 보는 곤충도 있다.

곤충	꽃의 색깔	꽃의 향기	꿀샘 안내 표시
벌	다양하지만 빨간색은 아니다.	달콤한 향기	있다
박각시나방	흰색이나 희미한 색	강하고 달콤한 향기	없다
나비	다양하나 보통 분홍색	강하고 달콤한 향기	있다
파리	자주색, 갈색, 녹색	달콤한 것도 있으나 역겨운 것도 많다.	없다
딱정벌레	눈에 잘 띄지 않는 색	강한 과일 향	없다

● **꽃의 모양에 따라 찾아오는 곤충**

곤충의 형태에 맞게 꽃이 변화한 경우가 많다. 예를 들어 난초 중에 암벌의 향과 모양을 흉내 낸 꽃이 있다. 수벌은 암벌로 착각하고 짝짓기를 위해 꽃에 앉는다. 꽃의 생김새가 길쭉한 것은 박각시나방이나 나비만 겨냥한 것이다.

아래를 향해 핀 꽃(은방울)은 벌이 매달려 꿀을 따기 좋게 꽃잎 끝이 말려 올라간다. 여러 곤충이 여러 꽃을 찾아다니는 것보다 한 종류의 곤충이 한 종류의 꽃을 찾을 때 가루받이 확률이 높기 때문에 특정 곤충을 유도하기 위한 꽃 모양이 생긴 것이다.

● **꽃의 향기에 따라 찾아오는 곤충**

달콤한 향으로 꿀이 있음을 알리는 경우가 많다. 당분이 18% 이하면 벌은 에너지 손실을 보기 때문에 그보다 높은 꽃에 찾아간다고 한다. 또 파리나 등에, 모기류를 유인하기 위해 천남성과 같이 역겨운 향을 내거나, 시체꽃처럼 썩은 냄새를 내는 종도 있다.

● **꽃이 핀 시간에 따라 찾아오는 곤충**

복수초는 다른 곤충들이 나오기 전 꽃등에를 노리고 일찌감치 피어난다. 복수초 자체에서 열이 발생하여 주변보다 온도가 높기 때문에 추운 계절에도 눈까지 녹이면서 피어나고, 찾아오는 꽃등에 또한 움직임에 필요한 열을 복수초에 앉아 꽃가루를 먹으면서 얻을 수 있다. 밤에 피는 꽃들도 있다. 달맞이꽃은 박각시나방이 주로 활동하는 밤에 피어난다.

열매와 씨앗

식물에게 가장 중요한 일은 씨앗을 만드는 것이다. 식물의 모든 생장과 관련된 신진대사의 최종 목적도 거기에 있다. 씨앗은 대개 열매의 과육 속에 감춰져 있다. 열매를 씨라고 부르기도 하지만, 엄밀히 말하면 열매 속에 들어 있는 것이 씨앗이다. 나무는 열매가 생긴 뒤론 생장하지 않을 정도로 열매를 만들어내는 데 상당한 에너지를 사용한다.

가루받이를 하는 방법이 다양하듯이 씨를 멀리 보내려는 전략도 아주 다양하다. 어미 나무 아래 떨어지면 생장의 어려움이 있으므로 대개 식물은 자손을 멀리 보내고자 한다. 그런 방법은 우리의 상상을 초월한다. 자연 상태에서 자연의 것을 이용하여 최대한 멀리, 효율적으로 산포하고 발아할 수 있도록 치밀하게 세운 전략을 보자.

동물을 이용하는 것들

벚나무, 층층나무, 팥배나무, 찔레, 가막살나무 등처럼 새나 포유류에게 먹혀서 산포하는 것들이 있다. 동물의 위장을 통과하면서 열매 껍질은 소화되고 씨앗은 배설물과 함께 밖으로 나온다. 열매 껍질이 제거되었으므로 발아율이 훨씬 높아진다. 특히 새를 겨냥한 열매들은 대부분 빨간색을 띤다. 익지 않은 열매가 초록색인 것은 먹히지 않으려는 의도다. 포유류와 같이 이빨이 있는 동물에게 씨앗이 씹히면 안 되므로 사과처럼 씨앗을 둘러싼 후벽조직이나, 벚나무처럼 즙이 많아 미끄러워서 이빨 사이를 다치지 않고 지나가게 하는 장치도 만들었다.

도꼬마리, 도둑놈의갈고리, 진득찰, 가막사리, 주름조개풀처럼 가시가 있거나 점액질을 이용해 동물의 털이나 깃털에 붙어서 이동하는 열매도 있다. 또 애기똥풀이나 얼레지, 금낭화 열매는 씨앗 옆에 지방체(elaiosome)가 있어서 개미들은 그것을 물어다가 지방체만 떼어 일개미나 애벌레의 먹이로 사용하고, 씨앗은 밖에 버려 자연스럽게 산포를 돕는다. 이외에도 다람쥐나 청서가 먹이를 땅에 묻었다가 찾아 먹지 못하고 남은 열매가 발아하는 참나무, 가래나무, 호두나무 등도 있다.

바람을 이용하는 것들
이러한 열매들은 바람을 잘 타야 하므로 씨앗 외의 부분이 프로펠러나 부채, 깃털 모양이며, 씨앗 자체의 크기와 무게도 작고 가볍다. 단풍나무와 튤립나무, 중국굴피나무, 피나무, 소나무처럼 날개가 있는 것들이 있고, 민들레와 박주가리, 씀바귀, 방가지똥, 갈대, 부들처럼 크기가 작고 깃털을 단 것도 있다. 특이하게 느티나무처럼 잎이 날개 역할을 하는 경우도 있다.

물을 이용하는 것들

코코넛처럼 섬유질로 된 열매 껍질이 스펀지처럼 가벼워 물에 떠서 바다를 건너는 경우도 있지만, 물속이나 물가에 사는 식물들은 특별한 경우가 아니라도 물을 이용하는 것이 많다. 붓꽃, 연꽃, 문주란이 그러한 예다. 이런 열매들은 부력을 위해 통기 조직이 발달했거나 공기주머니가 있는 것도 있다. 물을 이용하는 전략이 아닌 열매 중에도 물가에 살다가 물을 이용하기도 한다. 또 비에 의해 산포하는 경우도 있다. 빗방울에 의해 씨앗이 땅에 떨어지고, 흐르는 빗물에 의해 멀리 이동할 수 있다.

스스로 산포하는 것들
'자가 산포(autochory)'라고 하여 식물체 스스로 강력한 분사 작용을 통해 씨앗을 멀리 보내는 것이다. 콩과 식물은 대부분 자가 산포를 한다. 꼬투리 두 개의 팽압이 서로 다르게 작용하여 강력하게 뒤틀리면서 씨앗을 멀리 보낸다.
제비꽃, 봉숭아, 이질풀, 풍년화, 괭이밥, 쥐손이풀 등이 여기에 속한다. 누군가의 힘을 빌리지 않고 스스로 번식하고자 함은 대단하나 그 거리가 멀어야 15m 정도다. 자가 산포만으로 산포하는 것보다는 이후 물이나 빗물을 이용하는 경우가 많다.

4-5-1 아직 익지 않았어

목적: 열매는 씨앗이 충분히 익었을 때 비로소 이동할 준비가 된다는 것을 알아본다.
대상: 7세 이상
장소: 어느 곳이나

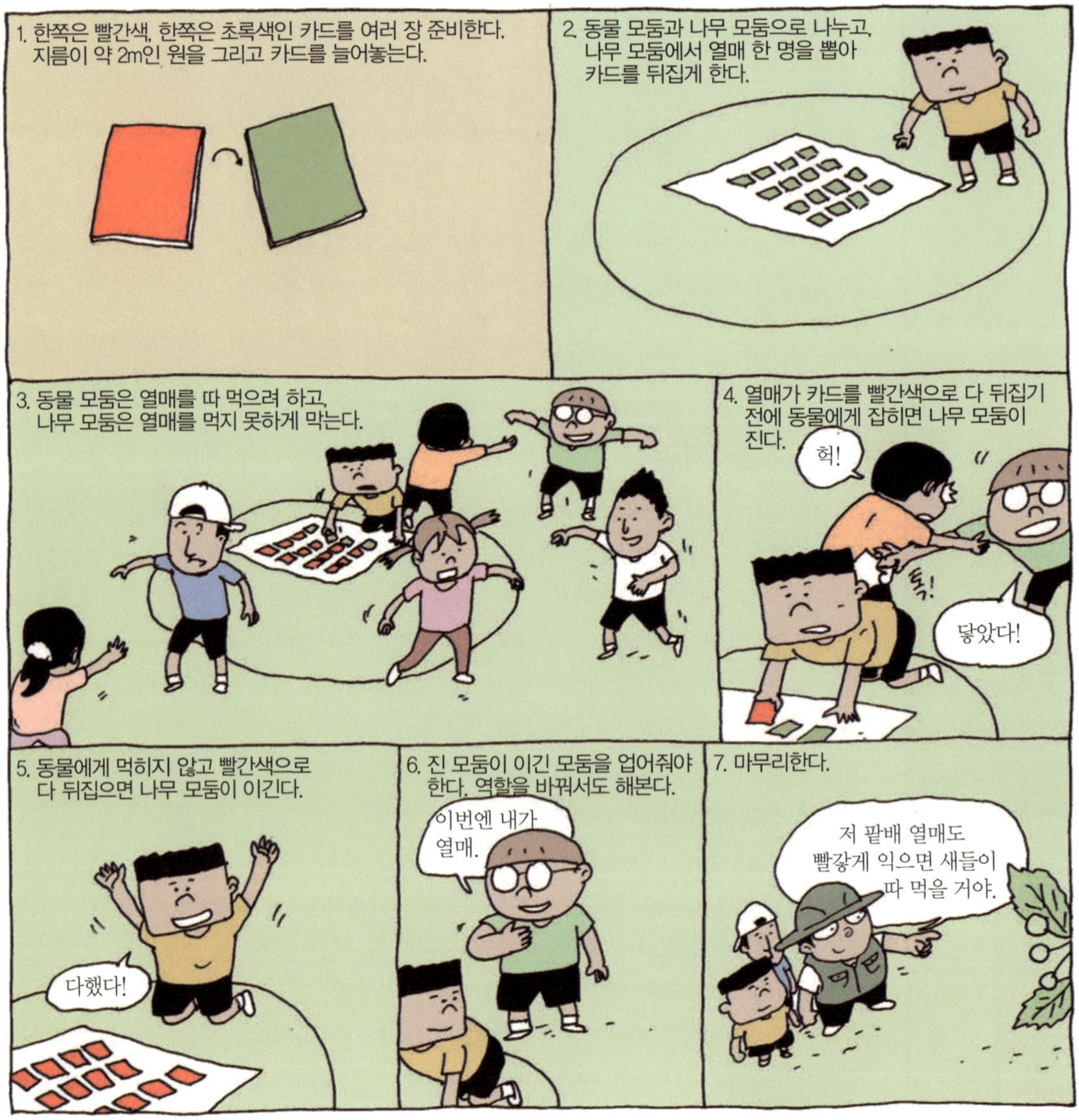

1. 한쪽은 빨간색, 한쪽은 초록색인 카드를 여러 장 준비한다. 지름이 약 2m인 원을 그리고 카드를 늘어놓는다.
2. 동물 모둠과 나무 모둠으로 나누고, 나무 모둠에서 열매 한 명을 뽑아 카드를 뒤집게 한다.
3. 동물 모둠은 열매를 따 먹으려 하고, 나무 모둠은 열매를 먹지 못하게 막는다.
4. 열매가 카드를 빨간색으로 다 뒤집기 전에 동물에게 잡히면 나무 모둠이 진다.
5. 동물에게 먹히지 않고 빨간색으로 다 뒤집으면 나무 모둠이 이긴다.
6. 진 모둠이 이긴 모둠을 업어줘야 한다. 역할을 바꿔서도 해본다.
7. 마무리한다.

진행을 위한 팁
- 카드의 개수는 인원에 맞춰 조정한다.
- 안내자는 카드를 모두 제대로 뒤집었는지, 동물 모둠이 열매 모둠을 뚫고 들어갈 때 반칙은 하지 않는지 등을 봐준다.
- 열매를 뚫고 씨앗을 데려오지 않고 닿은 것만으로 아웃을 선언해도 된다.
- 밤이나 콩처럼 익어야 벌어지는 것을 예로 들어주면 더 좋다.

마무리

열매는 씨앗이 충분히 여물 때까지 익지 않고 있다가 다 익으면 스스로 씨앗을 드러낸다. 동물을 이용하든 바람을 이용하든 다 익기 전에는 스스로 벌어지지 않는다.

생태 상식 71 ☞ 246쪽

4-5-2 같은 열매 찾기

목적: 열매가 든 상자를 흔들어서 나는 소리로 열매들이 각각 다르다는 것을 알아본다.
대상: 7세 이상
장소: 어느 곳이나

1. 종이상자를 인원수만큼, 열매는 종류별로 두 개씩 인원수만큼 준비한다.
2. 열매를 하나씩 나눠서 상자에 담는다.
3. 아무 상자나 한 개씩 집는다.
4. 뚜껑을 열지 않고 흔들어서 나는 소리로 같은 열매가 든 상자를 찾는다.
5. 흔들어서 같은 소리가 나는지 비교해본다.
6. 같은 열매가 들어 있는 사람끼리 짝이 된다. — "우리 둘 다 도토리다!"
7. 마무리한다. — "열매의 모양이 제각각인 것은 번식하고자 하는 전략이 다르기 때문이란다. 그러니 소리도 다르지."

진행을 위한 팁
- 간접적인 스킨십을 유발하고, 열매 소리도 들어볼 수 있다.
- 두 사람씩 짝 지어야 할 때 이 놀이를 하면 쉽게 짝을 지을 수 있다.
- 참가자가 유아일 때는 진행하기 전에 뚜껑을 열어보지 않도록 주의를 준다.
- 짝을 다 찾았다고 여겨질 때 한 사람씩 뚜껑을 열어보고 확인하게 한다. 그때 틀린 사람이 생기면 다시 흔들어서 짝을 찾게 한다.
- 같은 열매를 일정한 개수씩 넣어 모둠 나누기를 할 수도 있다.
  (예 : 스무 명을 네 모둠으로 나누고 싶을 때는 네 가지 열매를 다섯 개씩 준비해서 진행한다.)

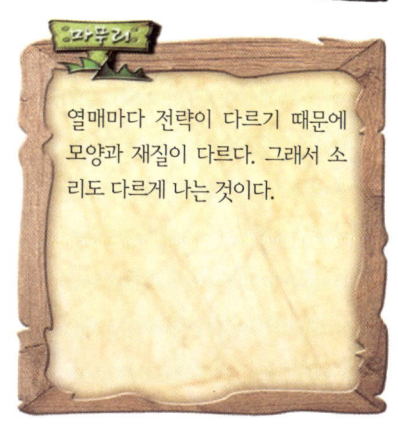

마무리

열매마다 전략이 다르기 때문에 모양과 재질이 다르다. 그래서 소리도 다르게 나는 것이다.

4-5-3 열매는 보디가드

목적: 열매 속에 있는 씨앗이 안전하게 이동하여 발아할 수 있도록 도와주는 과육의 역할을 이해한다.
대상: 초등학생 이상
장소: 어느 곳이나

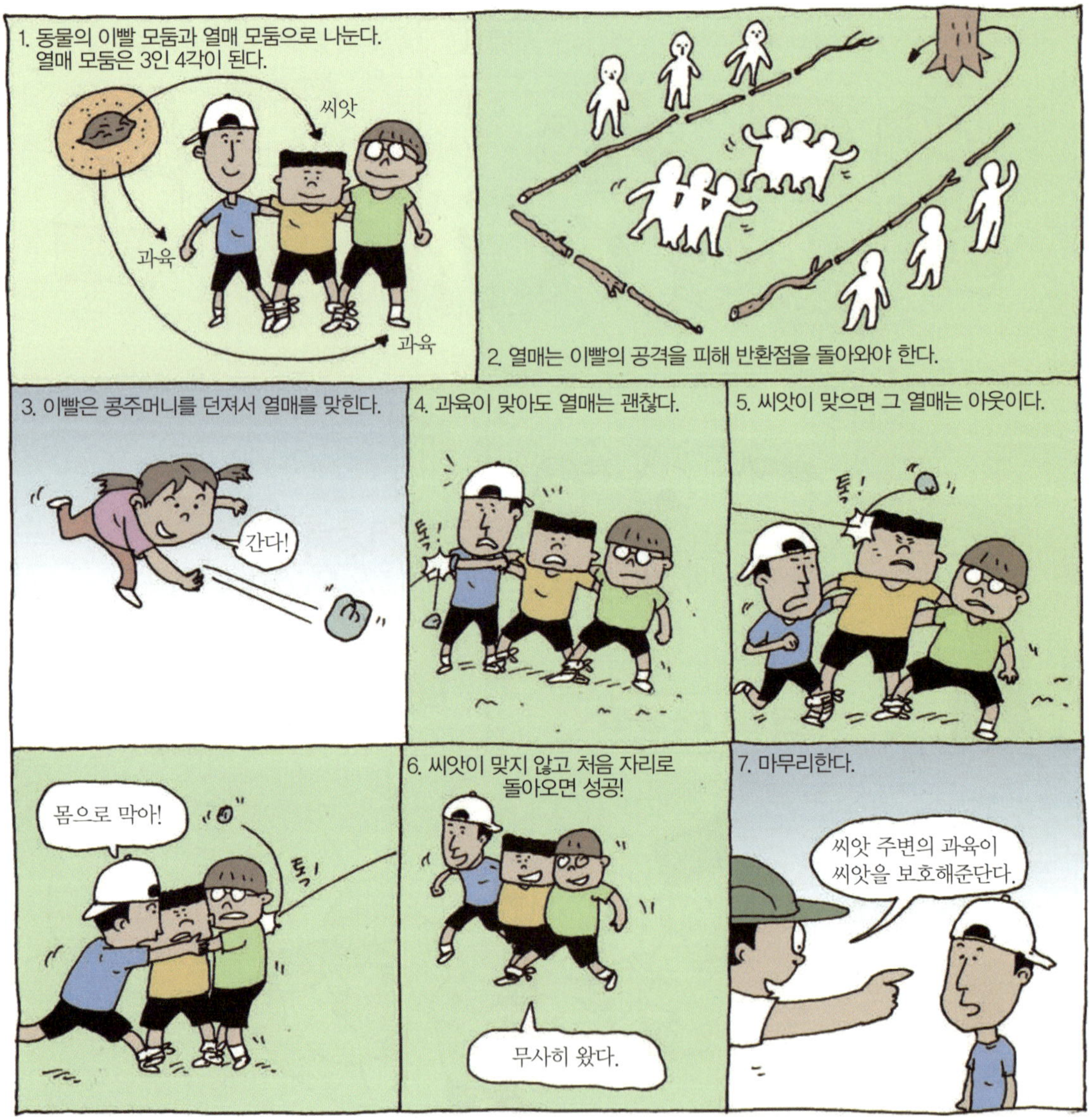

1. 동물의 이빨 모둠과 열매 모둠으로 나눈다. 열매 모둠은 3인 4각이 된다.
2. 열매는 이빨의 공격을 피해 반환점을 돌아와야 한다.
3. 이빨은 콩주머니를 던져서 열매를 맞힌다.
4. 과육이 맞아도 열매는 괜찮다.
5. 씨앗이 맞으면 그 열매는 아웃이다.
6. 씨앗이 맞지 않고 처음 자리로 돌아오면 성공!
7. 마무리한다.

"씨앗 주변의 과육이 씨앗을 보호해준단다."

진행을 위한 팁
- 콩주머니는 여러 개로 해도 된다.
- 왕복해서 다녀오는 것도 좋지만, 거리가 충분할 경우 지나가면 성공하는 것으로 설정해도 된다.
- 열매 모둠이 씨앗을 감싸고 움직이지 않을 수도 있으므로, 씨앗이 다치지 않는 것은 당연하나 멀리 이동해야 한다는 것을 주지시킨다.
- 놀이를 마치고 뽕나무나 벚나무, 일본목련 등 동물이 번식시킨 나무를 직접 보여주면서 설명하면 효과적이다.

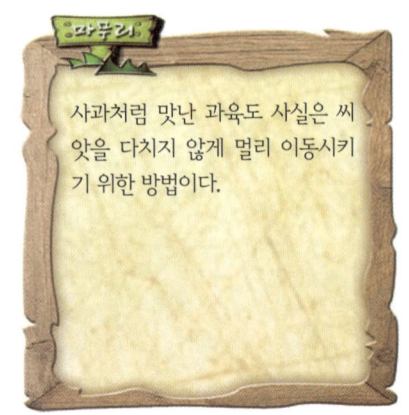

사과처럼 맛난 과육도 사실은 씨앗을 다치지 않게 멀리 이동시키기 위한 방법이다.

4-5-4 숲속 작곡가

목적: 간단한 놀이를 통해 도꼬마리의 번식 전략을 이해하고, 예술은 가까이에 있음을 안다.
대상: 6세 이상
장소: 어느 곳이나

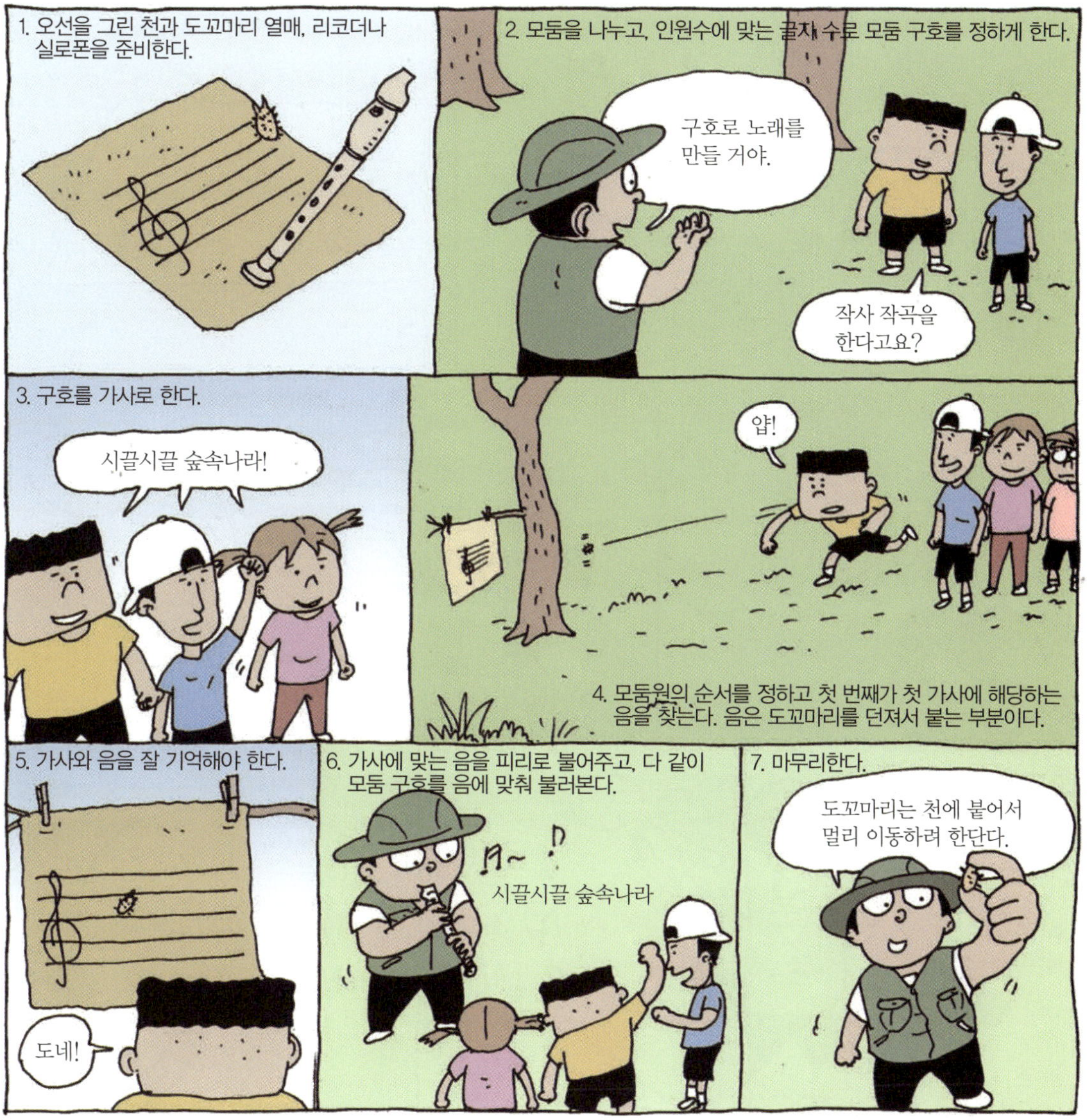

1. 오선을 그린 천과 도꼬마리 열매, 리코더나 실로폰을 준비한다.
2. 모둠을 나누고, 인원수에 맞는 글자 수로 모둠 구호를 정하게 한다. "구호로 노래를 만들 거야." "작사 작곡을 한다고요?"
3. 구호를 가사로 한다. "시끌시끌 숲속나라!"
4. 모둠원의 순서를 정하고 첫 번째가 첫 가사에 해당하는 음을 찾는다. 음은 도꼬마리를 던져서 붙는 부분이다.
5. 가사와 음을 잘 기억해야 한다.
6. 가사에 맞는 음을 피리로 불어주고, 다 같이 모둠 구호를 음에 맞춰 불러본다.
7. 마무리한다. "도꼬마리는 천에 붙어서 멀리 이동하려 한다."

진행을 위한 팁

- 리코더나 실로폰을 준비해야 한다. 참가자 중에 연주를 잘하는 사람이 있다면 안내자 대신 시켜도 좋다.
- 잘 입지 않는 옷에 오선을 그린 다음 그걸 입고 던져도 된다.
- 헌 옷에 멧돼지 그림을 그리고, 멧돼지 몸에 점수를 부여하는 것도 재미있다(몸통 10점, 기타 5점, 맞지 않으면 0점).
- 참가자가 유아일 때는 양궁판처럼 만들어서 점수 쌓기 놀이를 한다.

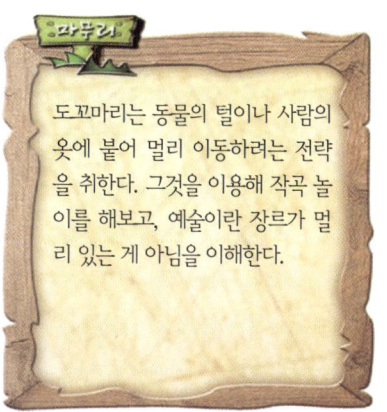

마무리

도꼬마리는 동물의 털이나 사람의 옷에 붙어 멀리 이동하려는 전략을 취한다. 그것을 이용해 작곡 놀이를 해보고, 예술이란 장르가 멀리 있는 게 아님을 이해한다.

4-5-5 열매 나누기 하나둘셋!

목적: 열매를 종류별로 나눠본다.
대상: 10세 이상
장소: 여러 가지 열매를 구할 수 있는 곳

1. 각자 여러 가지 열매를 줍는다.
2. 보자기에 숫자를 써서 바닥에 깐다.
3. 주워 온 열매를 보자기 위에 놓는다.
   - 자, 모둠별로 주워 온 걸 보자기에 올려보자.
4. 안내자가 숫자를 외치면 열매들의 공통점을 숫자에 맞게 찾아 적힌 숫자 부분에 분류해본다.
   - 하나!
   - 공통점?
   - 다 나무의 열매야.
   - 둘!
   - 색깔이 두 종류야!
   - 셋!
   - 번식 방법이 세 종류네!
5. 마무리한다.
   - 분류 놀이를 하다 보면 열매의 특성을 더 잘 이해할 수 있답니다.

진행을 위한 팁
- 분류할 때 '씨앗'이라든가 '고체' 등 엉뚱하거나 너무나 당연한 공통점은 제외한다.
- 공통점을 찾아 분류하다 보면 번식 전략에 대한 이야기가 나온다.
- 씨앗의 분류뿐만 아니라 다른 놀이에도 분류 놀이를 활용할 수 있다.

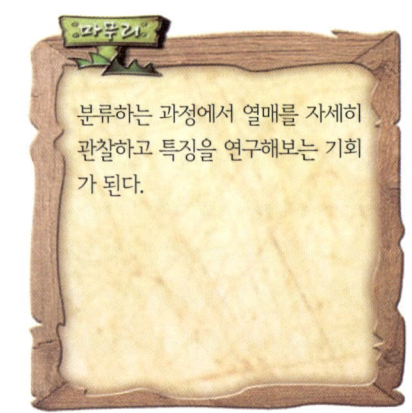

분류하는 과정에서 열매를 자세히 관찰하고 특징을 연구해보는 기회가 된다.

4-5-6 엄마는 누굴까?

목적: 촉감의 자극을 느끼고, 나무와 열매의 관계를 이해한다.
대상: 7세 이상
장소: 열매가 달린 나무가 많은 곳

1. 열매가 달린 나무가 많은 곳에서 진행한다.
2. 주머니에 미리 주운 열매를 넣어둔다.
3. 만지고 나서는 말하지 않는다.
4. 다 만지면 그 열매의 엄마 나무를 찾아본다.
5. 나무를 가장 먼저 찾은 사람에게 다음 문제를 낼 기회를 준다.
6. 계속해서 몇 번 더 진행해본다.
7. 마무리한다.

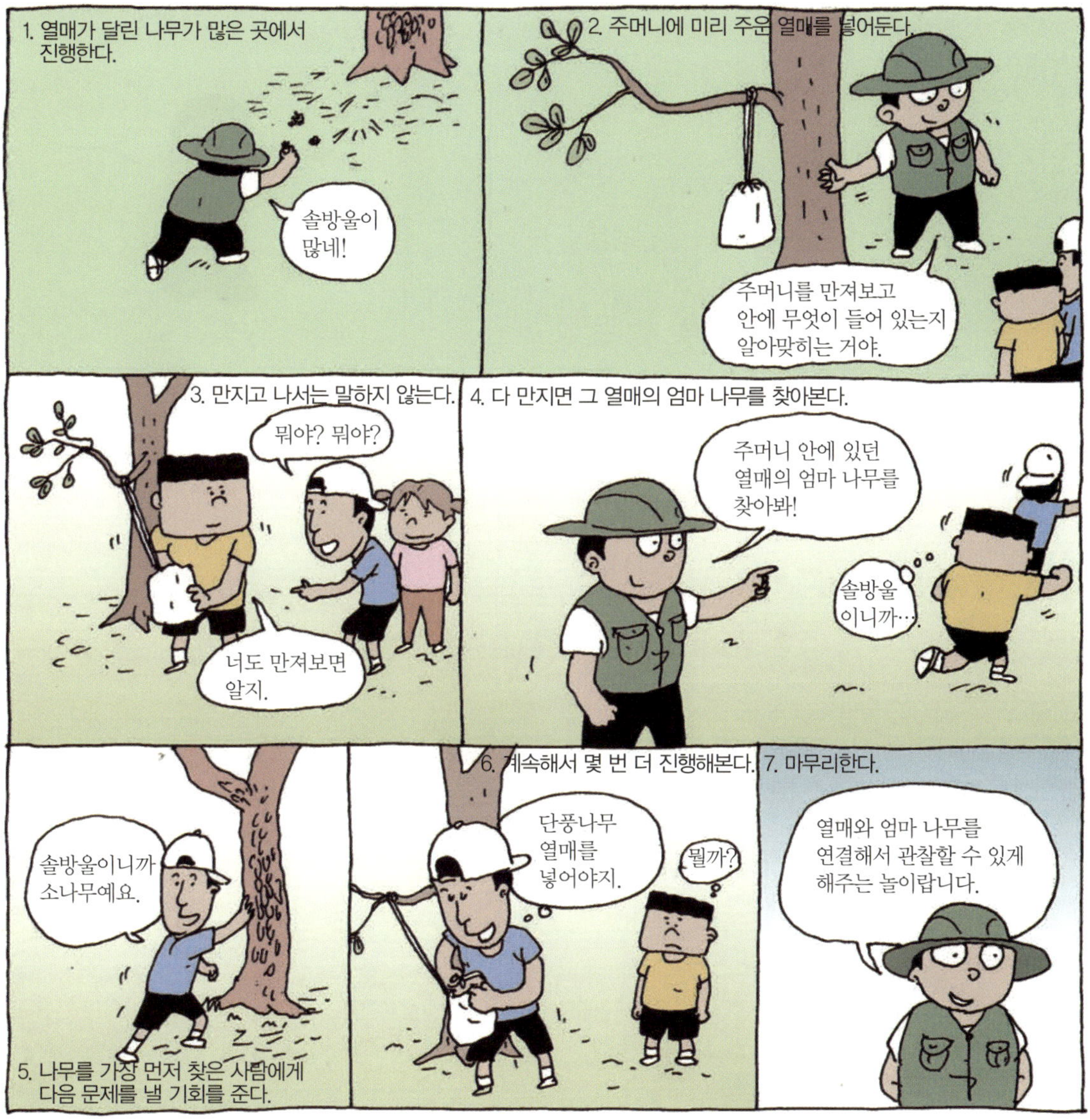

진행을 위한 팁

- 인원이 많을 때는 주머니를 몇 개 더 준비해서 자연물을 넣어둔다.
- 열매 종류가 많은 곳에서 진행하는 게 효과적이다.
- 열매 종류가 제한적이거나 인원이 아주 많을 때는 열매 외에 다른 자연물을 넣고 찾기 놀이를 해도 좋다.
- 주머니에 한 나무의 부산물인 낙엽, 가지, 나무껍질, 열매 등 한꺼번에 넣고 그 자연물의 주인 나무 찾기를 해도 재미있다.

마무리

눈으로 보지 않고도 사물을 판단할 수 있다.

4-5-7 직박구리와 팥배나무

목적 : 동물을 이용하는 식물의 모습을 통해 생태계가 영향을 주고받는다는 것을 이해한다.
대상 : 초등학생 이상
장소 : 어느 곳이나

1. 술래를 한 명 정하고, 나머지는 둥글게 앉는다.

2. 술래는 직박구리가 되어 팥배나무 열매를 들고 원을 돈다.
   "5년!"
   팥배나무 열매 / 직박구리

3. 직박구리가 모자를 한 사람에게 씌워주면 처음 말한 햇수에 해당하는 자리에 앉아 있는 사람이 새로운 직박구리가 되어 팥배나무 열매가 있는 곳으로 간다.
   새로운 직박구리 / 모자 쓴 사람 / 직박구리

4. 처음의 직박구리는 새로운 직박구리의 자리에 앉는다. 새로운 직박구리는 모자 쓴 사람에게 가서 모자를 벗기며 숫자를 이야기한다.
   빈 자리에 앉는다. / 모자 쓴 사람 (팥배나무 열매)

5. 앞 직박구리에게 잡힌 직박구리는 벌칙을 받는다.
   "잡았다!" "헉! 나야?"

6. 인원보다 큰 수(예 : 15년)를 말한 경우엔 한 바퀴 돌아서 해당하는 사람이 술래(새로운 직박구리)가 된다.
   모자 쓴 사람 / 여기가 15년

7. 놀이를 마치고 마무리한다.
   "자연에서는 동물과 식물이 도움을 주고받는단다."

진행을 위한 팁
- 수건 돌리기 게임과 비슷하지만, 일부 다른 점이 있으므로 명확히 얘기해준다.
- 햇수를 짧게 부르면 직박구리가 잡기도 쉽지만 그만큼 달아나기도 쉽다. 햇수를 길게 부르면 달아나기도 어렵고, 계산하여 잡기도 어렵다. 그래서 숫자를 적절하게 부르는 것이 좋다.
- 햇수를 정하는 이유는 씨앗을 심어도 곧바로 열매를 맺는 것이 아니기 때문이다. 식물마다 첫 열매를 맺는 시기가 다르다는 것도 알려준다.
  (예 : 리기다소나무 3년, 전나무 25년, 대나무 60년)
- 동물을 이용하는 다른 식물의 예를 곁들여 설명해주면 더 좋다.

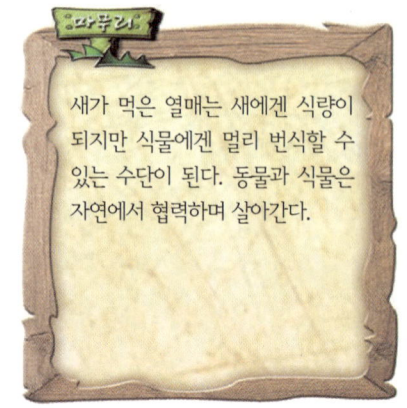

새가 먹은 열매는 새에겐 식량이 되지만 식물에겐 멀리 번식할 수 있는 수단이 된다. 동물과 식물은 자연에서 협력하며 살아간다.

4-5-8 밖으로 나갈 거야

목적: 소나무 씨가 솔방울에서 나오는 과정을 통해 식물의 씨앗이 자연을 잘 이용한다는 것을 이해한다.
대상: 초등학생 이상
장소: 어느 곳이나

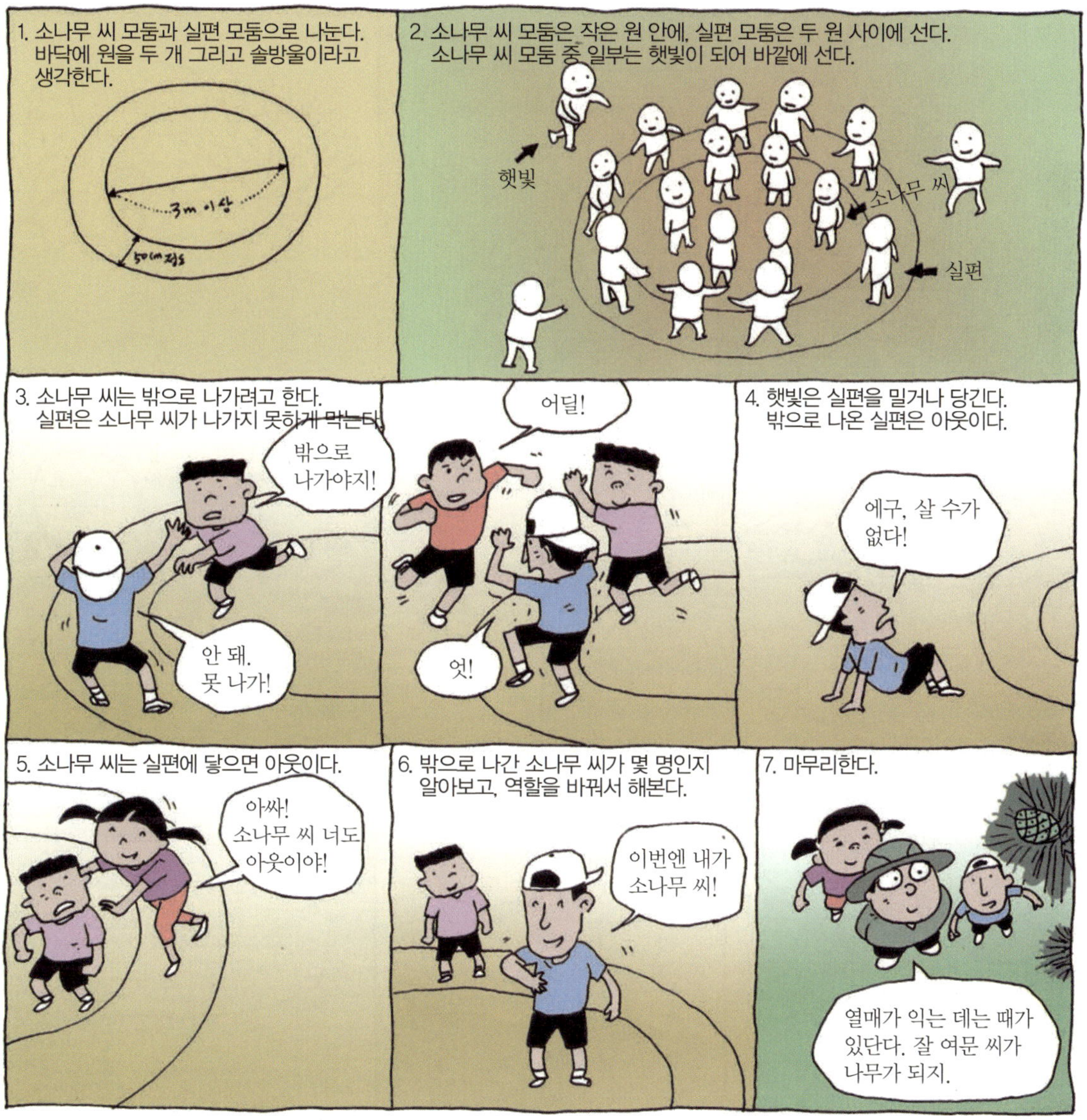

1. 소나무 씨 모둠과 실편 모둠으로 나눈다. 바닥에 원을 두 개 그리고 솔방울이라고 생각한다.

2. 소나무 씨 모둠은 작은 원 안에, 실편 모둠은 두 원 사이에 선다. 소나무 씨 모둠 중 일부는 햇빛이 되어 바깥에 선다.

3. 소나무 씨는 밖으로 나가려고 한다. 실편은 소나무 씨가 나가지 못하게 막는다.
   - 밖으로 나가야지!
   - 안 돼, 못 나가!
   - 어딜!
   - 엇!

4. 햇빛은 실편을 밀거나 당긴다. 밖으로 나온 실편은 아웃이다.
   - 에구, 살 수가 없다!

5. 소나무 씨는 실편에 닿으면 아웃이다.
   - 아싸! 소나무 씨 너도 아웃이야!

6. 밖으로 나간 소나무 씨가 몇 명인지 알아보고, 역할을 바꿔서 해본다.
   - 이번엔 내가 소나무 씨!

7. 마무리한다.
   - 열매가 익는 데는 때가 있단다. 잘 여문 씨가 나무가 되지.

진행을 위한 팁

- 원을 너무 작게 그리지 말고 인원에 맞게 그린다.
- 솔방울은 햇빛에 건조되고, 내부의 호르몬 작용으로 숙성된다는 점을 얘기해준다.
- 실제 솔방울을 물에 넣어 수축되는 것을 보여주면서 설명해도 좋다.
- 솔방울뿐만 아니라 열매는 대부분 성숙해야 벌어진다는 것을 알려준다.
  (예: 밤, 호두, 콩)

마무리

모든 씨앗들은 때를 기다린다. 알맞게 익으면 밖으로 나올 수 있다. 잘 여물어야 싹이 트기 때문이다. 잘 여문 씨앗은 자신을 싸고 있는 과육이나 열매 껍질이 건조되거나, 성숙해야 나올 수 있다. 때를 기다릴 줄 아는 씨앗의 지혜를 배워보자.

생태 상식 72 → 246쪽

4-5-9 새싹이 되기까지

목적: 씨앗이 나무가 되기까지 과정을 이해하고, 봄에 움트는 생명의 신비를 느껴본다.
대상: 초등학생 이상
장소: 어느 곳이나

진행을 위한 팁
- 계절의 변화를 어떻게 표현할지 설명한 뒤 진행한다.
- 안내자가 말 대신 어떤 표시나 풋말로 계절의 변화를 나타내도 된다.
- 씨앗들이 나무에 매달릴 땐 팔에 상처가 나지 않도록 긴 소매 옷을 입는다.
- 숲 모둠은 넘어지거나 다치지 않게 조심시킨다.
- 안내자가 계절별로 나타나는 현상을 좀더 자세히 설명해주면 좋다.
  (예 : 봄이 오면 볕이 따뜻해서 언 땅과 쌓인 눈이 녹아요.)
- 여름에 바닥에 떨어지거나, 가을에 다람쥐에게 먹히거나, 겨울에 눈 속으로 들어오지 못한 씨앗들은 썩어서 흙으로 돌아간다는 것을 얘기해준다.

마무리

봄에 돋아나는 새싹들이 그렇게 오묘하고 복잡한 상황에서 태어나고 자란 것을 안다면 조그만 싹도 함부로 밟기 어려울 것이다. 세상에 태어난 모든 생명은 소중하고 고귀하다.

생태 상식 73 ☞ 246쪽

4-5-10 엄마한테서 떠나자

목적 : 씨앗이 엄마 나무에게서 멀리 이동하려는 까닭을 이해한다.
대상 : 7세 이상
장소 : 어느 곳이나

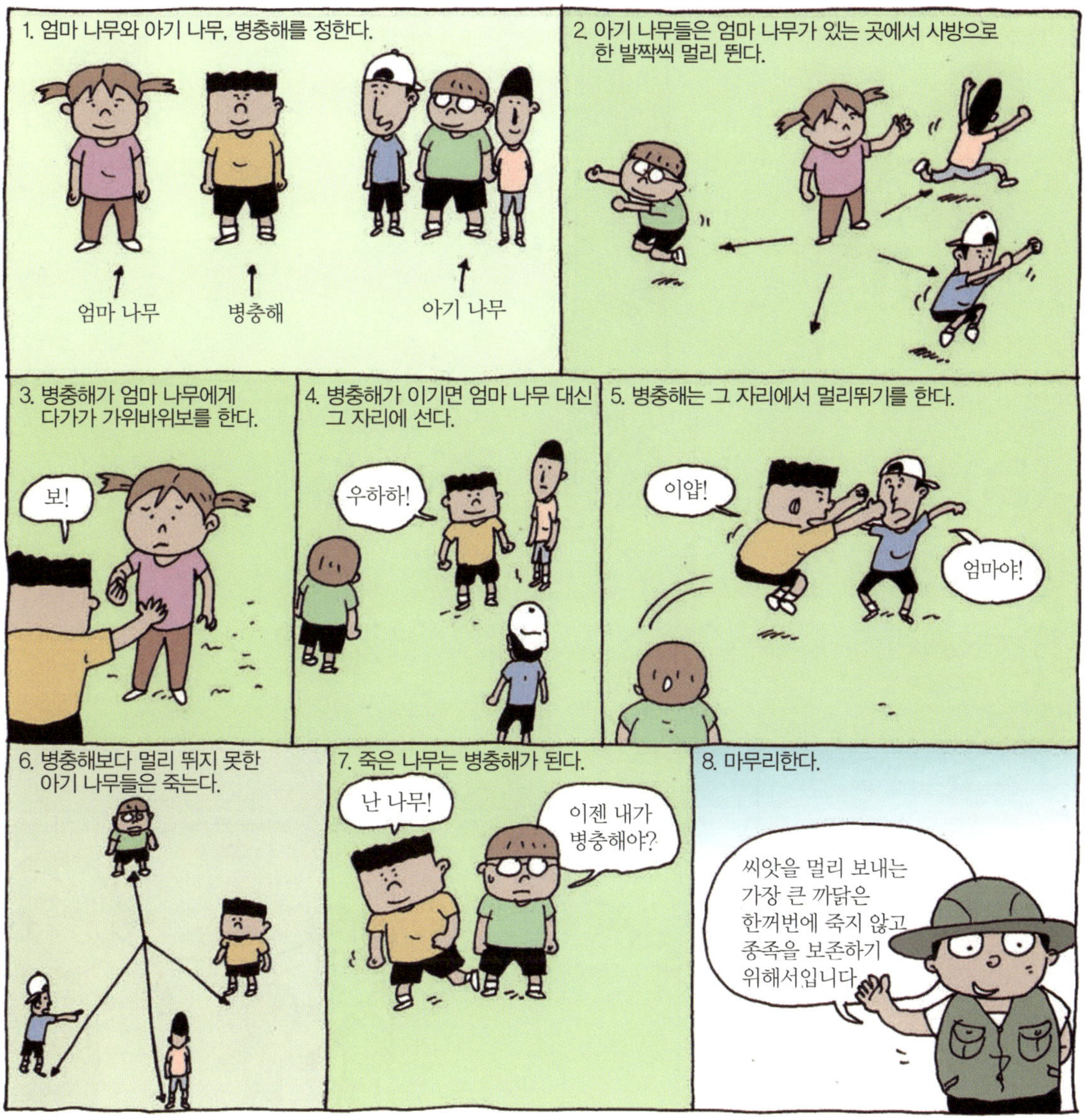

1. 엄마 나무와 아기 나무, 병충해를 정한다.
2. 아기 나무들은 엄마 나무가 있는 곳에서 사방으로 한 발짝씩 멀리 뛴다.
3. 병충해가 엄마 나무에게 다가가 가위바위보를 한다.
4. 병충해가 이기면 엄마 나무 대신 그 자리에 선다.
5. 병충해는 그 자리에서 멀리뛰기를 한다.
6. 병충해보다 멀리 뛰지 못한 아기 나무들은 죽는다.
7. 죽은 나무는 병충해가 된다.
8. 마무리한다.

씨앗을 멀리 보내는 가장 큰 까닭은 한꺼번에 죽지 않고 종족을 보존하기 위해서입니다.

진행을 위한 팁

- 막대기에 끈을 달아서 원을 그려가며 반경 표시를 한다.
- 처음엔 병충해 역할을 하지 않으려고 할 수도 있다. 이때는 안내자가 먼저 병충해 역할을 한다. 놀이를 하다 보면 그 역할이 재미있다는 것을 알고 지원자가 생길 수 있다.
- 멀리뛰기를 할 때 도움닫기를 할지, 제자리멀리뛰기를 할지 정해둬야 한다.

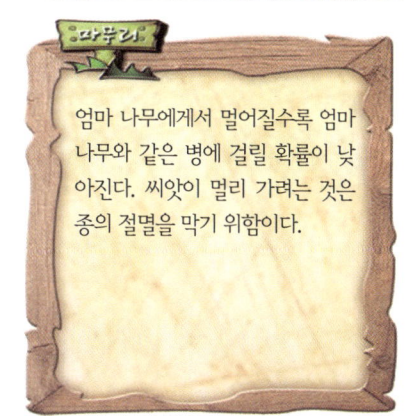

마무리

엄마 나무에게서 멀어질수록 엄마 나무와 같은 병에 걸릴 확률이 낮아진다. 씨앗이 멀리 가려는 것은 종의 절멸을 막기 위함이다.

4-5-11 멀리멀리

목적: 인간 자치기 놀이를 통해 씨앗을 멀리 보내려는 나무의 전략을 이해한다.
대상: 초등학생 이상
장소: 어느 곳이나

1. 엄마와 아이가 함께 하면 좋다.
2. 바닥에 지름 50cm 원을 그린다. "동그랗게!" "좀 작지 않니?"
3. 엄마는 눈을 감고 앞으로 걸어서 원 안에 들어간다.
   - 정확히 들어가면 말하기 기회 세 번
   - 금 밟으면 말하기 기회 두 번
   - 못 들어가면 말하기 기회 한 번
4. 아이는 눈을 가리고, 엄마는 말로 길을 안내한다. 나무에 부딪히지 않고 멀리 가는 사람이 이기는 놀이다. "앞으로 가다가 5m 정도에서…"
5. 나무에 부딪히면 그 자리에 멈춘다. "앗!"
6. 엄마 키의 몇 배를 갔는지 잰다.
7. 이야기를 나누고 마무리한다. "엄마 나무는 아기들을 멀리멀리 보내기 위해 많은 노력을 한단다."

진행을 위한 팁
- 한 번 설명할 때 가급적 길고 구체적으로 설명하는 게 좋다. 한 번 설명한다고 해서 한 마디만 설명하는 것이 아니다.
- 눈 가린 사람을 배려해서 방향과 거리 등을 자세히 설명한다.
- 다소 위험할 수도 있으니 안내자가 항시 주시해야 한다.

씨앗들은 엄마 나무의 전략에 따라 멀리멀리 이동한다.

4-5-12 도토리 한 알

목적 : 도토리 한 알에 담긴 숲의 이야기를 글짓기를 통해 알아본다.
대상 : 초등학생 이상
장소 : 어느 곳이나

1. 도토리나 도토리를 그린 카드를 준비한다.

2. 도토리 카드를 받은 사람은 다섯 글자로 글짓기를 한다.
   "다섯 글자로만 글을 만들고 카드를 다른 사람에게 주는 거야."

3. 안내자가 먼저 한다.
   "도토리가 톡!"

4. 카드를 받은 사람은 앞사람의 말을 이어서 다섯 글자로 글짓기를 한다.
   "떨어졌어요."
   "내 차례지?"

   "떼구르르르" "굴러갔어요" "다람쥐가 쏙" "물고 갔어요"

5. 맨 마지막 사람은 이야기를 마무리 지어야 한다.
   "숲이 됐어요."

6. 마무리한다.
   "이처럼 숲에선 열매 하나로 여러 가지 일들이 일어난단다."

진행을 위한 팁

- 이야기가 꼭 안내자가 원하는 방향으로 흐르지 않을 수도 있다. 하지만 그 이야기도 도토리에서 비롯된 이야기다. 숲속도 그렇다는 것을 인지시키면 된다.
- 이야기가 완결성을 띠지 않아도 다섯 글자면 된다.
- 마지막 사람은 꼭 이야기를 마무리해야 한다는 것을 미리 숙지시킨다.

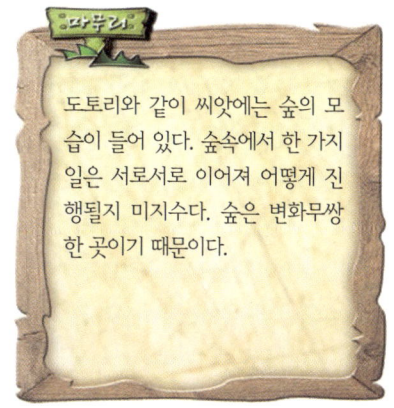

마무리

도토리와 같이 씨앗에는 숲의 모습이 들어 있다. 숲속에서 한 가지 일은 서로서로 이어져 어떻게 진행될지 미지수다. 숲은 변화무쌍한 곳이기 때문이다.

4-5-13 도토리 축구

목적 : 놀이를 통해 도토리의 번식 전략을 이해할 수 있다.
대상 : 7세 이상
장소 : 어느 곳이나

1. 도토리나 밤을 준비한다.
2. 나무나 바위 사이를 골대로 삼고 일정한 거리에 도토리를 놓는다.
3. 도토리로 승부차기를 한다.
4. 역할을 바꿔서 진행해본다.

   "이번엔 내가 찬다!"

5. 마치고 이야기를 나누며 마무리한다.

   "도토리로 축구를 할 수 있는 건 왜일까?"
   "둥글어서요."
   "단단하기도 해서요."
   "그래 맞아. 도토리는 스스로 엄마 나무에서 멀리 가려고 둥글고 단단한 거란다."

진행을 위한 팁
- 밤이나 호두도 같은 방식으로 놀이를 진행할 수 있다.
- 골키퍼 없이 골대(나무와 나무 사이, 돌과 돌 사이)에 넣기만 해도 승리하는 것으로 해도 된다.
- 참가자가 유아일 때는 도토리 구슬치기나 비탈길에서 도토리 멀리 굴리기 등을 해도 재미있다.
- 놀이를 마치고 도토리를 굴리거나 숲에 묻어 내년에 싹으로 돋아나기를 기원한다.

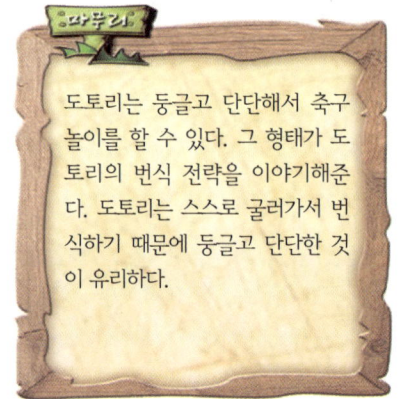

도토리는 둥글고 단단해서 축구 놀이를 할 수 있다. 그 형태가 도토리의 번식 전략을 이야기해준다. 도토리는 스스로 굴러가서 번식하기 때문에 둥글고 단단한 것이 유리하다.

4-5-14 단풍나무 양궁

목적: 날개 달린 열매를 이용해 과녁 맞히기 놀이를 함으로써 번식 전략을 이해한다.
대상: 6세 이상
장소: 어느 곳이나

1. 단풍나무 씨앗처럼 날개 달린 씨앗이 있는 곳에서 한다.

2. 각자 단풍나무 씨앗을 하나씩 주워 온다.
 - "이것과 같은 걸 찾아와!"
 - "저쪽에 많은 걸 봤어!"

3. 흰 천을 깔고 그 위에 간단하게 점수판을 만든다.
 - 가운데 100점, 그 다음이 80점, 천 위는 50점

4. 1m 안팎의 거리에서 한 사람씩 단풍나무 씨앗을 던진다.
 - "얍!"

5. 점수를 더해서 많은 모둠이 이긴다.
 - "우리가 이겼다!"

6. 이야기를 나누고 마무리한다.
 - "열매가 뱅글뱅글 돌아서 넣기가 어려워요."
 - "바람이 불면 더 잘 돈단다. 단풍나무가 씨앗을 멀리 보내기 위한 작전이지."

진행을 위한 팁
- 씨앗 던지기를 너무 가깝거나 먼 곳에서 하지 않는다.
- 점수는 크기가 작은 동그라미일수록 높다.
- '씨앗이 왜 내 맘대로 가지 않았을까? 왜 날아갔을까?' 질문하고 의견을 들어본다.
- 단풍나무 말고도 비슷하게 생긴 건 뭐가 있는지 알아보고, 미리 준비한 예시물이나 인근에 있는 다른 씨앗을 찾아서 보여주면 더 좋다.

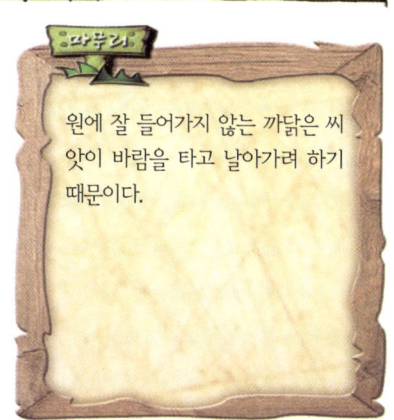

단풍이

원에 잘 들어가지 않는 까닭은 씨앗이 바람을 타고 날아가려 하기 때문이다.

4-5-15 씨앗 장기 두기

목적: 씨앗의 번식 전략을 이해한다.
대상: 초등학생 이상
장소: 어느 곳이나

1. 종이나 천에 칸을 그린다.
2. 숲에서 다양한 씨앗들을 주워 온다. — "여러 가지 씨앗을 찾아봐!"
3. 찾아온 씨앗들을 종류별로 나눠서 간단히 설명해준다.
4. 두 모둠으로 나눠서 씨앗 장기를 둔다. 이때 씨앗의 종류별 개수는 같아야 한다.
5. 종류별 이동 방법을 설명한다.
   - 스스로 이동 : 한 칸만 이동
   - 동물 이용 : 다른 씨앗을 넘어 세 칸 이하 이동
   - 바람 이용 : 다른 씨앗을 넘어 자유롭게 이동
   - 넘어가기는 바로 앞에 있을 때만 가능
6. 상대 진영에 먼저 도착하면 이긴다. — "내가 이겼다!"
7. 마무리한다. — "씨앗마다 이동하는 방법이 다르단다."

진행을 위한 팁
- 내 것만 갈 것이 아니라 상대방 씨앗의 종류를 판단해가면서 하는 것이 요령이다.
- 외부에서 하면 바람이 불거나 씨앗이 날아다녀서 진행이 어려울 수 있다. 이때 투명한 플라스틱 케이스에 넣어서 진행할 수 있다. 이름을 적거나 그린 카드를 이용해도 된다.
- 실제 장기 알처럼 만들어 씨앗 종류별 그림을 붙여서 진행해도 재미있다.

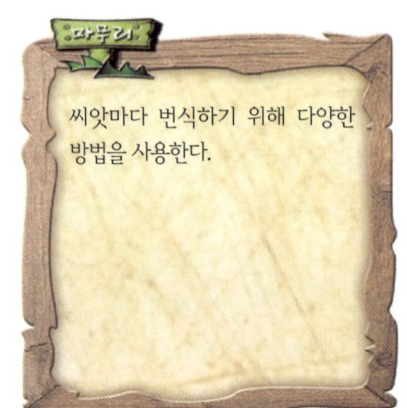

마무리
씨앗마다 번식하기 위해 다양한 방법을 사용한다.

4-5-16 너구리야, 고마워

목적: 식물의 씨앗이 동물에 의해 먼 곳에서 번식한다는 것을 이해한다.
대상: 7세 이상
장소: 어느 곳이나

1. 두 모둠으로 나눠 각자 돌멩이를 줍게 한다.
   - "손에 쥘 만한 돌멩이 하나씩 주워 오는 거야."

2. 첫 번째 사람이 출발선에서 반환점까지 돌아오면 다음 사람이 출발한다.
   (반환점, 출발선)

3. 돌멩이를 무릎에 끼고 간다. 사람은 너구리고, 돌멩이는 버찌다.
   - "돌을 잘못 골랐나 봐."
   - "나도 빠지려고 해."

4. 마지막 사람이 들어올 땐 돌을 세워서 맞힐 수 있게 해둔다.
   - "나도 돌을 세워야지."

5. 마지막 사람은 세워둔 자기 모둠 돌을 끼고 온 돌로 맞혀야 한다.
   - "맞았다." "어!"

6. 세워둔 돌이 넘어지면 버찌 씨가 발아한 것이다.
   - "돌로 맞히면 싹이 난 거야."

7. 마무리한다.
   - "너구리가 버찌를 먹고 멀리 가서 배설해 씨앗이 이동을 했어."

진행을 위한 팁
- 도중에 돌을 떨어뜨리면 거기가 씨앗이 떨어진 지점이다.
- 비석치기처럼 돌의 위치를 단계별로 다르게 진행해도 된다. 이때 이왕이면 동물의 배설 행위와 비슷하게 머리 쪽에서 아래쪽으로 내려오는 단계가 좋다.
  (예 : 첫 번째 사람 - 머리에 올리기, 두 번째 사람 - 어깨에 올리기, 세 번째 사람 - 배에 올리기)
- 마지막 사람이 들어올 때 같은 모둠에서 출발선에 돌을 세워둔다. 누가 세울지는 모둠에서 결정한다.

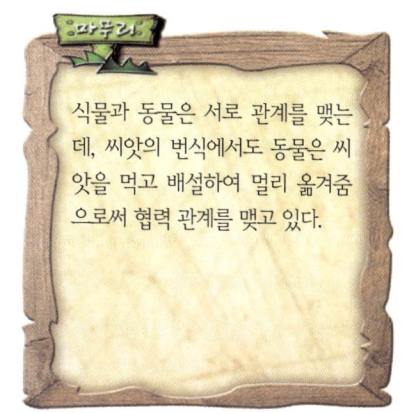

식물과 동물은 서로 관계를 맺는데, 씨앗의 번식에서도 동물은 씨앗을 먹고 배설하여 멀리 옮겨줌으로써 협력 관계를 맺고 있다.

생태상식 71. 열매는 왜 빨갛게 익을까?

육질이 있는 열매들은 익기 전에는 녹색인데, 익으면 밝은 빨간색이나 파란색, 검은색 등으로 변한다. 왜 그럴까?

덜 익은 열매는 흔히 식물의 잎과 잘 구별되지 않는 녹색을 띠며, 맛도 시거나 떫고, 육질도 먹기에는 너무 단단하다. 이는 동물들의 눈에 띄지 않거나 먹지 못하게 하려는 식물의 전략이다.

씨앗이 여물 때가 되면 열매는 색깔이 주로 빨갛게 변하고, 당도가 높아지면서 향기가 나고 육질이 부드러워진다. 동물들의 눈에 잘 띄고, 동물들이 좋아하는 맛과 향으로 유혹하는데, 이 또한 씨앗을 멀리 퍼뜨리려는 식물의 전략이다. 새들은 다른 동물들에 비해서 빨간색을 더 잘 보기 때문이다.

생태상식 72. 습기, 바람, 씨앗

비 오는 날 솔방울이 입을 꼭 다문 모습을 보았을 것이다. 소나무나 튤립나무, 민들레 등은 비가 오거나 습할 때는 씨앗을 감싼 부분이나 날개 조각들이 오므라들어 씨앗이 떨어지는 것을 막는다. 날씨가 좋아지면 날개 달린 씨앗들이 잘 날아갈 수 있도록 다시 벌어진다.

씨앗을 바람에 날려 보내려는 열매들은 습기에 민감하다. 습기가 많으면 씨앗이 무거워져 멀리 날아가지 못하기 때문에 아예 떨어지지 못하게 막는 것이다.

민들레 씨앗은 시속 3km 정도의 바람만 불어도 잘 날아간다고 한다. 바람 부는 날 창밖을 유심히 보면 바람에 날려 팽글팽글 돌아가는 가죽나무 열매와 눈이 마주칠지도 모른다.

생태상식 73. 눈이 많이 오면 풍년이 든다?

씨앗은 적정한 조건이 아니면 싹을 틔우지 않는다. 식물이 에너지를 많이 들여 자신의 유전 정보를 담은 씨앗이 아무렇게나 싹이 났다가 죽어가는 것을 용납할 리 없다.

씨앗이 싹을 틔우는 데는 수분이 가장 중요하다. 빛이 없어도 싹을 틔우는 경우는 많지만, 물이 없다면 대부분 싹을 틔우지 않는다. 씨앗은 자기 무게의 2~3배나 되는 물을 흡수한다. 그렇게 물을 흡수하면 씨앗 껍질이 부드러워지고 이내 깨진다. 수분 흡수 속도는 씨앗 껍질의 두께와 지방 같은 불투성 물질의 유무에 따라 다른데, 소나무류는 2~3일, 참나무류는 6일, 주목은 18일 정도라고 한다. 따라서 흙 속의 수분 함량은 씨앗이 싹을 틔우는 데 매우 중요하다.

봄이 되면 눈이 녹아 숲에 수분을 제공한다. 비와 달리 한꺼번에 씻겨 내려가지 않고 서서히 녹기 때문에 그만큼 수분 보존력이 크다. 싹이 돋는 데 눈 녹은 물이 결정적인 역할을 하는 것도 그런 연유다. 눈이 많이 오면 풍년이 든다는 말은 이러한 근거가 있다.

생태상식 74. 왜 멀리 이동해야 하지?

나무의 씨앗이 싹을 틔우고 나무로 자라기 위해서는 그러기에 알맞은 장소로 옮겨지거나 뿌리 내릴 수 있는 환경이어야 한다. 열매가 어미 나무 바로 아래로 떨어져서 싹이 나면 어린나무는 큰 나무와 경쟁해야 하기 때문에 햇빛이나 물, 기타 영양분 등을 충분히 공급받지 못한다. 다른 곳으로 이동할 수 있다면 어미 나무 아래보다 훨씬 살아남을 확률이 높다.

씨앗이 멀리 가려는 것은 그 이유만이 아니다. 유전자가 같으니 어미 나무가 아프면 자신도 아플까 봐 그렇다. 이왕이면 멀리멀리 흩어져서 집단 절멸을 막고, 다른 개체를 만나 다양한 유전자를 만들어내는 게 식물의 생존에 유리하다.

나무껍질

거북 등처럼 갈라지는 소나무, 두툼한 굴참나무와 황벽나무, 유난히 흰 자작나무, 너덜너덜한 물박달나무, 돌돌 말린 다릅나무, 무늬가 마름모꼴인 은사시나무, 가로무늬가 있는 느티나무와 벚나무…. 이처럼 나무껍질로 나무를 구별하는 것은 완벽하진 않지만 초보자에겐 가장 편리하고 빠른 나무 구별법이다. 사람마다 얼굴이 다르듯이 나무들은 껍질이 다르니 나무껍질을 나무의 얼굴이라 할 만하다.

나무껍질이 나무마다 다른 것은 껍질눈이 무늬를 다르게 만들기 때문이다. 껍질눈이란 나무의 줄기에 코르크 조직이 만들어진 뒤 숨구멍 대신 공기를 순환해주는 조직이다. 장수의 갑옷처럼 나무를 보호하는 나무껍질의 코르크층은 물과 공기를 통과시키지 못하지만, 줄기는 공기의 출입이 필요하다. 그래서 생긴 것이 껍질눈이다. 껍질눈이 만든 이 무늬는 겉모양으로 나무를 구별하는 데 중요한 특징 중 하나다. 어린나무일 때와 컸을 때의 다른 점도 잘 기억하면 좋다. 나무가 성장하면서 부피가 커지니 자연스럽게 갈라지고, 그 모양은 나무마다 조금씩 다르다.

4-6-1 네 나무와는 달라

목적: 색 끈으로 서로 다른 나무에 묶어주며 그곳에 있는 나무의 종류를 파악한다.
대상: 초등학생 이상
장소: 나무가 많은 곳

1. 여러 가지 색 끈을 준비한다.
2. 각자 하나씩 갖는다.
3. 두 모둠으로 나눈다.
4. 가위바위보를 해서 이긴 모둠의 첫 번째 사람이 나무에 끈을 묶는다. — "난 저 나무!"
5. 다음 사람은 끈이 묶인 나무와 종류가 다른 나무에 묶어야 한다. — "다른 나무를 찾아야지."
6. 종류가 같은 나무에 묶으면 기회가 다른 모둠에 넘어간다. — "저건 아까 했어.", "다른 거 같은데…."
7. 끈을 먼저 다 묶은 모둠이 이긴다. — "다했다!"
8. 마무리한다. — "끈 몇 개 썼지?", "열두 개 다 썼어요.", "그럼 여기에 열두 종이 넘는 나무가 있다는 말이네."

진행을 위한 팁
- 어느 모둠의 마지막 사람이 빨리 묶는지 겨룬다.
- 다 묶은 뒤 안내자가 같은 나무에 묶은 것을 골라내고, 지금까지 나오지 않은 나무에 묶을 수 있는 사람이 있는지 물어본다. 찾아서 묶는다면 그 모둠에 점수를 인정해준다.
- 어느 모둠이 다양한 나무를 찾아내는지 알아보는 놀이다.
- 끈은 헌 옷을 잘라서 만들어도 된다.

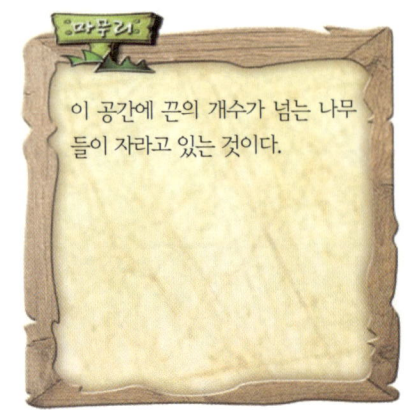

마무리

이 공간에 끈의 개수가 넘는 나무들이 자라고 있는 것이다.

4-6-2 나무와 함께 춤을

목적: 나무와 자연스럽게 스킨십을 한다.
대상: 초등학생 이상
장소: 나무가 많은 곳

1. 나무가 많은 곳에서 한다.
   - 나무가 정말 많지?
2. 나무와 하고 싶은 행동을 종이에 적는다.
   - 나무랑 하고 싶은 거 있음 종이에 적어봐!
3. 적은 쪽지를 상자에 넣는다.
4. 상자에서 하나씩 뽑아서 적힌 대로 해본다.
   - 난 나무 쓰다듬기야.
   - 100까지?
5. 누가 많은 행동을 했는지 알아본다.
   - 나무 껴안기!
   - 난 이번이 세 번째야.
   - 나무와 춤추기? 얼른 또 해야지.
6. 느낌을 얘기해보고 마무리한다.
   - 재밌어?
   - 껴안아 보니까 친구 같아요.

진행을 위한 팁
- 쪽지 내용은 아이들이 적는다.
- 다 읽은 쪽지는 다시 원래의 상자에 넣고 행동을 하러 가면 된다.
- 누가 많은 활동을 했는지 알아보는 놀이다.
  (예 : 나무 껴안기, 나무와 웨이브, 나무에 볼 대기, 나무에 뽀뽀하기, 나무 쓰다듬기 5회, 가장 어린 나무 찾아서 뽀뽀하기, 가장 큰 나무 찾아서 씨름하기, 못된 나무 타이르기, 잘한 나무 칭찬하기, 나무 껴안고 노래 부르기)

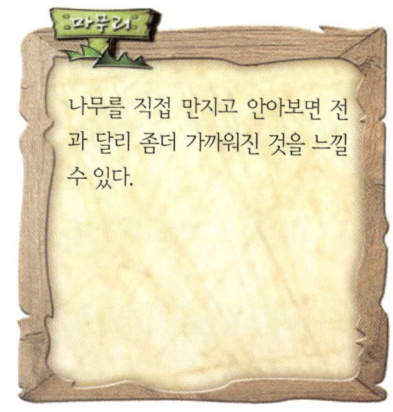

마무리
나무를 직접 만지고 안아보면 전과 달리 좀더 가까워진 것을 느낄 수 있다.

4-6-3 어디만큼 왔을까?

목적: 나무를 두드려서 나는 소리로 청각 체험을 한다.
대상: 7세 이상
장소: 통나무가 있는 곳

1. 쓰러진 나무가 있는 곳에서 진행한다.
   - 여기가 좋겠다.
   - 와! 나무가 누워 있다!
   - 이 나무로 놀이를 해볼까?

2. 나무를 두드리다가 종이테이프로 표시해놓은 곳에 가장 가까이에서 "멈춰" 한 사람이 이기는 놀이다.
   - 종이테이프

3. 먼 곳에서 점점 표시한 곳으로 움직이면서 두드린다.
   - 통! 통! 통!
   - 멈춰!

4. 앞에 한 사람이 뒷사람 할 때 두드려준다.

5. 누가 가장 가까이 갔는지 알아본다.

6. 마무리한다.
   - 나무는 껍질에 따라 소리가 많이 다르답니다.

진행을 위한 팁
- 나무마다 소리가 다르다는 것도 이야기해본다.
- 놀이를 통해 나무껍질을 직접 만질 수 있다.
- 다른 나무들도 두드려서 어떤 소리가 나는지 알아본다.

마무리

나무는 줄기의 굵기에 따라, 나무껍질의 두께나 종류에 따라 소리가 다르다.

4-6-4 태풍이다

목적 : 나무를 껴안아 나무마다 껍질이 다르다는 것을 느껴본다.
대상 : 7세 이상
장소 : 나무가 많은 곳

1. 참가 인원을 고려해 나무에 종이테이프를 붙여놓는다.
2. 태풍이 불어서 표시된 나무만 살아남았다고 가정한다.
   - "태풍이 불면 나무를 껴안고 버텨야 해!"
3. 가장 많은 사람이 붙은 나무는 쓰러진다.
   - "쓰러진 나무에 붙은 사람은 벌칙을 받아."
4. "태풍이다!"라고 외치며 놀이를 시작한다.
   - "태풍이다!"
   - "여기 여기!"
   - "우린 여기!"
5. 일정한 시간이 됐을 때 인원이 많은 쪽이 벌칙을 받는다.
   - "여긴 너무 많아."
6. 인원이 적은 나무를 찾아다닌다.
   - "어? 여기도 많네."
7. "그만" 하고 외치고 인원이 가장 많은 쪽에 벌칙을 준다.
   - "그만!"
8. 마무리한다.
   - "자연스럽게 나무를 안아볼 수 있는 놀이입니다."

진행을 위한 팁

- 활동성 있는 놀이로 몸 풀기에 적당하며, 나무껍질도 느껴볼 수 있다.
- 테이프를 떼어 숫자를 줄여가면서 놀이에 변화를 줘본다.
- 놀이를 마치고 나무껍질의 느낌을 물어봐도 좋다.

태풍에 날아가지 않으려고 나무를 꼭 안다 보면 나무껍질을 느낄 수 있답니다.

4-6-5 무엇을 닮았나?

목적: 나무껍질을 관찰하고 나무마다 껍질이 다르다는 것을 안다.
대상: 6세 이상
장소: 나무가 많은 곳

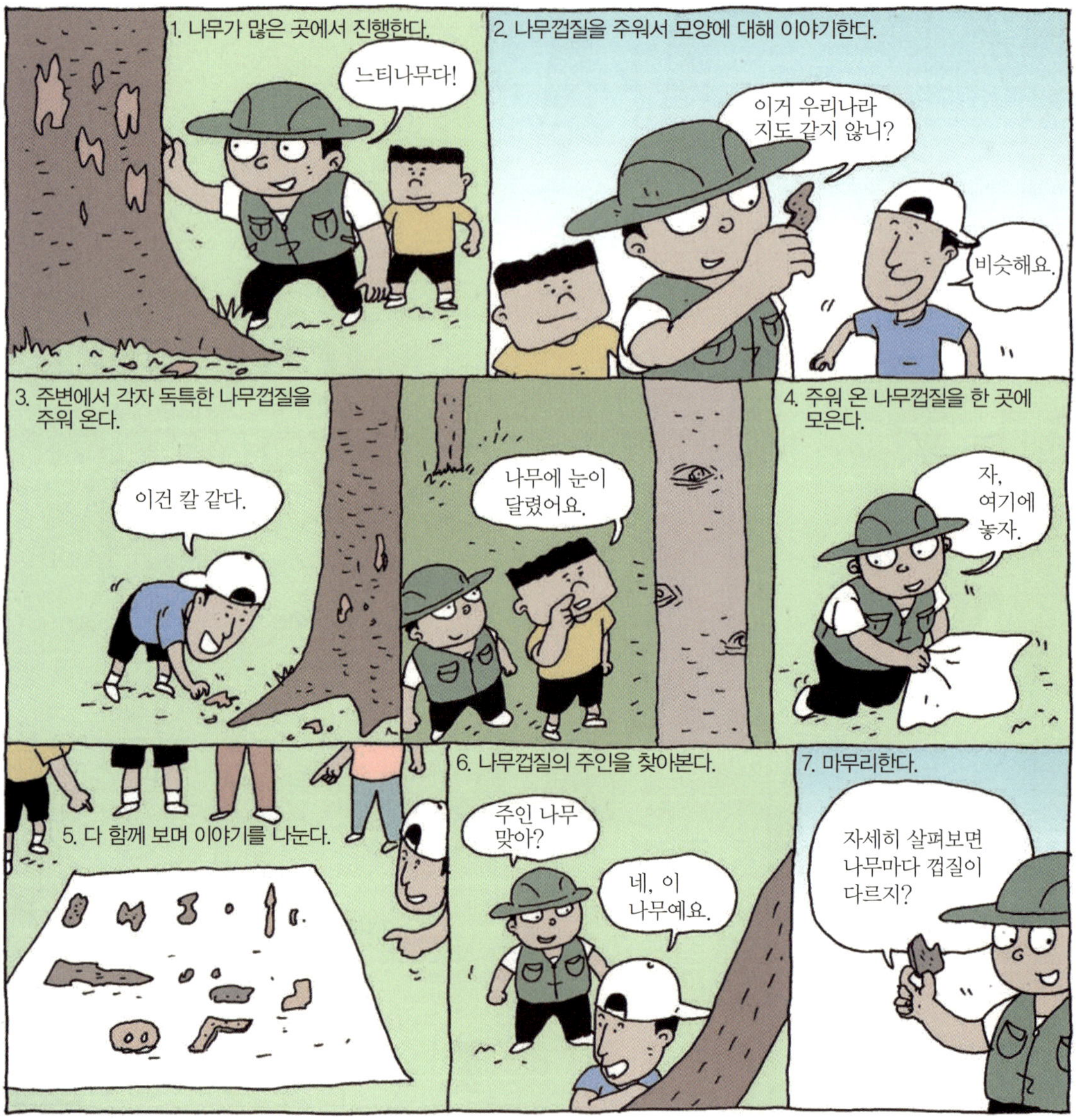

1. 나무가 많은 곳에서 진행한다. — "느티나무다!"
2. 나무껍질을 주워서 모양에 대해 이야기한다. — "이거 우리나라 지도 같지 않니?" "비슷해요."
3. 주변에서 각자 독특한 나무껍질을 주워 온다. — "이건 칼 같다." "나무에 눈이 달렸어요."
4. 주워 온 나무껍질을 한 곳에 모은다. — "자, 여기에 놓자."
5. 다 함께 보며 이야기를 나눈다.
6. 나무껍질의 주인을 찾아본다. — "주인 나무 맞아?" "네, 이 나무예요."
7. 마무리한다. — "자세히 살펴보면 나무마다 껍질이 다르지?"

진행을 위한 팁
- 느티나무나 모과나무, 물박달나무, 버즘나무, 소나무 등 껍질이 유난히 잘 떨어지는 나무가 있는 곳에서 하면 좋다.
- 같은 나무의 껍질을 찾아온 사람은 누군지 알아본다.
- 나무는 왜 껍질이 떨어지는지 이야기해본다.
- 놀이를 마친 뒤 껍질의 주인 나무가 누군지 찾아본다.

사람의 얼굴이 다르듯이 나무껍질도 종류에 따라 제각각 다르다.

나이테

온대 지방에서 자라는 나무는 줄기를 잘랐을 때 횡단면에 둥근 고리와 같은 테가 있는데, 이것을 나이테라고 한다. 계절 변화에 따라 자라는 정도의 차이 때문에 테가 생기는 것이다. 이것이 한 해에 한 개씩 생기므로 나이를 알 수 있어서 나이테라고 부른다.

외형적으로 나무의 나이를 알아내는 방법은 없다. 그나마 고정 생장을 하는 잣나무 같은 나무들은 1년에 한 층씩 자라므로 가지가 뻗은 개수를 세어보면 되지만, 명확한 것은 아니다. 벚나무나 팥배나무, 은행나무처럼 단지가 발달한 나무도 단지의 층을 세어보면 그 가지의 나이를 알 수 있지만 역시 명확한 것은 아니다. 그래서 겉모습으로 나이를 추측하기는 불가능하다. 다만 주변의 나무 중 베어져서 나이테가 드러난 나무들과 크기나 심어진 시기 등을 추정하고 비교해가면서 대략적인 나이를 추측할 뿐이다.

중요한 것은 내가 한 살 한 살 나이를 먹듯 나무도 한 해 한 해 나이를 먹는다는 사실이다.

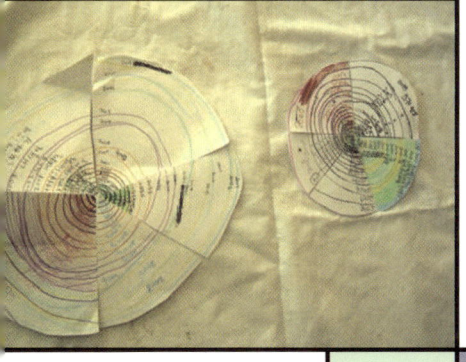

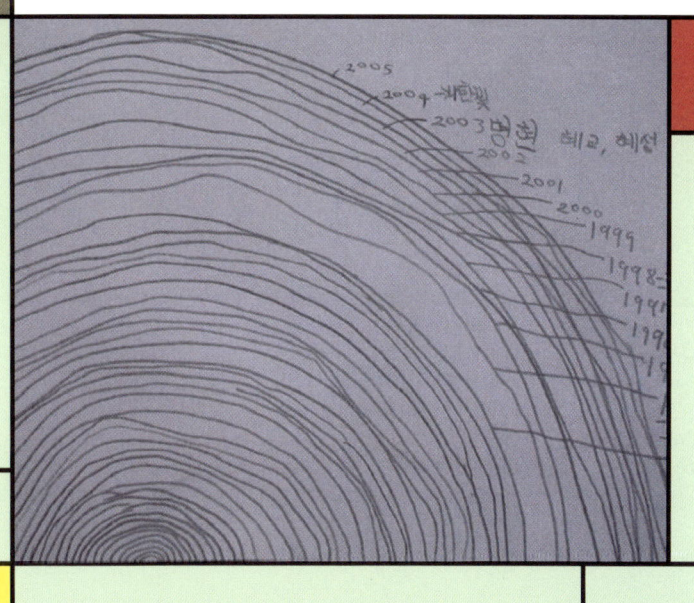

4-7-1 나이테는 왜 생길까?

목적: 나이테가 생기는 원리를 이해한다.
대상: 초등학생 이상
장소: 어느 곳이나

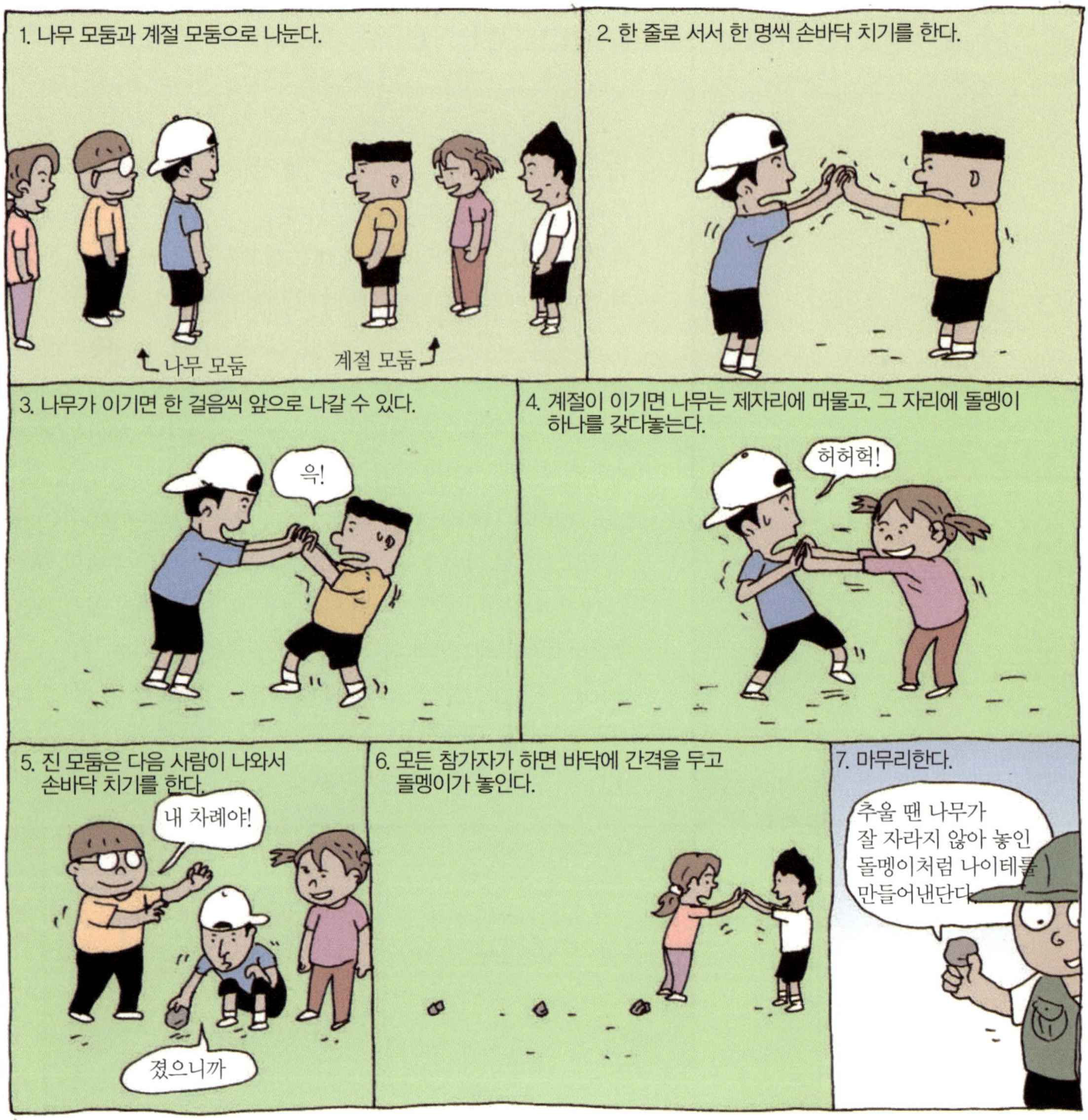

1. 나무 모둠과 계절 모둠으로 나눈다.
   ← 나무 모둠   계절 모둠 →

2. 한 줄로 서서 한 명씩 손바닥 치기를 한다.

3. 나무가 이기면 한 걸음씩 앞으로 나갈 수 있다.
   "윽!"

4. 계절이 이기면 나무는 제자리에 머물고, 그 자리에 돌멩이 하나를 갖다놓는다.
   "허허헉!"

5. 진 모둠은 다음 사람이 나와서 손바닥 치기를 한다.
   "내 차례야!"
   "졌으니까"

6. 모든 참가자가 하면 바닥에 간격을 두고 돌멩이가 놓인다.

7. 마무리한다.
   "추울 때 나무가 잘 자라지 않아 놓인 돌멩이처럼 나이테를 만들어낸단다."

진행을 위한 팁

- 온대 지방에 있는 나무들이 나이테가 있는 것을 알려준다.
- 온도 외에 강수량이나 기타 환경 요인에 따라 나이테 폭이 달라질 수 있다는 것도 얘기해준다.
- 돌멩이 대신 다른 자연물로 해도 된다.
- 돌멩이는 놀이를 하지 않는 다른 나무 모둠원들이 갖고 있다가 놓으면 좋다.

추운 겨울이 오면 잘 자라지 않으므로 그 부분의 색깔이 달라 테가 생기는 것이다.

4-7-2 나이 먹기

목적 : 매년 나이를 먹는 것이 쉽지 않은 일임을 몸을 통해 느껴본다.
대상 : 7세 이상
장소 : 어느 곳이나

1. 너무 작지 않은 나무를 하나 고른다.
   "저 나무가 좋겠다."

2. 나무는 몇 살일까 생각해본다.

3. 나무에서 손을 떼지 않고 막대로 원을 그려본다.
   "한 살!"

4. 두 번째 사람이 두 번째 나이테를 그려본다.
   "두 살!"

5. 나무에서 손이 떨어지면 실패.
   "어!"

6. 몇 살까지 나이테를 만드는지 해본다.
   "세 살!"

7. 마무리한다.
   "나이테 하나하나는 그냥 만들어지는 게 아니란다."

진행을 위한 팁
- 맨 처음 하는 사람이 나무에서 손을 떼면 안 된다. 중간에서도 손을 잡고 있다가 놓치면 바로 실패다.
- 바닥에 금이 잘 그어지는 곳이어야 한다. 그렇지 않으면 끈이나 자연물로 금 긋기를 대신할 수 있다.
- 나무껍질이 너무 거칠거나 가시가 있는 나무는 하지 않는다. 하기 전에 살펴봐야 한다.

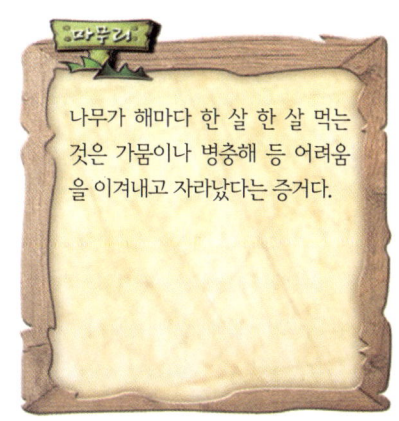

나무가 해마다 한 살 한 살 먹는 것은 가뭄이나 병충해 등 어려움을 이겨내고 자라났다는 증거다.

4-7-3 나와 나무

목적: 나이테를 통해 나무도 살아 있는 생명체라는 것을 안다.
대상: 초등학생 이상
장소: 어느 곳이나

1. 베어져 나이테가 드러나는 나무가 있는 곳에서 진행한다.
   — 나이테를 관찰해볼까?
2. 나이테 수만큼 동그라미를 그린다.
3. 가위로 오린다.
4. 모둠 인원에 맞춰 조각을 낸다.
5. 각자 받은 조각에 연도와 그때 가장 기억에 남는 일을 적는다.
   — 바깥부터 최근 연도를 적는다.
   — 기억에 남는 일을 적는다.
6. 다시 조각을 맞춰본다.
7. 다른 친구에겐 무슨 일이 있었는지 살펴본다.
   — 2020년에 이사 왔어?
8. 마무리한다.
   — 나무도 우리와 함께 이 시대를 살고 있어요.

진행을 위한 팁

- 나무는 이왕이면 참가자들보다 나이가 많은 것을 고른다.
- 나이테를 자세히 관찰하면 그 나무의 역사나 당시 우리나라의 날씨가 어땠는지도 알 수 있다는 이야기를 해준다.
- 이왕이면 크게 그리는 것이 좋다. 아래로 갈수록 좁아져서 쓸 칸이 부족할지 모르지만, 나무는 서른 살이고 참가자들은 열 살이면 아래가 좁아도 어차피 쓸 게 없으므로 괜찮다.
- 색연필 같은 게 있으면 내가 태어난 때를 표시해서 내가 나기 전에 나무가 자란 부분을 칠해도 된다. 그렇게 하면 나무가 나보다 나이가 많다는 것을 알 수 있다.

마무리

나무도 나와 같이 이 시대에 산다는 것을 알 수 있다.

겨울눈

칼바람이 몰아치고 모든 것이 꽁꽁 얼어붙은 겨울에도 나무는 결코 눈을 감지 않는다. 거추장스런 것들을 다 떨어뜨리고, 긴 겨울 끝에 올 새봄을 맞이하기 위해 온 생명력을 겨울눈 하나에 집중한다.

나무줄기의 끝에는 세포분열을 하는 생장점이 있다. 이곳에서 줄기와 잎이 만들어지는데, 일반적으로 '눈'이라고 부른다. 눈은 아직 자라지 않은 어린 가지라고 생각하면 된다. 따라서 나무의 모양은 눈에 의해 결정된다고 해도 과언이 아니다.

이런 눈은 실제로 봄이나 여름부터 생성된다. 그런데 어째서 겨울눈이라고 부를까? 두 가지 이유가 있다. 하나는 가을이 되어 잎이 떨어지면 그때 비로소 눈에 띄기 때문이고, 다른 하나는 겨울을 나기 때문이다.

겨울눈은 나무마다 다르며, 한 나무에서도 각기 다른 겨울눈이 생길 수 있다. 달리는 위치에 따라 가지 끝에 달리는 끝눈(정아), 가지 옆에 나는 곁눈(측아, 액아)으로 나뉘고, 기능에 따라 꽃이 피는 줄기를 만들어내는 꽃눈(화아), 잎이 나는 줄기를 만들어내는 잎눈(엽아), 동시에 같이 나오는 혼합눈(혼아) 등으로 나눌 수 있다.

겨울눈이 달린 위치가 나무가 자라날 모양을 암시한다. 겨울눈에서 싹터 자라는 것은 나무가 택하는 유일한 길이 생장법이다. 이후에는 부피 생장만 한다.

끝눈은 종전의 가지 방향과 같이 자라고, 곁눈은 종전 가지의 옆부분으로 가지를 뻗는다. 곁눈은 대개 정지 상태에 있다가 끝눈이 손상되거나 이상이 생겼을 때 자란다. 끝눈이 자랄 때 남긴 아린흔은 가지의 수명을 판단하는 바탕이 된다.

4-8-1 겨울눈에 다 있네

목적: 겨울눈 안에 나무의 모든 것이 들어 있음을 이해한다.
대상: 초등학생 이상
장소: 어느 곳이나

1. 그루터기나 통나무, 바위 등이 있는 곳에서 진행한다.
   - 이게 겨울눈이죠? 봄에 새싹이 나오는….
   - 저기서 겨울눈 놀이 하자!
2. 각자 식물의 각 부분이 되어본다.
   - 꽃, 열매, 잎, 가지 중에서 되고 싶은 걸 골라.
3. 같은 부분끼리 뭉친다.
   - 우린 꽃!
   - 우린 잎!
4. 불린 모둠은 그루터기에 올라간다.
   - 꽃 두 명!
5. 한꺼번에 여러 모둠을 불러본다.
   - 어어!
   - 조심!
   - 꽃과 잎!
6. 마지막엔 다 불러서 올라가게 한다. 겨울눈에는 나무의 모든 것이 들어 있음을 알게 한다.

진행을 위한 팁
- 그루터기나 바위가 없으면 원을 그려놓고 하거나, 보자기를 깔아놓고 그 안에 들어가기로 한다.
- 그루터기에서 넘어질 것을 대비해 안내자가 곁에서 봐준다.
- 실패하면 다음번 도전하기 전에 잠깐 의논할 시간을 준다.
- 각 부분 중에 뿌리 부분을 추가해서 '씨앗 되어보기'로 진행해도 좋다.
- 인원이 많으면 모둠을 나눠 진행해도 된다.

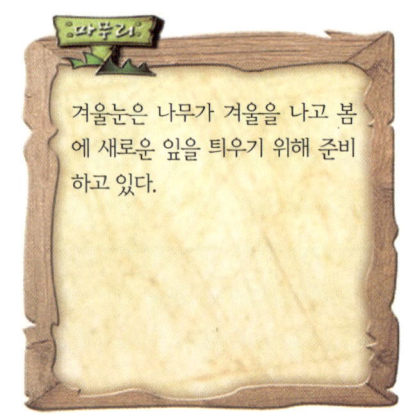

겨울눈은 나무가 겨울을 나고 봄에 새로운 잎을 틔우기 위해 준비하고 있다.

4-8-2 겨울눈 멀리뛰기

목적: 겨울눈에서 나온 줄기와 잎의 성장은 나무마다 다르고, 환경에 따라 영향을 받을 수 있다는 것을 이해한다.
대상: 7세 이상
장소: 좀 넓은 평지

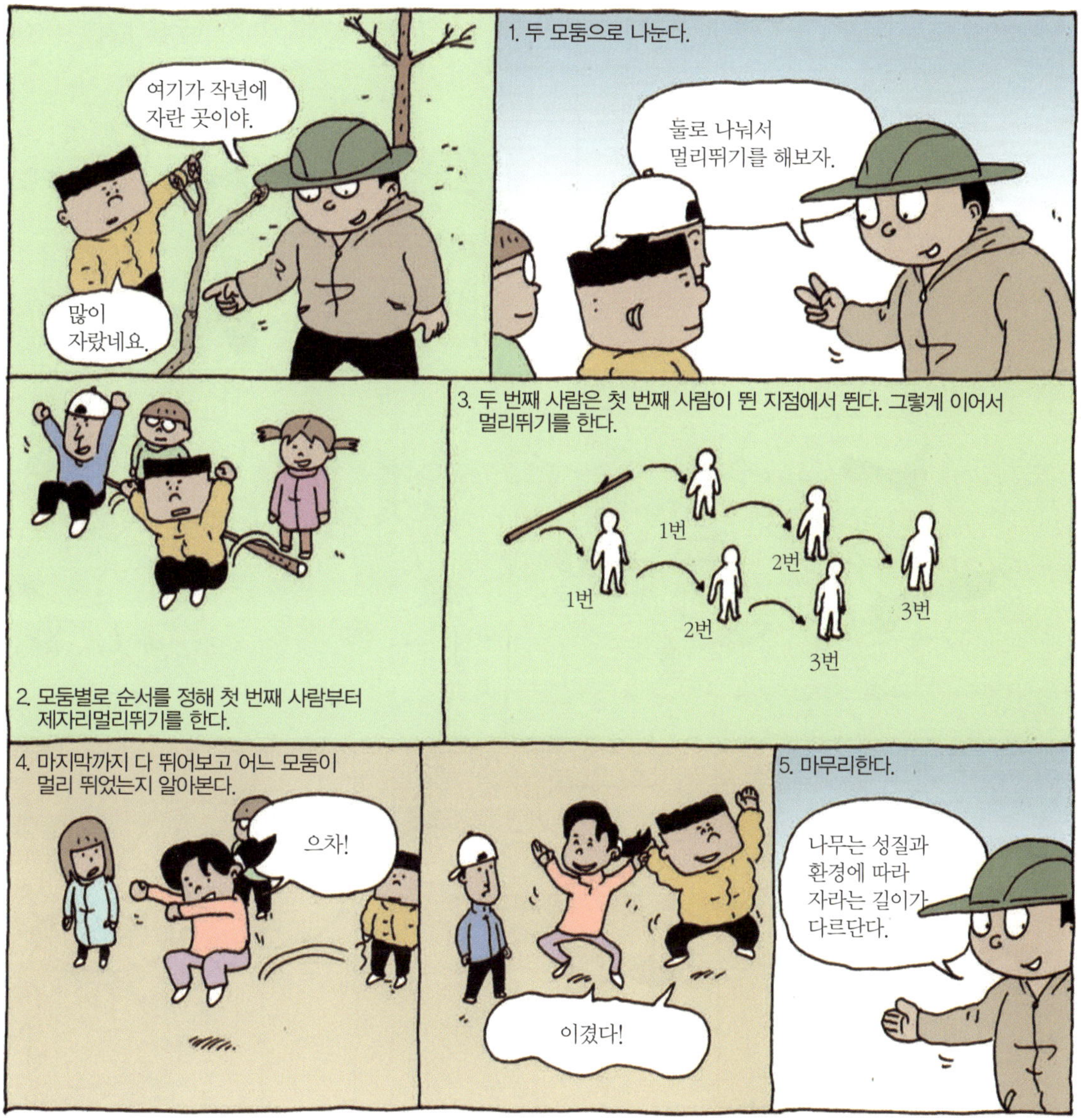

1. 두 모둠으로 나눈다.
   - "둘로 나눠서 멀리뛰기를 해보자."
   - "여기가 작년에 자란 곳이야."
   - "많이 자랐네요."

2. 모둠별로 순서를 정해 첫 번째 사람부터 제자리멀리뛰기를 한다.

3. 두 번째 사람은 첫 번째 사람이 뛴 지점에서 뛴다. 그렇게 이어서 멀리뛰기를 한다.

4. 마지막까지 다 뛰어보고 어느 모둠이 멀리 뛰었는지 알아본다.
   - "으차!"
   - "이겼다!"

5. 마무리한다.
   - "나무는 성질과 환경에 따라 자라는 길이가 다르단다."

진행을 위한 팁
- 추운 겨울에 활력을 주는 놀이이다.
- 놀이 전에 규칙(도움닫기를 해도 되는지, 출발선을 지키지 않으면 탈락되는지 등)을 명확하게 제시해야 한다.
- 놀이 전후로 겨울눈에서 나온 새순(당년지)을 관찰하면 효과적이다.
- 간단한 장애물이 있을 경우 겨울눈 생장에 방해가 되는 요인으로 해석하면 되므로 큰 무리는 없다.

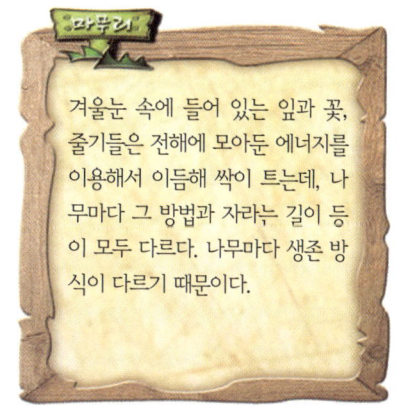

마무리

겨울눈 속에 들어 있는 잎과 꽃, 줄기들은 전해에 모아둔 에너지를 이용해서 이듬해 싹이 트는데, 나무마다 그 방법과 자라는 길이 등이 모두 다르다. 나무마다 생존 방식이 다르기 때문이다.

생태 상식 77 ☞ 263쪽

4-8-3 나무야, 겨울이야

목적: 나무가 겨울눈을 만들어낸 이유를 이해할 수 있다.
대상: 7세 이상
장소: 어느 곳이나

진행을 위한 팁
- 날씨가 추워 모자를 쓴 사람이 많으면 구별되는 모자를 고르고, 그것을 참가자들에게 명확히 알린다.
- 모자를 쓰는 게 좋지만 빨리 도망가면서 모자를 던져주고 받으려면 손에 쥐는 것만으로 겨울이 잡지 못한다고 해도 된다.
- 달리는 사람을 손으로 잡아채는 게 아니라 술래(겨울)의 손에 닿기만 해도 아웃이라고 설정하는 것이 좋다. 잡아채다 보면 놀이가 격해져서 다칠 수도 있다.

마무리

나무는 겨울을 이기기 위해 털옷처럼 겨울눈을 만들어냈다.

4-8-4 나무의 미래

목적: 겨울눈의 모습으로 이듬해의 나뭇가지를 예상해본다.
대상: 7세 이상
장소: 낙엽이 많은 곳

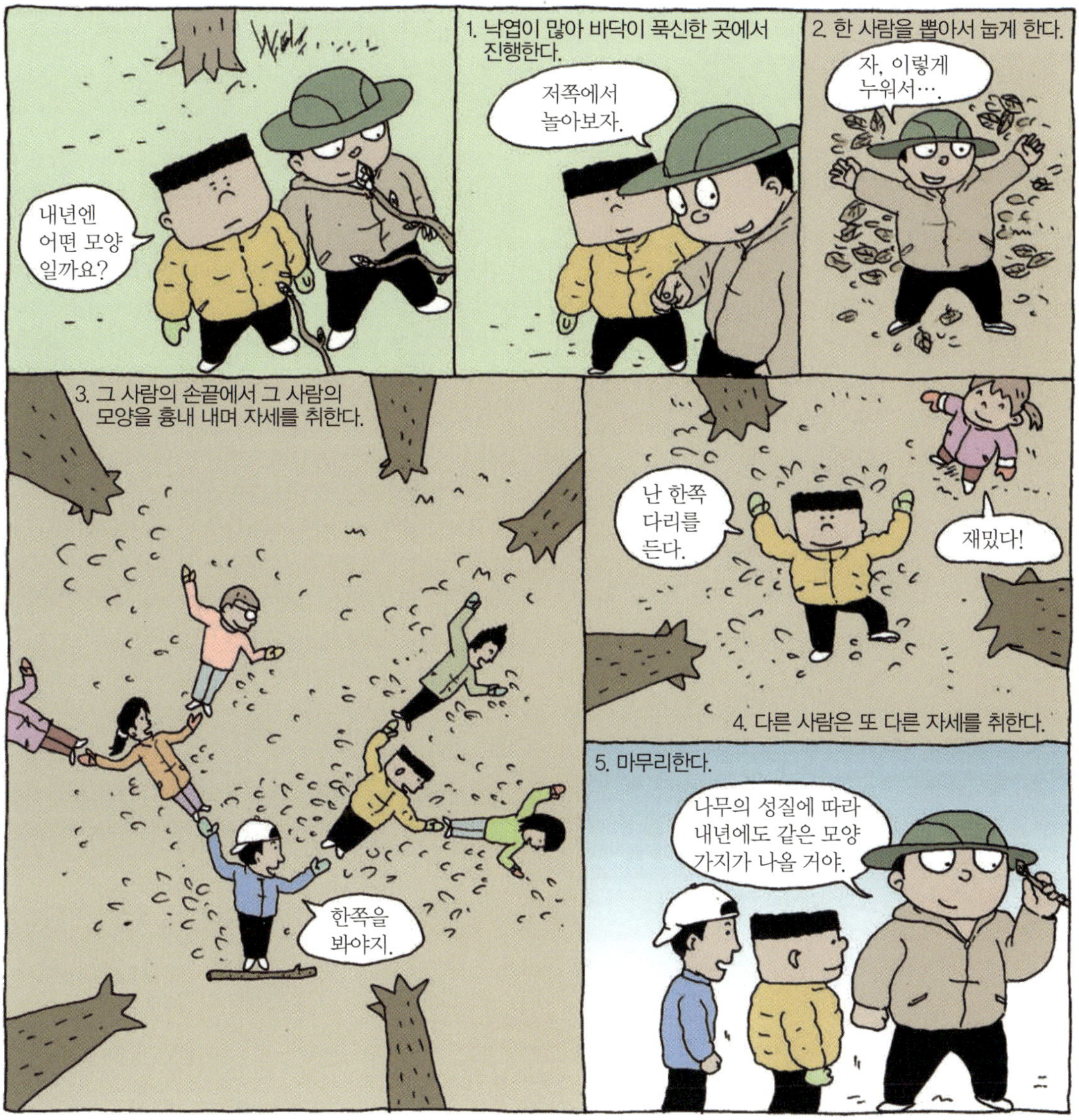

진행을 위한 팁
- 바닥에 낙엽이 있거나 눕기 편해야 한다.
- 실제 겨울눈이 붙어 있는 나뭇가지를 보면서 설명해주면 좋다.
- 모든 겨울눈에서 새로 가지가 나오지는 않는다는 것을 알려준다.

겨울눈의 위치와 특징을 안다면 이듬해 나뭇가지의 모양도 알 수 있다.

생태상식 75 나무껍질에도 나이테가 있다

나이테는 나무를 베었을 때만 볼 수 있다고 생각하지만, 나무는 밖으로도 나이를 먹는다. 안으로 쌓이는 것이 우리가 아는 나이테고, 밖으로 쌓이는 것이 나무껍질이다. 그런데도 나무껍질로 나이를 세지 않는 이유는 매년 새로 만들어지지만 겉에 있는 나무껍질이 자꾸 떨어져서 나이를 제대로 알 수 없기 때문이다. 소나무 껍질은 그나마 오랫동안 겹겹이 쌓여 붙어 있는 경우가 많다.

생태상식 76 나이테가 생기는 원인

나무의 줄기가 굵어지는 까닭은 형성층에서 세포분열이 일어나기 때문인데, 계절에 따라 세포분열 하는 속도가 달라 나이테가 생긴다. 즉 나무의 생장의 차이 때문에 나이테가 생기는 것이다.

봄과 여름에는 세포분열이 활발해 세포벽이 얇고, 물이 충분히 공급되어 세포의 부피가 크고 색이 연하다. 이 시기에 자란 부위를 '춘재'라고 한다. 그러나 가을부터는 성장 속도가 급격히 떨어져 세포벽이 두껍고, 세포의 부피가 작으며, 조직이 치밀하고 색이 진하다. 이때 자란 부위를 '추재'라 한다. 이렇게 부피가 크고 색깔이 연한 조직과 부피가 작고 색깔이 짙은 조직이 번갈아 만들어지며 동심원 모양의 테가 생긴다. 이것이 나이테가 생기는 원인이다.

이외에도 아주 드물긴 하지만 나이테가 생기는 경우가 있다. 심한 가뭄이 들거나 병충해가 심해 성장이 멈추었다가 다시 성장한 경우다. 이때 생긴 나이테는 나이테와 나이테 사이에 희미하게 흔적으로 남는다.

나이테는 우리나라와 같이 계절의 변화가 뚜렷한 온대 지방에서는 확실하게 나타나고, 열대 지방에서는 생장 속도에 큰 차이가 없기 때문에 나타나지 않는 것으로 생각하기 쉽다. 하지만 열대 지방에서 자란 나무에도 나이테가 있다. 온대 지방처럼 계절의 온도 변화에 따른 생장의 차이 때문이 아니라 우기와 건기로 나뉘는 계절의 수분량에 따른 생장의 차이 때문에 생긴다.

생태상식 77) 나무의 생장

쑥쑥 잘 자라는 나무가 있는가 하면, 자라지 않는 듯 자라는 나무가 있다. 나무마다 자라는 방식이 다르기 때문이다. 나무가 자라는 방식은 크게 고정 생장과 자유 생장으로 나눌 수 있다.

고정 생장은 올해 자랄 줄기의 에너지가 지난해에 만들어진 겨울눈 속에 미리 형성되었다가 봄에만 싹을 틔우고 자라는 경우를 말한다. 소나무, 잣나무, 가문비나무, 참나무 등 고정 생장을 하는 나무는 봄에 일찍 줄기 생장을 마쳐 생장량이 적다.

반면에 자유 생장은 겨울눈 속에 형성된 에너지에 의해 봄에 자라서 봄 잎이 되고, 새로 만들어진 에너지가 여름 내내 여름잎을 생산함으로써 형태가 다른 이엽지(異葉枝)를 만든다. 사과나무, 포플러, 낙엽송, 자작나무, 튤립나무 등 자유 생장을 하는 나무는 가을 늦게까지 줄기 생장을 해 생장량이 많다.

나무의 종류 외에 환경의 영향을 받기도 한다. 나무는 강수량이나 온도, 주변 나무들의 밀집도, 병충해 등에 의해 같은 종류라도 자라는 방식과 속도가 다르다.

생태상식 78) 나무의 모양

활엽수와 달리 침엽수의 모양은 한결같이 원추형이다. 이는 끝눈(정아)이 옥신 계통의 식물호르몬을 생산하여 곁눈(측아)의 생장을 억제하는 정아우세 현상 때문이다. 활엽수도 어릴 적엔 정아우세 현상이 있으나 성장하면서 사라진다. 끝눈에서 아래쪽으로 옥신이 이동하는데, 아래로 갈수록 그 농도가 낮아져 아래쪽에 있는 곁눈이 위쪽보다 생장이 빠르다. 따라서 나무 모양이 원추형으로 만들어지는 것이다. 이는 빛에 노출되는 면적을 많게 하려는 식물의 전략 중 하나다.

과수원의 과수는 키가 크면 관리하기 어렵기 때문에 가지치기를 하여 정아우세 현상을 없앤다. 끝눈을 제거하면 곁눈의 생장을 자극해 가지가 많아지고, 그만큼 열매도 많이 얻을 수 있기 때문이다. 조림지의 나무들이 위로만 자라는 까닭은 빛을 향한 경쟁에서 우위를 점하기 위해 정아우세 현상이 없어지지 않고 원추형을 유지하기 때문이다.